KB172717

# 사람을 움직이는 처세술

데일 카네기 지음 / 진형욱 평설

지성문화사

# 머리말

데일 카네기(Dale Carnegie:1888~1955)는 미국이 낳은 인간 관계 연구의 세계 최고 권위자이며, 선구자이다. 그는 자신이 직접 〈카네기 연구소〉를 운영하면서 몸소 경험한 생생한 체험들을 가르치고 연구하며 이 분야를 개척했다. 그리고 그가 운명한 지가 이미 반세기가 다 된 오늘날도 전세계 80여 나라에서 매년 30만 명이 이 연구소의 문을 두드리고 있다. 이로 미루어보아도 그의 영향력은 대단함을 알 수 있다. 그것은 한마디로 성공과 행복의 비결을 따뜻하면서도 포근하게 우리 가슴 깊숙이 불어넣어 주기 때문이다.

이 책은 그의 《How to win Friends and Influence People》를 오늘날의 새로운 세기에 맞춰 보완하고 삭제하였을 뿐만 아니라, 원서와는 거리를 두고 집필과 편집을 하였다. 하지만 세기를 뛰어넘는 그의 정신은 충분히 반영하였으며, 그의 목소리가 더 한층 우렁차게 들릴 수 있게끔 배려했다. 오프라인 시대에서 온라인 시대로, 아날로그 시대에서 디지탈 시대로 급변하는 작금의 상황에서는 휴먼 릴레이션즈가 숭고함으로 깃들이도록 염원한 뜻도 이 제목에 숨겨두었다.

1937년 미국에서 카네기의 이 저서가 처음으로 발간되자 순식간에 매진되었고, 재판에 재판을 거듭하여 지금은 3천만 부 이상이 판매되었다. 이 사실은 저자가 사람이 살아가는 데 있어 이루어지는 모든 관계들을 구석구석 파헤쳐, 알기 쉽고 정답게 가르쳐 줌을 의미한다. 또한 분석과 통계까지 동원된 이론을 간결하게 정리하여 사람들의 마음을 후련하게 했음도 사실이다.

끝으로 독자 여러분은 이 《사람을 움직이는 처세술》을 읽고 또 읽어 성공과 행복의 기술을 익혀 꼭 뜻한 바가 이루어지길 기원한다.

# contents

# contents

# 제1부
# 사람을 사귀고 대하는 기술

첫째 기술

## 상대를 비평하기보다는 먼저 이해부터 하라

1931년 5월 7일, 보기 드문 대규모의 도둑 소탕전이 뉴욕 시에서는 벌어졌다.

포악한 살인범일 뿐만 아니라, 쌍권총의 명수로 너무나도 잘 알려진 크로레가 몇 주간에 걸친 수사 끝에 마침내 추적을 당하게 되었다.

그는 웨스트엔드 가의 그의 애인이 살고 있는 아파트로 도망쳐 들어갔다. 그러자 150명의 경찰은 범인이 숨어 있는 그 아파트의 맨 위층을 포위했다. 그리고 지붕에 구멍을 뚫고 최루 가스를 집어넣어, 그를 사로잡으려고 했다.

또한 주위의 빌딩 옥상에는 기관총이 준비되었다. 잠시 후 뉴욕의 고급 주택가에 권총과 기관총의 총성이 한 시간 이상 요란스럽게 울렸다. 크로레 역시 큼직한 소파 뒤에 숨어서 경찰을 향하여 맹렬하게 총격을 가했다.

이 광경을 구경하려고 모인 군중들이 무려 1만 명에 달했다. 그야말로 뉴욕에서는 한 번도 보지 못했던 대활극이 벌어졌다.

크로레를 체포했던 당시의 경시총감이었던 마르네가 발표한 바에 의하면, 이 쌍권총의 명수는 뉴욕의 중범죄자 중에서도 보기 드문 흉악범으로서 바늘 끝만한 이유만 있어도 간단하게 살인을 했다고 한다. 그런데 크로레는 자기 자신을 어떻게 생각하고 있었을까?

충격전이 벌어지는 난장판에서도 이 흉악범은 '관계자'에게 보내는 한 통의 편지를 남겼다. 편지를 쓰는 동안에도 피는 계속 흘렀다. 그의 피에 물든 편지의 한 구절은 다음과 같다.

〈나의 마음, 이는 지쳐 버린 마음이긴 하지만, 부드러운 마음이다. 결코 사람을 상하게 만들려고는 생각지 않는 마음이다.〉

이 사건이 일어나기 바로 전에 크로레는 롱 아일랜드의 시골길에 차를 세워 놓고 애인과 함께 있었다. 그 때 경찰이 그에게 다가와서 말을 건네었다.

"면허증을 보여 주시오."

그런데 이 때 권총을 느닷없이 꺼낸 크로레는 아무 말도 없이 경찰을 향하여 총알을 퍼부었다.

크로레는 경찰이 그 자리에 쓰러지자 차에서 뛰어내려 경찰의 총까지 빼앗아 그것으로 다시 한 발 더 쏘아 완전히 죽여 버렸다.

이와 같이 잔인한 인간이 결코 사람을 상하게 할 수 없는 마음의 소유자라고 스스로에게 말하고 있다. 크로레가 사형을 받기 위해 싱싱 형무소의 전기 의자에 앉

다른 사람의 허물을 찾아내는 것은 아무런 소용이 없다. 왜냐 하면 상대는 곧 방어 태세를 갖추고, 어떻게든 자기를 정당화하려고 하기 때문이다.

았을 때,

"이렇게 된 것은 나의 자업 자득이다. 수많은 사람을 죽였으니까."

라고 말했을까? 천만의 말씀이다.

"내 몸을 지키려다 보니 이런 꼴이 됐다."

바로 크로레가 남긴 최후의 말이었다.

이 말에서 알 수 있듯이, 흉악한 범죄인인 크로레조차도 자기 자신이 나쁘다고는 전혀 생각지 않았다. 이와 같은 생각을 가진 범죄자는 결코 드물지 않다.

"나는 한창 일할 나이의 대부분을 이 세상과 다른 사람을 위해 살아왔다. 하지만 결국 내게 남겨진 것은 차가운 세상의 비난과 전과자라는 낙인뿐이었다."

라고 한탄한 자는 미국 전역을 공포에 떨게 했던 암흑가의 왕자 알 카포네였다. 카포네 같은 극악한 인간도 스스로는 악인이라고 생각하지 않았다. 자기는 자선가이지만, 세상이 그의 선행을 오해하고 있다고 말했다.

뉴욕에서도 제1급 악인인 다치 세러 역시 마찬가지였다. 그는 갱들끼리의 싸움에서 목숨을 잃기 전, 어느 날 기자 회견 석상에서 세러는 자기 자신을 이 사회의 은인이라고 거리낌없이 말하고 있었다. 사실 그 자신은 절대적으로 그렇게 믿고 있었다.

이 문제에 대해서 나는 싱싱 형무소의 소장으로부터 흥미 있는 이야기를 들은 바가 있다.

대다수의 수감자들은 자기 자신을 악한이라고 생각지 않는다는 것이다. 자기는 선량한 일반 시민과 조금도 다를 것이 없으며, 어디까지나 자기의 행위를 정당하다고 믿는다.

그리고 왜 금고를 털지 않으면 안 되었던가, 또는 자신이 처한 상황에서 권총의 방아쇠를 당기지 않으면 안 되었던가 따위의 이유를 그럴 듯하게 설명 한다.

대개 범죄자들은 자신의 잘못에 그럴 듯한 이유를 달아서 정당화하고, 자신이 형무소에 수감된 것은 매우 부당한 처사라고 생각하고 있다.

이와 같이 악인들까지도 자신의 행동이 옳다고 생각한다면, 악인이 아닌 일반인들은 도대체 자신을 어떻게 생각하고 있겠는가?

"30년 전에 나는 사람을 꾸짖는 것은 가장 어리석은 짓이라고 생각했다. 그것은 어느 누구도 완전하지 못하기 때문이다."

미국의 위대한 설교가 존 와너메이커가 한 말이다. 와너메이커는 젊어서 이미 이러한 사실을 깨달았지만, 나는 억울하게도 40이 다 되어서야 비로소 인간은 자기가 아무리 잘못하였어도 결코 자신이 나쁘다고는 생각하지 않는 것을 알게 되었다.

다른 사람의 허물을 찾아내는 것은 아무런 소용이 없다. 왜냐 하면 상대는 곧 방어 태세를 갖추고, 어떻게든 자기를 정당화하려고 하기 때문이다. 그뿐만 아니라 자존심이 상한 상대는 결국 적개심과 반항심을 일으키게 되고 만다.

지난날 독일 군대 내에서는 어떤 불만이 있어도 그 자리에서 곧바로 불평하는 것은 허락되지 않았다. 아무리 화가 치밀거나 속이 상해도 하룻밤 지난 뒤가 아니면 절대 말할 수 없었다.

그 이유는 어떤 불만이라도 그 다음날이 되면 진정이

되어 아무런 말도 자연스레 없게 된다는 것이다. 이 규칙은 엄격히 지켜졌다.

이 규칙은 일반 사회에서도 법률로써 적용되어 항상 잔소리만 하는 부모, 까다로운 남편, 고용인을 호통치는 고용주, 그 외에도 세상의 허물만을 들추는 사람들을 주의시키기도 했다.

다른 사람을 비난하는 일의 무익함은 역사에서도 많은 예가 있다. 이를테면 루스벨트 대통령과 그 후계자인 태프트 대통령과의 반목은 유명한 일화다. 이 사건 때문에 두 사람이 이끄는 공화당은 분열되었고, 민주당의 윌슨이 백악관의 새 주인이 되어 제1차 세계 대전에 참전하는 등 역사의 흐름을 바꾸어 놓았다.

1908년, 루스벨트는 같은 공화당의 태프트에게 대통령 자리를 양보하고 자신은 아프리카로 사자 사냥을 떠났다. 그런데 얼마 후 돌아와 보니, 도무지 태프트가 하는 일이 마음에 들지 않았다. 태프트는 너무 보수적 경향이 강했다.

그리하여 루스벨트는 차기 대통령의 지명을 확보하기 위하여 진보당을 조직했다. 그 결과 공화당은 파멸의 위기에 빠졌고, 태프트는 버몬트와 유타 등 2개 주에서만 지지를 받았을 뿐 전례없는 참패를 당하고 말았다.

루스벨트는 태프트를 책망했다. 그러나 책망을 받은 태프트가 과연 자기 자신이 잘못되었다고 생각했을까? 물론 그렇게 생각하지 않았다.

"아무리 생각해 보아도 나로서는 그렇게 할 수밖에 다른 방법이 없었다."

하고 태프트는 참담한 심정으로 눈물을 머금고 사람

들에게 말했다.

그럼 여기서 이 두 사람 중에서 어느 쪽이 더 잘못되었는가 묻는다면, 대부분의 사람들은 그들의 잘잘못을 분간할 수 없고, 또 알 필요도 없다고 대답할 것이다. 그렇다면 내가 말하고 싶은 것은, 루스벨트가 아무리 태프트를 비난해도 태프트로 하여금 자기가 잘못되었다고 생각하게 할 수는 없었으리라는 점이다. 오히려 어떻게 해서라도 자신의 입장을 정당화하려고 기를 쓰면서,

"아무리 생각해 보아도 나로서는 그렇게 할 수밖에 다른 방법이 없었다.

"라는 이야기만 반복하게 할 따름인 것이다.

또 한 가지 예로 디포트 돔 유전 사건을 들어보자. 이는 미국에서도 널리 알려진 대사건으로서 몇 년이 흘러서도 수습되지 않을 정도로 사회에 큰 파문을 일으켰다.

이 사건의 핵심 인물은 하딩 대통령 때 내무장관을 지냈던 알버트 펄이다. 당시 그는 정부의 소유지인 디포트 돔과 엘그 힐의 유전 대여에 관한 실권을 쥐고 있었다.

이 유전은 본래 해군 용으로 보존하도록 되어 있었지만, 펄은 공개 입찰도 없이 친구인 에드워드 드헤니와 계약을 체결하고, 유전을 대여해서 큰 돈벌이를 시켜주었다.

이에 대한 답례로써 드헤니는 대부금조로 10만 달러를 펄에게 융통해 주었다. 그러자 알버트 펄은 해병대를 동원하여 그 유전 부근의 다른 업자들까지 축출하

다른 사람을 비난하는 일의 무익함은 역사에서도 많은 예가 있다. 이를테면 루스벨트 대통령과 그 후계자인 태프트 대통령과의 반목은 유명한 일화다.

려고 했다. 왜냐 하면 엘그 힐의 석유 매장량이 이웃 유전 때문에 감소될 것을 염려했기 때문이다. 하지만 총칼로 내쫓긴 사람들이 법정에 고소하고 말았다. 이리 하여 이 사건이 백일하에 폭로되었다.

이 사건은 너무나 추악하여 마침내 하딩 대통령의 정치 생명마저 끊었으며, 국민의 격분을 사서 공화당을 위기에 빠뜨렸고, 알버트 펄에게 투옥의 고역을 치르게 하는 결말을 가져왔다. 당시 펄은 현직 관리로서는 전례가 없을 정도로 무거운 형을 받았다.

그러면 펄은 자기의 죄를 뉘우쳤을까?

전혀 그렇지 않았다. 그로부터 몇 년 후에 허버트 후버 대통령이 어느 강연회에서, 하딩 대통령의 하야를 재촉시킨 것은 측근들에게 배신당한 정신적인 고통 때문이었다고 술회한 적이 있었다. 그런데 한 여자가 앙칼진 목소리로 팔을 내저으며 소리를 질렀다.

"뭐라고요? 하딩이 펄에게 배신을 당했다고요? 천만 에요! 내 남편은 남을 배신하는 일을 한 적이 한 번도 없습니다. 이 건물 가득히 황금을 쌓아 놓아도 내 남편을 유혹할 수는 없을 거예요. 오히려 남편이 배신을 당한 것입니다. 배신으로 인한 피해자입니다."

이와 같이 악한 사람일수록 자기가 한 짓은 미화시키고 남의 험담을 하는 것이 보통이다.

바로 이것이 인간의 본성이다. 그러나 이것은 악인의 경우에만 국한된 것은 아니다

우리들도 역시 마찬가지이다. 그러므로 만약 다른 사람을 비난하고 싶어지면, 앞에서 이야기한 카포네나 크로레나 펄의 이야기를 상기해 주기 바란다. 다른 사람

을 비난하는 것은 마치 하늘을 쳐다보고 침을 뱉는 것과 같아서 반드시 자기의 몸으로 되돌아온다. 다른 사람의 잘못을 들추거나 비난하면 결국 상대는 태프트와 같이,

"그렇게 할 수밖에 없었다"

하고 말하는 것이 고작이다.

1865년 4월 15일 토요일 아침, 포드 극장에서 부즈의 흉탄에 쓰러진 에이브러햄 링컨은 극장 맞은편에 위치한 어느 싸구려 여관의 침대에 눕혀져 죽음을 기다리고 있었는데, 침대가 너무 작아서 링컨은 대각선으로 눕혀져 있었다.

방의 벽에는 로자 본눌의 유명한 마시장 그림의 모조품이 걸려 있었고, 침침한 가스등 불빛이 을씬년스럽게 흔들리고 있었다.

이 참담한 광경을 지켜보고 있던 스탄턴 육군장관이 중얼거렸다.

"지금 여기에 누워 있는 사람만큼 인간의 마음을 완전하게 지배할 수 있었던 사람은 이 세상에 없을 것이다."

이와 같이 교묘하게 인간의 마음을 사로잡을 수 있었던 링컨의 비결은 무엇이었을까? 나는 링컨의 생애를 10년간 연구하고, 그로부터 8년 후에 《세상에 알려진 링컨》이라는 책을 펴내게 되었는데, 링컨의 인간 됨됨이와 그 가정 생활에 관해서 상세히 연구한 그 성과에 대해서는 타인의 추종을 불허한다고 스스로 자부하고 있다. 특히 링컨의 사람과 사귀고 대화하는 방법에 대해서는 정열을 다 하여 연구했다.

누군가 링컨이 사람을 비난하는 일에 흥미를 가진 적이 있었느냐는 질문을 한다면, 물론 그 역시 뭇사람들과 같이 매우 많이 있었다.

예컨대 젊은 시절 인디애나 주의 파존 크라크 바레라는 시골 동네에 거주하고 있었을 때, 그는 남의 잘못을 헐뜯었을 뿐만 아니라, 상대방을 비웃는 시나 편지를 써서 사람들의 눈에 띄도록 길가에 그것을 일부러 떨어뜨려 놓기도 했다. 그것이 원인이 되어 평생 동안 그에게 반감을 갖고 지낸 사람도 생겼다.

그 후 링컨은 스프링필드(일리노이 주의 수도)로 옮겨 변호사를 개업한 후에도 반대자를 비난하는 편지를 신문 지상에 공개하는 등의 행동을 취했는데, 그것이 너무 지나쳐서 나중엔 큰 봉변까지 당하게 되었다.

1842년 가을, 링컨은 멋쟁이지만 남과 시비를 좋아하는 제임스 실즈라는 아일랜드 출신의 정치인을 비난했다. 그는 《스프링필드 저널》지에 익명으로 풍자문을 써보냈던 것이다. 이것이 게재되자 마을 사람들의 폭소를 자아냈다.

감정적이고 자존심이 강한 실즈는 이 글을 보고 물론 불덩이같이 화를 냈다. 이윽고 실즈는 투서의 주인공이 누군가를 알게 되자, 즉각 말을 타고 링컨에게 달려가 결투를 신청했다. 링컨은 결투에는 반대였으나 결국 거절하지 못할 입장이었으므로 그의 신청을 받아들였다.

무기의 선택은 링컨에게 맡겨졌다. 링컨은 팔이 길었으므로 기병용인 폭넓은 검을 선택하고는 육군사관학교 출신인 친구로부터 이 검의 사용법을 지도받았다.

마침내 약속된 날이 오자 두 사람은 미시시피 강의 모래섬에서 만났다. 그런데 결투를 시작하려는 찰나 극적으로 쌍방의 입회인이 끼어들어서 다행히 싸움은 끝났다.

이 사건은 링컨의 간담을 서늘하게 만들었다. 이 덕분에 링컨은 사람을 다루는 방법에 대해서 귀중한 교훈을 얻었다. 그 후로 그는 두 번 다시 사람을 무시하는 편지를 쓰지 않았고, 사람을 조롱하는 일도 중지했으며, 무슨 일이 있어도 남을 비난하는 일은 절대로 하지 않았다고 한다.

남북 전쟁이 한창일 때였다. 포토맥 강 지구의 전투가 신통치 않았기 때문에 링컨은 연이어 사령관을 갈아치우지 않으면 안 되었다. 왜냐 하면 맥래런·포프·번사이드·후커·미드 등 모든 장군들이 공교롭게도 한결같이 실수만 저질렀다. 그야말로 링컨은 낭패감에 빠져 있었다. 북부의 국민들 대부분은 무능한 장군들을 통렬하게 비난했으나 링컨은 '분노를 버리고 그들을 사랑하라'고 자신에게 타이르면서 마음의 평정을 잃지 않았다.

'다른 사람의 책망을 받는 것이 싫다면 다른 사람을 책망하지 말라.'

이것이 그의 좌우명이었다. 링컨은 아내나 측근들이 남부 사람을 욕하면 이렇게 대답했다.

"다른 사람을 험담하는 짓은 삼가시오. 입장이 바뀌었을 때를 생각해 보시오."

다른 사람을 비난해도 좋은 사람이 이 세상에 있다면, 링컨이야말로 바로 그런 사람이리라. 한 가지 예를 들

다른 사람을 비난하는 것은 마치 하늘을 쳐다보고 침을 뱉는 것과 같아서 반드시 자기의 몸으로 되돌아온다.

어 보자.

1853년 7월 1일부터 3일간에 걸쳐 게티즈버그(펜실베이니아 주 남부 도시)에서는 남북 양군이 격전을 치르고 있었다. 4일 밤이 되자 이윽고 리 장군이 이끄는 남군이 폭우에 쫓겨 후퇴하기 시작했다. 패잔군을 이끌고 리 장군이 포토맥 강에 이르렀을 때는 밤새 강물은 큰비로 범람해 있었다. 도저히 건너갈 수 없는 상황인데, 뒤에서는 기세를 얻은 북군이 추격하고 있었다.

그만 남군은 완전히 궁지에 빠지고 말았다. 남군을 괴멸시키고 전쟁을 즉각 종결시킬 수 있는 좋은 기회를 얻은 것을 링컨은 기뻐하면서 승리의 기대에 부풀어 있었다. 그는 미드 장군에게 지금 하고 있는 작전 회의를 취소하고 지체없이 추격할 것을 명령했다. 우선 이 명령은 전보로 미드 장군에게 전해졌고, 뒤이어 특사가 파견되어 당장 공격을 개시하도록 독촉했다.

하지만 미드 장군은 링컨의 명령과는 정반대가 되는 일을 하고 있었다. 이를테면 그만두라 했던 작전 회의를 열어서 공연히 시간을 낭비하는 등 여러 가지 구실을 붙여 공격을 미루어 버렸다. 따라서 그 동안에 강물은 줄어들어 리 장군은 남군을 이끌고 물을 건너 안전하게 후퇴해 버렸다.

링컨은 울화통이 터졌다.

"이게 도대체 어떻게 된 일이냐?"

링컨은 아들 로버트를 붙들고 소리쳤다.

"이게 무슨 꼴이야! 적은 독 안에 든 쥐가 아니었던가. 우리 쪽에선 조금만 빨리 공격해도 승리했을 텐데…… 내가 아무리 명령해도 우리 군대는 꿈짝도 하

지 않고 있었어. 이런 경우라면 어떤 장군이라도 리 장
군을 격파할 수가 있었을 거야. 나라도 그 정도는 할
수 있다!"

분노한 링컨은 미드 장군에게 매우 조심스러운 한 통
의 편지를 썼다. 1863년에 씌어진 이 편지는 링컨이 몹
시 화를 내어 쓴 것임에 틀림없다.

장군, 읽어 보시오.

나는 적장 리의 탈출로 인하여 야기될 수밖에 없는
불행한 사태의 중대성을 장군께서 올바르게 인식하고
있다고는 생각하지 않습니다. 적은 우리의 수중에 확실
히 있었습니다. 추격만 했다면, 최근 우리 군대가 거둔
전과와 합쳐 전쟁에 종결을 가져왔을 것이 분명했습니
다. 전쟁의 종결의 가능성은 이 절호의 기회를 놓친 지
금에 있어서 희박하게 되었습니다. 지난 월요일에 리를
공격하는 것이 가장 안전했습니다. 그런데 적장이 도망
쳐 버린 지금에 있어서 그를 공격한다는 것은 절대로
불가능할 것입니다. 요즈음은 그 날 병력의 3분의 2밖
에 사용할 수가 없습니다. 앞으로 장군의 활약에 기대
하는 것은 무리라고 생각됩니다. 나는 사실 기대조차
하고 있지도 않습니다. 장군은 천재 일우의 기회를 놓
친 것입니다. 그 때문에 나도 역시 말할 수 없는 고통
을 겪고 있습니다.

이 편지를 읽고 미드 장군은 어떻게 생각했을까?
그러나 미드는 이 편지를 읽지 못했다. 왜냐 하면 링
컨이 보내지 않았기 때문이었다. 이 편지는 링컨이 죽

은 후에 그의 서류함 속에서 발견되었다.

추측하건대, 어쩌면 링컨은 이 편지를 써놓고 한참 동안 창 밖을 내다보았을 것이다. 그리고 이렇게 중얼거렸을지도 모른다.

'가만있자, 내가 너무 성급한 판단을 했을지도 모른다. 이렇게 조용한 백악관 구석에 앉은 채로 미드 장군에게 공격 명령을 내리는 것은 쉬운 일이지만, 게티즈버그 전선에서 지난 1주간 미드 장군처럼 만약 내가 유혈 사태를 보았더라면, 또한 부상병들의 비명과 단말적인 절규를 귀가 따갑도록 들었다면, 아마 공격을 계속할 마음이 없어졌을지도 모른다. 미드와 같이 만약 내가 태어날 때부터 소심했다면 틀림없이 나도 그와 같은 행동을 했을 것이다. 그보다도 이미 모든 일은 끝났다. 이 편지를 보내면 내 마음은 풀릴지 모르지만 미드는 어떨까? 자기 자신을 정당화시키고, 반대로 나를 비난하겠지. 그리고 나에 대한 반감이 더욱 커져서 앞으로 사령관으로서 근무할 마음이 없어지고, 결국은 군대를 떠나지 않으면 안 될 것이다.'

링컨은 과거의 쓴 경험에 의해 이미 심한 비난이나 책망은 대개 아무 효과도 없다는 것을 알고 있었던 것이다.

루스벨트는 대통령직에 있을 때 어떤 난관에 부딪치면 언제나 거실 벽에 걸려 있는 링컨의 초상화를 쳐다보며,

'이 문제를 링컨 같으면 어떻게 처리해 나갈까?'

하고 생각했다고 한다.

다른 사람의 결점을 고쳐 주려는 노력은 분명히 훌륭

하고 칭찬받을 가치가 있다. 그러나 이 문제는 먼저 자신의 결점을 고친 후의 얘기이다. 섣불리 타인을 타이르기보다는 이를 거울삼아 자신을 바로잡는 것이 득이고, 또한 위험도 적다. 영국의 시인 브라우닝은 이렇게 말한다.

"자신과 싸움을 시작한 사람은, 자기 자신이 가치 있는 인감임을 증명하는 것이다."

자기와 싸워서 부끄럽지 않은 인간으로 만들려면 적어도 1년은 걸릴 것이다. 그러나 그것이 성공만 한다면 깨끗한 신년을 맞이할 수가 있다. 내년부터는 생각대로 다른 사람의 흠을 찾아내도 좋다. 하지만 그에 앞서 자기 자신부터 부끄럽지 않은 인간이 되어 있어야 한다. 자기 집 문간이 더러운 주제에 옆집 지붕 위의 눈에 대해 시비하지 말라고 가르친 것은 동양의 현인 공자였다.

나는 젊었을 때 어떻게든지 다른 사람에게 나의 존재를 인식시키려고 노력했다. 그 무렵, 나는 미국 문단에서 이름을 떨친 작가 리처드 하딩 데이비스에게 어리석은 편지를 보낸 일이 있었다. 어느 잡지에 작가론을 쓰기로 했기 때문에, 그의 창작법을 직접 문의한 것이다.

그런데 그 이전에 어떤 사람으로부터 받은 편지 끝부분에는 다음과 같은 문구가 있었다.

'글을 쓴 책임은 기자에게 있음'

나는 이 문구가 매우 마음에 들었다. 이 편지의 주인은 대단히 훌륭한, 저명한 인사일 것이라고 생각했다. 나는 데이비스에게 강한 인상을 주고 싶어 그 문구를 그대로 편지의 끝머리에 첨가해 보냈다.

그런데 데이비스는 답장 대신에 나의 편지를 되돌려 보냈다. 되돌아온 편지의 여백에는,

"함부로 무례한 짓을 하지 말게!"

라고 씌어 있었다. 말할 나위 없이 내가 나빴고, 그런 모욕을 받아도 할 말이 없었다.

그러나 나도 역시 감정을 가진 인간이라 분개했다. 그 당시 매우 울화가 치밀었다. 그로부터 10년 후에 리처드 하딩 데이비스의 죽음을 신문에서 읽었을 때 먼저 내 머리에 떠오른 것은 부끄럽던 그 때의 모욕이었다.

자신이 죽을 때까지 다른 사람으로부터 미움을 받고 싶은 사람은 다른 사람을 신랄하게 비평만 하면 된다. 그 비평이 들어맞으면 맞을수록 그만큼 효과는 커진다.

사람을 대할 때에 상대방을 논리적인 동물이라고 생각해서는 안 된다. 상대는 감정의 동물이며, 더욱이 편견과 자존심과 허영심에 의하여 행동한다는 사실을 생각하지 않으면 안 된다.

다른 사람을 비난하는 것은 가장 위험한 불꽃놀이이다. 그 불꽃놀이는 자존심이라는 화약고의 폭발을 유발하기 쉽다. 이 폭발은 때때로 사람의 목숨까지 빼앗기도 한다. 예컨대 레널드 우드 대장의 경우를 보면 그는 사람들의 비난을 받아 프랑스 전선에 파견되지 않았다. 이것이 그의 자존심을 건드려 죽음을 재촉한 원인이 되었다고 한다.

영문학의 천재 토머스 하디가 영원히 소설을 쓰지 않게 된 직접적인 이유는 매정한 비평 때문이었으며, 영국의 천재 시인 토머스 차턴을 자살로 몰아넣은 것도

역시 비평이었다.

젊었을 때는 대인 관계가 나쁘기로 유명했던 벤자민 프랭클린은 훗날 외교 기술을 터득하고, 사람 다루는 방법이 능숙해져, 마침내 파랑스 대사로 임명되었다. 그의 성공 비결은,

"다른 사람의 단점을 들춰내지 않고, 장점만 칭찬한다."

라고 스스로 말하고 있다.

다른 사람을 비평하거나 잔소리를 늘어놓는 것은 어떤 바보라도 할 수 있다. 그리고 바보일수록 그런 행동을 더 하고 싶어한다. 이해와 관용은 뛰어난 성품과 극기심을 갖춘 사람이 가질 수 있는 미덕임을 명심하자. 영국의 사상가 칼라일은 말한다.

"위인은 하인을 대하는 방법에서도 그 위대함을 나타낸다."

다른 사람을 비난하는 대신 상대를 이해하도록 노력해야 한다. 지금부터 어떤 이유로 해서 상대가 그러한 짓을 저지르게 되었는가를 잘 생각해 보라. 그렇게 생각하는 것이 훨씬 유익하고 재미도 있다. 또한 그렇게 하면 동정이나 관용 호의가 저절로 우러나온다. 상대의 모든 것을 알면 모든 것을 용서하게 된다. 영국의 위대한 문학가 존슨은 이렇게 말했다.

"하느님도 사람을 심판하려면 그 사람의 사후까지 기다린다."

따라서 하물며 인간인 우리가 그 때까지 기다리지 못할 까닭이 없지 않겠는가.

자신이 죽을 때까지 다른 사람으로부터 미움을 받고 싶은 사람은 다른 사람을 신랄하게 비평만 하면 된다.

사람을 사귀고 대하는 첫째 기술은, 무엇보다도 상대를 비평하기보다는 먼저 상대를 이해부터 해야 한다. 이 점을 항상 가슴 속에 담아두고 상대를 맞이해야만 한다.

둘째 기술

## 자기의 중요성을 갖게 하라

사람을 움직이는 비결은 이 세상에 오직 한 가지 방법밖에 없다. 하지만 이것을 알고 있는 사람은 극히 드문 것 같다. 이를테면 그렇게 하고자 하는 마음을 스스로 불러일으키게 해 주는 것, 바로 이것이 비결이다. 거듭 강조하지만, 그 외에는 별다른 비결이 없다.

물론 상대의 심장에 권총을 들이대어 손목시계를 풀어 주고 싶은 마음을 강압적으로 일으키게 할 수는 있다. 적어도 감시의 눈이 번뜩이고 있는 동안만은 채찍이나 호통을 쳐서 아이들을 마음대로 움직일 수도 있다. 그러나 이런 서투른 방법에는 언제나 좋지 못한 반작용이 따르게 마련이다.

사람의 마음을 움직이는 데는 상대가 원하는 것을 주는 것이 또한 최선의 방법이다. 상대가 무엇을 원하고 있는가?

20세기의 위대한 심리학자인 프로이트 박사는, 인간의

모든 행동은 두 가지 동기, 이를테면 성적 충동과 위대해지고자 하는 욕망에 의하여 비롯된다고 한다.

미국의 저명한 철학자이며 교육가인 존 듀이 교수도 그와 같은 사실을 말하고 있다. 즉, 인간이 가지고 있는 가장 뿌리 깊은 충동은 훌륭한 인물이 되고자 하는 욕구라고 했다.. 이것은 인간에게 있어서 대단히 중요한 문제이다.

이 장에서는 이 문제에 대하여 자세하게 다루고자 한다.

과연 인간은 무엇을 가지고 싶어하는가? 원하는 것이 별로 없을 것 같은 사람에게도 손에 넣지 않고는 견디지 못하는 것이 몇 가지는 있을 것이다.

평범한 사람이라면 먼저 다음의 것들을 가지고 싶어할 것이다.

1. 건강과 장수
2. 음식
3. 수면
4. 금전 및 금전으로 살 수 있는 것
5. 부활
6. 성욕의 만족
7. 자손의 번영
8. 자기 자신의 중요성

이상과 같은 욕구는 대체로 만족할 수 있는 것들이지만 하나만은 예외이다. 이 욕구는 성욕이나 수면욕같이 매우 뿌리가 깊으며, 더구나 좀처럼 충족할 수가 없다.

그것은 여덟 번째의 '자기 자신의 중요성'이다. 다시 말해 그것은 바로 프로이트가 말한 위대해지고자 하는 욕망이며, 듀이가 지적한 훌륭한 인물이 되고 싶은 욕구이기도 하다.

링컨이 쓴 어느 편지 서두에는,

"사람은 누구나 겉치레를 좋아한다."

라고 씌어 있다. 저명한 심리학자인 윌리엄 제임스는 말했다.

"인간이 지닌 성정 가운데에서 가장 강한 것은 남의 인정을 받는 것을 갈망하는 기분이다."

여기서 제임스가 원한다든가 동경한다든가 하는 평범한 표현을 쓰지 않고 '갈망한다'라고 한 것에 주의하기 바란다.

갈망이란 인간의 마음을 끊임없이 흔들고 있는 불타는 듯한 갈증이라고 말할 수 있다. 다른 사람에게 이와 같은 마음의 갈증을 올바르게 채워 줄 수 있는 사람은 극히 드물지만, 그것을 할 수 있는 사람이야말로 비로소 다른 사람의 마음을 자기 손아귀에 넣을 수가 있다.

자기 자신의 중요성에 대한 욕구는 인간을 동물과 구별하고 있는 중요한 인간만의 특성이다. 이에 관련된 재미있는 이야기가 있다.

내가 미주리 주의 어느 시골에 살고 있을 때였는데, 아버지는 듀록저지 종 돼지와 흰 머리의 순종 소를 키워, 그것을 중서부 각지의 가축 품평회에 출품하여 1등상을 몇 번이나 탔다. 아버지는 그 수많은 명예의 전리품으로 받은 빨간색 리본을 흰 모슬린 천에 핀으로 꽂아서 줄지어 놓고는 손님이 오면 언제나 그 긴 천을 들

인간이 지닌 성정 가운데에서 가장 강한 것은 남의 인정을 받는 것을 갈망하는 기분이다.

고 나왔다. 그래서 천의 한쪽 끝을 아버지가 잡고 다른 한쪽 끝을 내가 잡아 빨간색 리본을 손님에게 보여 주었다.

돼지에게는 자기가 받은 상이 하등의 관심도 없었겠지만, 아버지에게는 대단한 관심사였다. 결국 이 상은 아버지에게 자기 자신의 소중함을 갖게 한 것이다. 어쩌면 우리들의 조상이 이 불타는 듯한 자기의 중요성에 대한 욕구를 갖지 않았더라면 인류의 문명도 생겨나지 않았을 것이다.

교육의 혜택을 받지 못한 가난한 어느 한 식료품 점원을 분발시켜, 전에 그 자신이 50센트로 사두었던 법률책을 짐짝 속에서 다시 꺼내어 공부를 하게 한 것은, 다름 아닌 자기의 중요성에 대한 욕구의 자각이다. 바로 이 점원이 링컨이다.

영국의 소설가 디킨스에게 위대한 소설을 쓰게 한 것도, 18세기 영국의 건축가 크리스토퍼 랜에게 불후의 명작을 남기게 한 것도, 록펠러에게 평생 써도 다 쓸 수 없는 부를 쌓게 한 것도 모두 자기의 중요성에 대한 욕구였다. 부자가 필요 이상의 호화 주택을 짓는 것도 역시 이 때문이다.

그뿐만 아니라 최신 유행 스타일로 몸을 치장하거나 최신형 자가용을 굴리는 것, 그리고 자기 아이들을 자랑하는 것도 모두 이 욕구가 있기 때문이며, 많은 소년들이 악의 길로 유혹당하는 것도 이 욕구 때문이다.

뉴욕의 경시총감이었던 마르네는 다음과 같이 말한다. "청소년 범죄자는 마치 자아의 덩어리 같다. 체포된 후에 그들의 최초의 요구를 들어보면 자기를 영웅처럼 취급하여 크게 다룬 신문을 보여 달라는 것이다. 자기 자신이 베이브 루스나 아인슈타인·린드버그·루스벨트 등의 사진과 함께 실린 것을 보면 전기 의자에 앉게 될 두려움마저 사라져 버리는 것이다."

어쩌면 우리들의 조상이 이 불타는 듯한 자기의 중요성에 대한 욕구를 갖지 않았더라면 인류의 문명도 생겨나지 않았을 것이다.

자기의 중요성을 만족시키는 방법을 살펴보면 그가 어떤 사람인지 알 수 있다. 이것은 대단히 의미 깊은 말이다. 가령 존 D. 록펠러가 자기의 중요성을 채우기 위해 빈민을 위하여 북경에 현대적인 병원을 세우도록 자금을 기부하는 행위이다.

그런데 데이린자라는 사나이는 자기의 중요성을 만족시키기 위하여 절도·은행 강도, 나중에는 살인범까지 되어 버렸다. 끝내 경찰관에게 쫓기게 되어 미네소타의 어떤 농가로 도망쳐 들어갔을 때 그는.

"나는 데이린자다!"

라고 외쳤다. 한마디로 자신이 흉악범임을 과시한 것이다.

"나는 너희들을 괴롭힐 생각은 없다. 나는 데이린자다!"

여기서 데이린자와 록펠러의 중요한 차이점은 자기의 중요성을 만족시키기 위하여 취한 방법의 차이이다.

유명인이 자기의 중요성을 채우기 위하여 노력한 예는 세상 어디서나 찾아볼 수 있다. 조지 워싱턴도 자신을 '미합중국 대통령 각하'라고 불러 주기를 원했다. 콜럼버스도 '해군 대제독, 인도 총독'이라는 칭호가 욕심이 났던 것이다. 러시아의 캐서린 여왕은 자기에게 오는 편지 중에서 서두에 '폐하'라고 씌어 있지 않은 것은 거들떠보지도 않았으며, 또 링컨 부인은 대통령

관저에서 그랜트 장군 부인에게 무섭게 소리쳤다.

"이봐요, 당신이란 사람은 정말 미련하군요! 내가 앉으라고 말도 하기 전에 먼저 주저앉아 버리니 말예요!"

바드 소장이 이끄는 남극 탐험대에 대해 미국의 백만장자들이 자금 원조를 했을 때, 그 조건 중에는 남극 산맥에 자신들의 이름을 기록하라는 것도 붙어 있었다. 또 프랑스의 대문호인 빅토르 위고는 파리를 자기의 이름과 관련된 명칭으로 변경시키려는 엄청난 야망을 품고 있었다. 저 위대한 세익스피어까지도 자기의 이름에 금박을 입히기 위하여 금을 쌓아 놓고 가문(家紋)을 입수했다.

더욱 놀라운 것은 남의 동정과 관심을 끌어서 자기의 중요성을 만족시키기 위하여 꾀병을 핑계로 삼는 사람도 있다. 매킨리 대통령 부인의 경우가 그 예이다. 그녀는 자기의 중요성을 채우기 위하여 남편인 매킨리 대통령에게 막중한 국사를 소홀히 하게 하고 침실에 들게 하여, 자기가 잠들 때까지 몇 시간이든 애무를 하게 하였다. 또 자신이 치아 치료를 받고 있는 동안 남편을 옆에서 한시도 떼놓지 않음으로써 자기의 욕구를 만족시키고 있었다. 그러다가 하루는 대통령이 긴급한 약속이 있어서 아무래도 부인을 치과의에게 맡기고 떠나지 않으면 안 될 처지에 이르렀다. 그 뒤에 얼마나 큰 소동이 일어났는지 더 말할 나위도 없다.

어느 젊고 건강한 여성이 자기의 중요성을 만족시키기 위하여 환자가 되었다는 이야기를 나는 들은 일이 있다. 어느 날, 이 여성은 어떤 정체 모를 마음의 벽에 부딪혀 버렸다. 아마 그 벽은 그녀의 나이였던 모양이다. 이미 결혼할 나이는 지났고, 미래에 대한 희망도 없는 고독한 세월이 그녀를 기다리고 있을 뿐이었다.

이 여성은 마침내 자리에 눕고 말았다. 그로부터 10년간 그녀의 늙은 어머니가 끼니 때마다 식사를 3층에 있는 침실까지 날라다주며 그녀를 간호했다. 그러던 어느 날, 간호를 하다 지쳐 버린 어머니가 그만 쓰러져 그대로 숨을 거두고 말았다. 환자는 비탄에 잠겼지만 얼마 후에는 자리를 털고 일어나 처음과 같은 건강 상태로 되돌아왔다.

전문가의 얘기에 의하면, 현실 세계에서 자기의 중요성을 만족시킬 수가 없으면 대신 환상의 세계에서 그 만족을 얻으려고 실제로 정신 이상을 일으키는 수도 있다고 한다. 미국에는 정신병 환자가 다른 병의 환자 전부를 합친 수보다도 더 많다. 통계를 보면, 뉴욕 주에 사는 15세 이상의 인구 중 20명에 한 사람 꼴로 7년간 정신 병원에 격리되어 있는 셈이다.

그렇다면 정신 이상의 원인은 무엇일까? 매독 등의 성병에 걸리면 뇌세포가 파괴되어서 미친다는 것은 누구나 알고 있다. 사실 정신병자의 약 절반 가량은 뇌조직 장애·알코올·외상 등 신체적 원인 때문이지만, 나머지는 뇌세포에서는 아무런 조직적인 결함을 찾아낼 수가 없다고 한다. 시체를 해부하여보아도, 뇌 조직을 가장 정밀한 현미경으로 조사하여 보아도 보통 사람과 아무런 차이가 없다는 것이다.

이 사실을 나는 어느 정신 병원 원장에게 알아보았다. 그는 정신병 분야의 최고 권위자임에도 불구하고 정직

현실 세계에서 자기의
중요성을 만족시킬 수
가 없으면 대신 환상
의 세계에서 그 만족
을 얻으려고 실제로
정신 이상을 일으키는
수도 있다고 한다.

하게 인간이 왜 정신 이상을 일으키는지 알 수가 없다
고 말했다. 말하자면 정확한 이유는 지금까지 아무도
모르는 것이다. 그러나 그는 현실 세계에서 충족될 수
없는 자기의 중요성을 얻기 위해서 미쳐 버리는 사람
이 많다는 것만은 확실하다고 말했다.

그는 그 점에 관해서 다음과 같은 이야기를 들려 주
었다.

"지금 치료를 받고 있는 환자 중에 결혼에 실패한 환
자가 한 명 있다. 그녀는 애정과 섹스의 만족, 아이들,
사회적 지위 등을 기대하면서 결혼 생활을 시작했다.
하지만 현실은 그녀의 기대를 무참히 짓밟아 버렸다.
남편은 그녀를 사랑해 주지 않았으며, 식사도 함께 하
지 않았을 뿐만 아니라, 자기의 식사만 2층으로 운반하
게 하여 먹었다. 아이도 태어나지 않았고, 지위도 만족
스럽지 못했다. 그녀는 끝내 그러한 생활을 참지 못한
채 정신 이상을 일으켰다. 그리고 광기의 세계에서 그
녀는 남편과 이혼하고, 결혼 전의 이름을 다시 부르게
되었다. 또한 자기는 영국 귀족과 결혼했다고 믿고 있
었으며, 스미스 후작 부인이라고 불러 주지 않으면 안
되었다. 또 그녀는 밤마다 아기를 출산한다고 믿고 있
었다. 내가 진찰할 때마다 그녀는 간밤에 아기를 낳았
다고 말했다."

그녀의 꿈을 실은 배는 현실이라는 암초에 부딪혀 산
산조각이 나버렸으나, 환상이라는 빛나는 광기의 세계
에 빠진 지금 그녀는 순풍을 타고 계속 항구에 안착하
고 있다.

이것은 비극일까? 나로서는 도무지 알 수 없다. 그 의

사도 이렇게 말했다.

"내가 만약 그녀의 정신 이상을 고칠 수 있다고 하더라도 나는 그렇게 하고 싶지 않습니다. 왜냐 하면 지금 그대로가 그녀에게는 매우 행복하기 때문입니다."

대체로 정신 이상자들은 보통 사람들보다도 더욱 행복하고, 광기의 세계를 즐기는 사람들이 많다. 그것이 왜 안 된다는 말인가! 그들은 충분히 자기들의 문제를 해결하고 있다. 인심 좋게 백만 달러짜리 수표를 끊어 주고, 대통령 앞으로 소개장도 써 줄 수 있다. 정신 이상자는 자기가 창조한 꿈의 나라에서 최대의 소망이었던 자기의 중요성을 발견하고 있다.

이것은 자기의 중요성을 너무나 갈망한 나머지, 결국 광기의 세계에서 그것을 채우려고 하는 것이다. 바로 이것이 인간이다. 그렇다고 한다면 우리들이 정상적인 세계에서 이 소망을 채워 주었을 때에는 어떤 기적이라도 일으킬 수가 있을 것이다.

연봉 1백만 달러의 보수를 받고 있는 사람은 내가 아는 한 지금 까지는 2명, 이를테면 월터 크라이슬러와 찰스 슈와프이다.

철강왕 앤드류 카네기가 이 슈와프라는 사나이에게 어떤 뜻으로 백만달러, 즉 하루에 3천 달러 이상의 급료를 지불했는가? 슈와프가 천재이기 때문일까? 아니다. 제철의 최고의 권위자이기 때문일까? 그것도 당치 않은 소리이다. 슈와프는 그가 거느리고 있는 부하가 철에 관한 한 자기보다 훨씬 더 잘 알고 있다고 말했다.

슈와프가 이만한 급료를 받는 중요한 이유는, 그가 사

대체로 정신 이상자들은 보통 사람들보다도 더욱 행복하고, 광기의 세계를 즐기는 사람들이 많다. 그것이 왜 안 된다는 말인가!

람을 다루는 명수이기 때문이라고 자신 있게 말하고 있다. 그럼 어떻게 사람을 다루는 것이냐고 물어보았더니 다음과 같은 비결을 가르쳐 주었다.

그야말로 이것은 명언이다. 다음의 이 말을 동판에 새겨서 각 가정이나 학교·상점·사무실 벽에 걸어두면 좋을 것이다. 아이들도 라틴어의 동사 변화나, 브라질의 연중 강우량 따위를 외우는 여가에 이 말을 암기해 둘 필요가 있다. 이 말을 활용하면 우리 인생에 크게 도움이 될 것이다.

"나에게는 다른 무엇보다도 사람의 열의를 불러일으키는 능력이 있다. 이것이 내게 있어서는 그 어떤 것과도 대체할 수 없는 보물이라고 생각한다. 즉, 다른 사람의 장점을 길러 주기 위해서는 칭찬하는 것과 격려하는 것이 최상의 좋은 방법이다. 윗사람으로부터 꾸중을 듣는 것만큼 향상심을 해치는 것도 없다. 나는 결코 사람을 비난하지 않는다. 남을 일하게 하려면 격려가 필요하다고 믿고 있다. 그러므로 나는 남을 칭찬하는 것을 좋아하는 반면, 비난하는 것을 매우 싫어한다. 마음에 드는 일이 있으면 진심으로 찬성하고 아낌없이 찬사를 보낸다."

바로 이것이 슈와프의 비결이다. 그런데 보통 사람들은 어떻게 하고 있는가? 그와 반대로 행동하고 있다. 마음에 들지 않으면 마구 비난하고, 마음에 들면 아무 말도 하지 않는다.

"지금까지 나는 세계 각국의 수많은 훌륭한 사람들과 사귀어 왔다. 그런데 아무리 지위가 높은 사람도 잔소리를 들으면서 일하는 것보다 칭찬을 받고 일할 때가 일에 열성이 깃들이고 일의 능률도 오르는 것 같다. 그 예외는 아직 한 번도 접한 일이 없다."

하고 슈와프는 이렇게 단언했다. 그런데 실은 이것이 앤드류 카네기가 성공한 열쇠라고 슈와프가 말했다. 카네기는 공과 사를 막론하고 어느 경우에나 다른 사람을 칭찬하였다.

카네기는 다른 사람의 일을 자기의 무덤돌의 묘비에까지 새겨서 칭찬하려고 하였다. 그가 스스로 쓴 묘비명은 이렇다.

〈자기보다도 현명한 인물을 자신의 주변에 모으는 방법을 터득한 사람이 여기 누워 있다.〉

진심을 기울여 감사하는 것이 룩펠러가 사람을 대하는 비결이었다.

에드워드 베드포드라는 룩펠러의 동업자가 있었는데, 남미에서 얼토당토않은 매입건에 실패하여 회사에 그만 2백만 달러의 손해를 입혔다. 다른 사람 같았으면 아마 역정을 냈을 것이다. 그런데 룩펠러는 베드포드가 최선을 다 한 사실을 알고 있었다. 더욱이 사건은 이미 끝난 뒤였다. 그래서 그는 거꾸로 상대를 칭찬할 재료를 찾아냈다. 즉, 투자액의 60퍼센트까지 베드포드가 회수할 수 있었던 것을 기뻐하고 다음과 같이 말했다.

"잘 됐어. 그만큼이나 회수할 수 있는 것도 쉬운 일은 아니지."

직펠드라는 사람은 브로드웨이를 현혹시킨 유명한 흥행사인데, 그 어떤 여자라도 날씬한 미인으로 만들어내는 교묘한 수완으로 명성을 드날렸다. 항상 누구의 눈에도 띄지 않는 초라한 소녀를 찾아내어, 무대에 서기만 하면 어떤 소녀라도 이상 야릇하게 매혹적인 모습으로 변화시켰다.

상대를 칭찬하고 신뢰하는 힘을 충분히 자각하고 있던 그는, 친절과 인정으로 여자들에게 자기는 아름답다는 자신감을 갖게 하였던 것이다.

행동파이기도 한 그는 합창부원의 급료를 주 30달러에서 175달러까지 인상해 주었다. 그리고 기사도를 발휘하여 초하룻날 밤에 출연하는 여배우들 모두에게 축전을 치고, 합창부원 전원에게는 호화로운 꽃다발을 아낌없이 선사하여 주었다.

나는 언젠가 호기심에 단식을 시도하려고 6일간 아무 것도 먹지 않고 지낸 적이 있었다. 그다지 어려운 일은 아니었다. 하지만 6일째 끝나는 날보다도 2일째 밤이 더욱 견디기 어려웠다. 그런데 이를테면 가족이나 고용인에게 9일 동안이나 음식을 주지 않고 있었다면 우리들은 일종의 죄악감을 느낄 것이다. 그러면서도 음식을 갈망하는 정도의 찬사는 6일은커녕 6주간, 때로는 6년간 한 번도 하지 않은 채 그냥 내버려 두는 예가 허다하다.

〈빈의 재회〉라는 유명한 연극에서 주연을 맡은 알프래드 랜드도 이렇게 말했다.

"나에게 가장 필요한 영양소는 자기 평가를 높여 주는 말이다."

우리들은 자식이나 친구 및 고용인의 육체에는 영양을 주지만, 그들의 자기 평가에는 좀처럼 영양을 주지 않는다. 소고기나 감자를 먹여서 체력을 북돋워 주기는 하지만, 부드러운 칭찬을 하는 일은 잊어버리고 있다. 부드러운 칭찬의 말은, 밤을 밝혀 주는 별이 연주하는 음악처럼 언제까지나 기억에 남아, 마음의 양식이 되는 법이다.

독자 중에는 이렇게 생각하는 사람들도 있을 것이다,

"무슨 소리, 모두 다 시시한 얘기일 뿐이야. 아첨을 하라고, 비위를 맞추라고, 찬사를 늘어놓으라고, 이미 그건 낡은 수법이야? 웬만한 사람들에겐 아무런 소용도 없어!"

물론 아첨은 분별 있는 사람에게는 통하지 않는다. 아첨은 천박하고 이기적이며, 성의가 없다. 그렇지만 굶어 죽기 직전에 인간이 풀이나 벌레 등 닥치는 대로 먹는 것처럼, 무엇이든지 닥치는 대로 집어삼킬 만큼 찬사에 굶주린 사람들도 세상에 있다는 것을 알아야 한다.

무디바니 형제가 몇 번씩이나 화제를 뿌리며 결혼에 성공한 것은 무슨 이유 때문일까? 왕자라고 별명이 붙었던 이 두 사람은 어떻게 해서 영화계의 미인 스타를 비롯해, 세계적으로 유명한 가수, 더욱이 10센트 상점을 경영하는 백만장자 바바라 하턴을 연달아 자기 여자로 만들 수 있었는가? 도대체 무슨 방법을 썼단 말인가?

"무디바니 형제의 어떤 특징이 여성들을 매혹시켰는가? 많은 사람들은 이상하게 생각하고 있었다. 세상의 모든 일에 통달해 있고, 남성의 평가에 있어서 일류라고 하는 예술가 포라 네그리에 의하면, 무디바니 형제와 같이 아첨을 잘 하는 인간은 찾아볼 수 없었다고 했

아무리 지위가 높은 사람도 잔소리를 들으면서 일하는 것보다 칭찬을 받고 일할 때가 일에 열성이 깃들이고 일의 능률도 오르는 것 같다.

다. 그런데 비정한 오늘날에서는 아첨의 재주는 그 자취가 없어졌다. 말하자면 무디바니 형제의 비결이라는 것은 보기 드문 귀한 기술을 살린 데 있는 것이다."
라고 《비버티》지는 전했다.

영국의 빅토리아 여왕도 아첨을 좋아하는 경향이 있었다. 그 당시의 재상 디즈레일리도 여왕에게 수시로 아첨을 했다고 자기 스스로 말하고 있다. 그의 말을 빌리면 '다리미로 다리듯이' 아첨을 했다고 하는데, 그는 영국의 역대 재상 중에도 탁월한 사교의 천재였다. 하지만 디즈레일리가 쓰는 방법을 우리들이 사용한다 해서 반드시 유용하다고 할 수는 없다. 아첨이라는 것은 결국 이익보다도 해를 가져오는 것이다. 실상 아첨은 거짓이다.

그렇다면 아첨과 감사의 말은 어떻게 다른가? 대답은 간단하다. 감사의 말은 진실하며, 아첨은 입에서 흘러나온다. 후자는 이타적이며, 전자는 이기적이다. 후자는 누구에게나 환영을 받지만, 전자는 환대받지 못한다.

최근 나는 멕시코 시의 차팔테팩 궁전을 방문했는데, 거기에 오브레곤 장군의 흉상이 있었다. 흉상의 아랫부분에 다음과 같은 장군의 신조가 새겨져 있었다.

"적보다도 감언 이설을 하는 친구를 두려워하라!"
나는 감언 이설을 말하고자 하고 있는 것은 절대로 아니다. 내가 권유하고 있는 것은 '새로운 생활법'이다.

영국의 조지 5세는 버킹검 궁전의 서재에 6조로 된 금언을 걸어 놓고 있었다. 그 중에,
"값싼 칭찬은 주지도 말고 또 받지도 말라!"
라는 조목이 있었다. 아첨은 바로 '값싼 칭찬'이다. 또

아첨의 정의에 대해서 다음과 같이 서술한 책을 읽은
일이 있다.

'상대의 자기 평가에 꼭 들어맞는 말을 해 주는 것.'

이것은 마음에 새겨두어도 좋은 말이다. 미국의 사상
가 에머슨은 이렇게 충고하고 있다.

"인간은 그 어떤 말을 써서도 본심을 속일 수는 없
다."

만약 아첨으로써 만사가 생각대로 된다면 누구나 모
두 아첨하기를 좋아할 것이며, 세상은 온통 사람을 다
루는 명수들로 꽉 차게 될 것이다.

사람은 특별한 문제에 마음을 빼앗기고 있을 때 외에
는 대개 자기의 일만 생각하면서 살고 있다. 그러나 자
기의 일은 잠시 잊어버리고 다른 사람의 장점을 생각
하면 어떨까. 다른 사람의 장점을 알게 되면 값싼 아첨
따위는 쓰지 않아도 될 것이다. 에머슨은 또한 이렇게
말한다.

"어떤 인간이든 간에 나보다 뛰어난 장점을 갖고 있
다."

에머슨과 같은 위대한 사상가도 이러한데, 하물며 우
리와 같은 평범한 사람에 있어서야 다른 사람의 장점
에서 배울 것이 얼마나 많을 것인가! 그렇게 배우게
되면 아첨 따위는 전혀 쓸모없는 것이 되어 버릴 것이
다. 거짓 아닌 진심으로 칭찬하도록 하자. 슈와프와 같
은 진심으로 아낌없는 칭찬을 하도록 하자.

상대는 그것을 마음 깊이 간직하여 평생토록 잊어버
리지 않을 것이다. 설령 칭찬을 한 본인은 잊어도 칭찬
을 받은 사람은 언제까지나 잊지 않고 소중히 간직할

아첨과 감사의 말은
어떻게 다른가? 대답
은 간단하다. 감사의
말은 진실하며, 아첨은
입에서 흘러나온다.

것이다.

사람을 사귀고 대하는 둘째 기술은 자기의 중요성을
갖게 하는 것이다. 또한 다른 사람의 장점을 길러주기
위해서는 칭찬하는 것과 격려하는 것이 최상의 좋은
방법이다.

셋째 기술

# 다른 사람의 입장에서 생각하라

나는 해마다 여름이면 메인 주로 낚시를 하러 떠난다. 그런데 물고기는 무슨 이유인지 지렁이를 좋아한다. 그래서 나는 낚시를 하러갈 때, 내가 좋아하는 것은 미뤄놓고 물고기가 좋아하는 것을 먼저 생각하게 되었다. 그리하여 물고기가 좋아하는 지렁이를 바늘에 꿰어서 물고기에게 내밀고, "어서 드십시오"라고 한다.

사람의 마음을 움직이는 경우에도 이 고기 낚는 법을 이용하면 된다. 영국의 수상 로이드 조지는 이것을 이용했다. 제1차 세계 대전 중 그와 함께 활약한 연합국의 지도자 윌슨·오란드·클레망소 등은 이미 세상에서 잊혀진 지 오래가 되었는데도 유독 그 혼자만이 변함 없이 그 지위를 보유하고 있다. 그 비결을 질문받자, 그는 낚싯바늘에는 물고기의 입맛에 맞는 것을 달아두는 것이 최선의 요령이라고 대답 했다.

자기의 기호는 되도록 잊도록 하라. 자기의 것을 중요

시하는 것은 철부지와 같은 어리석은 생각이다. 물론 우리들은 자기가 좋아하는 것에 흥미를 느낀다. 그러나 자기 자신 외에는 아무도 그런 것에 흥미를 가져 주지 않는다.

따라서 사람을 움직이는 유일한 방법은, 그 사람이 좋아하는 것을 주제로 삼고, 그것을 손에 넣는 방법을 가르쳐 주어야 한다.

만약 이것을 무시한다면 사람을 자유 자재로 다룰 수가 없다. 예컨대 자기 자식에게 담배를 피우지 않게 하려면 긴 설교 따위는 아무런 쓸모가 없다. 또한 자기의 희망 사항을 말하는 것도 좋지 않다. 오로지 담배를 피우는 사람은 야구 선수가 될 수 없으며, 백 미터 경주에서 이길 수도 없음을 설명해 주어야 한다.

이러한 방법을 터득하고 있으면 아이들이나 송아지나 또는 침팬치라도 당신의 마음대로 움직일 수 있다. 다음과 같은 예를 보자.

어느 날 에머슨과 그의 아들이 송아지를 외양간에 넣으려고 했다. 그런데 그만 에머슨 부자는 누구나 저지르는 실수를 하고 말았다. 즉, 자기들의 생각 외에는 아무것도 염두에 두지 않았던 것이다. 아들이 송아지를 끌고, 에머슨은 뒤에서 밀었다. 송아지도 역시 에머슨 부자와 같은 짓을 했다. 네 발을 버티고 꼼짝하지 않았다. 그것을 보다 못 한 아일랜드 출시의 가정부가 거들려고 왔다. 그녀는 논문이나 책을 쓸 줄은 모르지만 이 경우에는 적어도 에머슨보다 현명했다. 다시 말해 송아지가 무엇을 원하고 있는지 알고 있었던 것이다. 그녀는 자기의 손가락을 송아지의 입에 물린 뒤 그것을 빨게 하면서 친절하게 외양간 속으로 끌어들였던 것이다.

인간의 행위는 무엇을 원하는가에서부터 출발한다. 적십자에 100달러를 기부하는 행위는 어떤가? 이것도 결코 이 법칙에서 벗어나 있지는 않다. 왜냐 하면 사람을 구제하고 싶다고 생각하기 때문이고, 또한 신과 같이 아름다운 희생의 행위를 하고 싶다고 생각했기 때문이다. 다시 말하면 가난한 형제를 돕는 것은 하느님을 섬기는 일이다.

100달러가 아름다운 행위에서 생기는 기쁨보다 차라리 탐난다고 생각하는 사람은 기부 같은 것은 절대 하지 않을 것이다. 물론 마지못해 한다든가, 중요한 사람으로부터 의뢰를 받았다든가 하는 이유에서 기부를 하는 경우도 있다. 그러나 그런 사람은 기부를 한 이상 무엇인가를 원했던 것이 확실하다.

미국의 심리학자 오버스트리트 교수의 명저 《인간의 행위를 지배하는 힘》에 다음과 같은 말이 있다.

"사람의 행동은 마음 속의 욕구에 의해 생긴다. 그러므로 사람을 움직이는 최선의 방법은 무엇보다도 먼저 상대의 마음 속에 강한 욕구를 일으키게 하는 일이다. 사업·가정·학교, 혹은 정치 등 어디서든지 사람을 움직이려는 사람은 이 사실을 분명히 기억해 둘 필요가 있다. 이것을 할 수 있는 사람은 만인의 지지를 얻는 데 성공하고, 그것을 할 수 없는 사람은 한 사람의 지지자를 얻는 데도 실패한다."

강철왕 앤드류 카네기도 처음에는 스코틀랜드 태생의

가난뱅이에 지나지 않았다. 시간당 2센트의 급료를 받고 일하던 그가 훗날 사회의 각 방면에 3억 6천5백만 달러라는 거액의 기부를 하기에 이르렀다. 그는 젊은 날에 이미 사람을 다루려면 상대가 원하고 있는 일들을 생각하여 이야기해야 한다는 점을 깨닫고 있었다. 그는 4년간의 학력이 전부였으나, 사람을 다루는 방법을 잘 알고 있었다.

카네기의 사촌 누이동생은 예일 대학에 다니는 두 아들 때문에 앓아누울 만큼 걱정을 하고 있었다. 두 아들은 모두 자기 일에만 정신이 팔려 집에 편지 한 통도 보내오지 않았던 것이다. 그들의 어머니가 아무리 편지를 보내도 답장은 오지 않았다.

그래서 카네기는 조카들에게 회답에 대한 언급을 전혀 하지 않았을 때, 사촌 누이동생에게 그들이 답장을 보내올 것인지의 여부에 100달러를 걸고 내기를 해 보자고 하였다. 그리하여 그는 조카들에게 편지를 보냈다. 별 용건도 없는 두서없는 글이었다. 다만 편지의 맨 끝에 '두 사람에게 5달러씩 보내 주마'라고 적었다.

그러나 그 돈은 동봉하지 않았다. 그러자 조카들한테서 곧바로 감사의 뜻을 전하는 답장이 도착하였다.

"앤드류 숙부님, 편지 감사해요……."

그 다음의 문구는 상상에 맡기겠다.

다른 사람을 설득시켜서 무엇인가 일을 시키려면 명령하기에 앞서 자신에게 물어볼 필요가 있다.

'상대에게 어떻게 하면 하고자 하는 욕구를 불러일으킬 수 있는가?'

이렇게 하면 다른 사람에게 불필요한 연설을 들려주지 않아도 된다.

나는 강습회를 열기 위해 뉴욕의 어느 호텔의 큰 홀을 계절이 바뀔 때마다 20일간 밤에만 빌리고 있었다.

강습회가 시작될 무렵인 어느 날, 호텔 측에서 사용료를 3배 가까이 올린다는 통지서를 받았다. 그 때는 이미 강습회의 티켓 인쇄가 끝나 있었고, 또 예매가 한창 진행되고 있었으며, 일반에게 광고도 해 버린 뒤였다.

나는 당연히 이를 받아들일 생각이 없었다. 그러나 나의 이러한 뜻을 호텔로 전해야 별 소용이 없을 것이라고 판단되었다. 왜냐 하면 호텔 측은 오직 호텔 자체의 문제만 생각하고 있기 때문이다. 그래서 한 이틀쯤 지난 뒤 지배인을 만나러 갔다.

"통지를 받았을 때는 다소 놀랐습니다. 그러나 당신을 비난할 생각은 조금도 없습니다. 내가 만약 당신의 입장이라면 나 역시도 그와 같은 편지를 썼을 것입니다. 지배인의 임무는 가능한 한 호텔의 수익을 올리는 것일 테니까요. 그것을 못 하는 지배인은 마땅히 파면되어야 할 것입니다. 그런데 이번의 사용료 인상 문제가 호텔에 어떤 이익과 손해를 초래할지는 표를 작성하여 자세히 살펴보지 않겠습니까?"

이렇게 말하고는 종이 한가운데 선을 긋고는 '이익'과 '손해' 란을 만들었다.

나는 이익란에 "큰 홀이 빈다"라고 써넣고 얘기를 계속했다.

"비어 있는 홀을 댄스 파티나 집회용으로 자유롭게 빌려줄 수 있으면 이익이 될 것입니다. 이것은 확실히

사람을 움직이는 유일한 방법은, 그 사람이 좋아하는 것을 주제로 삼고, 그것을 손에 넣는 방법을 가르쳐 주어야 한다.

큰 이익입니다. 우리에게 강습회용으로 빌려주는 것보다는 훨씬 많은 사용료를 받을 수가 있을 것입니다. 나로 인해 20일간이나 큰 홀을 밤마다 점령당하는 것은 호텔로서는 분명히 큰 손실이 틀림없을 것입니다. 그러면 다음은 손해에 대해서 생각하여 봅시다. 우선 첫째, 내게로부터 들어오게 될 수익이 없을 것입니다. 왜냐하면 나는 당신이 요구하는 사용료를 지불할 수가 없기 때문에 강습회는 다른 장소를 빌리지 않으면 안 되기 때문입니다. 게다가 또 한 가지, 호텔 측에서는 손해가 되는 일이 있습니다. 이 강습회는 지식인이나 문화인이 수없이 모여들 것입니다. 이것은 호텔 측으로서는 매우 유리한 일이 아닙니까? 사실 신문에 5천 달러짜리 광고를 내도 이 강습회에 참가하는 수많은 사람이 이 호텔을 보러 오리라고는 생각할 수 있습니다. 이것은 호텔 측으로서는 매우 유리한 일이 아닙니까?"

하고 차근차근 설명을 했다. 그리고 다음과 같이 말했다.

"여기에 적은 손익표를 보고 잘 생각한 후에 최종적인 회답을 들려 주십시오."

그 다음날, 나는 사용료의 3배가 아닌 5할만을 인상하겠다는 통지를 받았다.

이 문제에 대해서 독자들은 나의 요구를 한 마디도 입에 담지 않았다는 것에 유의하기 바란다. 시종 상대방의 요구에 대해서 얘기하고 어떻게 하면 그 요구가 적중될 것인가를 이야기했을 뿐이다.

이와 다르게 내가 인간의 자연스러운 감정에 따라서 지배인의 방으로 뛰어들어 다음과 같이 소리쳤다고 하자.

"여보게! 지금 와서 3배로 올린다는 것은 부당하지 않은가. 입장권도 이미 다 인쇄되어 있고, 어디 그뿐인가. 광고도 이미 끝난 후라네. 당신도 뻔히 알지 않은가. 세상에 이런 법이 어디 있단 말인가?"

이렇게 되면 과연 어떤 결과가 나왔을까? 서로가 흥분한 상태에서의 결과는 말하지 않아도 뻔할 것이다. 비록 내가 상대를 설득해서 잘못을 깨닫게 하더라도 상대는 물러서지 않을 것이다. 왜냐 하면 자존심이 그것을 허락하지 않을 것이기 때문이다.

인간 관계에 대해서 자동차의 왕 헨리 포드가 언급한 명언이 있다.

"성공의 비결이 있다면, 그것은 다른 사람의 입장을 이해하고 자기의 입장과 동시에 다른 사람의 입장에서 사물을 볼 수 있는 능력이다."

실로 음미해 볼 만한 말이 아닌가. 몇 번이나 되풀이 해서 잘 기억해 두기 바란다. 참으로 간단하고 알기 쉬운 이치이지만, 대개의 경우 사람들은 그것을 지나쳐 버리기 쉽다.

이러한 예는 얼마든지 있다. 매일 아침 배달되어 오는 편지가 그렇다. 대부분의 편지는 이 상식을 무시하고 있다. 그 일례로써 전국에 지사를 가지고 있는 어떤 광고 회사의 방송부장으로부터 각 지방 방송국장 앞으로 보내진 편지를 살펴보자(괄호 안의 글은 나의 비평이다).

방송국장, 읽어 보시오.

100달러가 아름다운
행위에서 생기는 기쁨
보다 차라리 탐난다고
생각하는 사람은 기부
같은 것은 절대 하지
않을 것이다.

우리 회사는 방송 광고의 대리업자로서 항상 세계에서 최고의 회사가 되기를 염원하고 있습니다.

(당신 회사의 염원이 뭐가 중요한가, 온갖 두통거리가 되는 문제를 산더미처럼 안고 있는데. 집은 저당이 잡혀 넘어갈 것 같으며, 소중한 나무들은 해충의 피해로 말라가고 있고, 주가는 폭락한데다. 오늘 아침은 통근차를 놓쳤소. 어젯밤은 무슨 이유에서인지 존스 가문에서 초대받지 못했고, 의사로부터는 고혈압과 신경통을 조심하라는 선고를 받고 있으며, 게다가 초조한 마음으로 사무실에 닿으니 이번에는 이런 편지가 와 있다니. 상대방에게 이 편지가 어떤 인상을 주는지 알 수가 없다면 광고업을 그만두고 양을 위한 세탁 재료나 만드는 것이 어떻겠소.)

우리 나라 방송 사업체 발족 이래 우리 회사의 업적은 참으로 현저하며, 항상 업계의 수위를 차지하고 있습니다.

(이를테면 당신의 회사는 규모가 크고 최고라고 자랑하는데, 도대체 그것이 어쨌다는 거요. 비록 당신의 회사가 제너럴 모터스와 제너럴 일렉트릭의 두 회사를 합친 것보다 몇 배나 크다고 해도 그 따위 일은 아무래도 좋소. 이쪽은 당신 회사의 크기보다도 자기 회사의 크기가 더 걱정거리란 말이오. 하다 못 해 어리석은 참새의 절반만큼이라도 지능을 가지고 있다면 그 정도의 사정은 알 만도 하지 않소. 당신 회사의 자랑을 듣고 있으면 이쪽이 경멸당하고 있는 생각이 들 뿐이오.)

우리 회사는 항상 각 방송국의 최근 상황에 통달하고 있기를 염원하고 있습니다.

(또 당신의 염원 얘긴가, 바보 같으니라고, 당신의 염원 따위에 구애받아야 할 시간이 없소. 그렇다면 이쪽의 염원은 도대체 어떻게 할 셈인가. 그 점에 대해서는 일언 반구도 언급이 없으니.)

덧붙여 말하고자 하는 것은 귀 방송국의 주간 보고를 듣고자 하며, 대리업자에게 있어서 필요하다고 생각되는 사항은 하나도 빠짐없이 알려주시기 바랍니다.

(주제가 넘어도 분수가 있어야지, 제멋대로 나팔을 불어 놓고는 높은 곳에 앉아서 보고를 하라니, 이 무슨 뚱딴지 같은 소리인가?)

귀 방송국의 최근 사항에 대해서 빠른 회답을 얻을 수 있으면 서로가 편리하겠습니다.

(바보 친구야, 이렇게 성의 없는 편지를 보내놓고 빠른 회답을 달라니 어처구니없지 않은가. 아마 이런 투의 글을 전국에 뿌렸을 테지, 빨리라니, 이쪽도 당신과 마찬가지로 바쁜데, 당신은 도대체 무슨 권리가 있어서 잘난 척하고 명령을 하는 것인가. 서로가 편리하다니, 편지 마지막에 와서야 겨우 이쪽의 입장을 깨닫게 된 모양인데, 이쪽이 어떻게 편리하다는 얘기인가, 난 도대체 모르겠네.)

추신
〈브랑크릴 저널〉 신문의 사본을 일부 동봉합니다. 귀 방송국의 방송을 사용할 수가 있다면 좋겠습니다.

(추신에서 겨우 '서로의 편리'라는 뜻을 알 수가 있었네. 왜 서두에 그것을 쓰지 않았는가. 하기야 서두에 썼다 한들 별다른 효과가 없었을 것이지만, 도대체가

사람을 움직이는 최선의 방법은 무엇보다도 먼저 상대의 마음 속에 강한 욕구를 일으키게 하는 일이다.

이 같은 어리석은 편지를 보내는 그 따위 광고업자는 머리가 좀 이상한 것이 분명한데, 당신에게 필요한 것은 이쪽의 상황 보고가 아니고, 바보한테 쓰는 약일 거야.)

광고를 본업으로 삼고 다른 사람에게 물건을 살 마음을 일으키게 해야 하는 전문가조차도 이러한 편지를 쓰는 판이니, 다른 직업을 가진 사람들이 쓰는 편지는 더 말하지 않아도 짐작이 갈 것이다.

다음에 또 한 통의 편지가 있다. 운송 회사의 수송계장이 나의 강습회 수강자 에드워드 바밀란 씨에게 보낸 것이다.

에드워드 바밀란 씨.
본회사의 상황에 대해서 말씀을 드리면, 취급하는 화물의 대부분이 저녁에 일시에 쇄도하기 때문에 발송업무에 지장을 초래하여 당 회사의 인부의 시간 외 노동·하적 및 수송에 지연을 가져옵니다. 지난 11월 10일 귀사의 5,107상자에 달하는 대량의 화물이 도착하였지만 그 때는 이미 오후 4시 20분이었습니다. 본회사로서는 이러한 사태에 의하여 생기는 불편을 피하기 위하여 감히 귀사의 협력을 바라는 바입니다. 앞에서와 같은 대량의 화물은 도착 시간을 빨리 앞당겨 주시든지, 혹은 오전 중에 그 일부가 도착하도록 해 주시기 바랍니다.
위와 같이 배려를 주신다면 귀사의 트럭이 기다리는

시간도 단축되고 화물도 즉시 발송될 것입니다.

이 편지에 대한 바밀란 씨의 생각은 다음과 같다.

'이 편지는 그 의도와는 달리 역효과를 낳게 한다. 서두부터 자기의 형편만 얘기하고 있을 뿐 도대체 이쪽에서는 그러한 일에 흥미가 없다. 협력을 구하면서도 그것으로부터 생기는 이쪽의 불편은 무시하고 있다. 겨우 마지막 구절에서 협력을 하면 이쪽을 위해서 이러한 이익이 있다고 하지만, 긴요한 얘기가 뒤로 밀려나 있기 때문에 협력은커녕 적개심만 불러 일으키게 한다.'

그렇다면 이 편지를 내가 고쳐 써 보기로 하겠다. 자기의 사정에만 정신을 팔지 말고, 자동차 왕 포드의 말과 같이 다른 사람의 입장을 이해하고, 자기의 입장과 동시에 다른 사람의 입장에서도 사물을 보면 어떻겠는가. 다음과 같이 고쳐 쓴다면 최상은 못 되겠지만, 앞의 것보다는 나을 것이다.

에드워드 바밀란 씨, 보십시오.

당사는 14년 이래 귀사의 은혜에 깊이 감사하고 있음과 동시에, 앞으로도 한층 신속하고 능률적인 서비스로 보답하고자 합니다. 그러나 지난 11월 10일과 같이 오후 늦게 한꺼번에 대량의 화물을 송달하여 주시면 유감스럽게도 기대에 어긋나는 일이 생기게 됩니다. 이렇게 말씀드리는 까닭은 다른 하주로부터도 오후 늦게 화물이 도착하므로, 그래서 혼란이 생겨 귀사의 트럭을 성공의 비결이 있다면, 그것은 다른 사람의 입장을 이해하고 자기의 입장과 동시에 다른 사람의 입장에서 사물을 볼 수 있는 능력이다.

기다리게 하거나 때로는 출하도 지체하는 경우가 있는데, 이것은 지극히 유감된 일이 아닐 수 없습니다. 이러한 사태를 피하기 위해서는 장애가 되지 않은 한 오전 중으로 화물을 도착케 하여 주시는 것이 좋지 않을까 생각되오니 선처를 바랍니다. 그렇게 되면 귀사의 트럭도 기다릴 필요도 없고 화물은 즉시 출하가 가능하며, 또한 당사의 종업원도 정시에 가정으로 돌아가서 귀사의 제품인 맛있는 마카로니로 저녁을 즐겁게 먹을 수가 있을 것입니다.

위에 드린 말씀을 트집으로 생각지 마시기를 바랍니다. 당사로서는 한층 더 은공에 보답코자 하는 마음에서 이와 같은 서면을 드리게 된 바입니다.

더 말씀드릴 것도 없이 귀사의 화물 같으면 비록 늦더라도 되도록 신속하게 처리하도록 전력을 다 할 것이오니, 그 점에 대해 아무쪼록 안심하여 주시기를 바랍니다.

오늘도 전과 다름없이 수천 수만 명의 세일즈맨이 충분한 수입도 얻지 못하고 실망과 피로에 지쳐서 거리를 돌아다니고 있을 것이다. 왜냐 하면 그들은 항상 자기가 원하는 것만을 생각하기 때문이다. 고객들은 별로 사고 싶은 생각이 없는데, 그것을 알지 못하고 있다. 사고 싶은 것이 있으면 고객들은 스스로가 나가서 사게 된다.

우리들은 자기의 문제를 해결함에 있어서 언제나 적극적이다. 만약 세일즈맨이 팔려고 하는 물건이 생활에 도움이 된다면 상대편에서 적극적으로 사려 한다. 세일즈맨은 강제로 사게 만들 필요가 없다. 손님이라는 존재는 자신의 자유 의사로 사고 싶은 물건을 살 뿐 강요당하는 것은 원치 않는다. 그럼에도 불구하고 대다수가 세일즈맨은 손님의 입장에서 생각하여 팔려고 하지 않는다.

여기에 한 가지 좋은 예가 있다.

내가 뉴욕 교외의 포리스트 힐에 살고 있을 때였다. 어느 날, 정거장으로 급히 가는 도중에 롱 아일랜드에서 오랫동안 부동산 중개업을 하고 있는 사람을 만났다. 그 사람은 포리스트 힐의 사정을 잘 알고 있었기 때문에, 나는 내가 살고 있는 집의 건축 재료를 물어 보았다. 그는 모른다고 대답하고 정원 협회에 전화로 문의해 보라고 일러주었다. 그 정도는 나도 예전부터 잘 알고 있었다. 그런데 그 다음날 그에게서 한 통의 편지가 왔다. 편지를 펴보니 어제와 같이 전화로 물어 보라고 거듭 되풀이한 후에 보험에 가입해 달라는 부탁의 말이 씌어 있었다.

그는 내게 도움되는 일에는 도무지 흥미가 없고, 자기 자신한테 도움이 되는 일에만 관심이 있을 뿐이었다. 이 사나이가 내게 도움되는 일에 관심을 갖는다면 나를 보험에 가입시키는 것은 물론이고, 그 분야에서 크게 성공할 것이다.

지적인 직업에 종사하는 사람도 역시 이와 같은 실수를 저지른다. 나는 언젠가 필라델피아에서 유명한 이비인후과 병원을 찾은 적이 있는데, 그 의사는 나의 편도

선을 보기도 전에 직업부터 먼저 물었다. 그 의사는 편도선 증세보다도 나의 호주머니 사정에 더 관심이 있었던 모양이다. 다시 말해 그는 사람을 치료하는 것보다 돈벌이에 더욱 흥미를 가지고 있었다. 하지만 그 결과 그만큼 손해를 보았다. 왜냐 하면 나는 그의 인격을 경멸하여 그대로 돌아와 버렸기 때문이다.

이같이 세상사에는 사리 사욕에 눈이 먼 인간들이 들끓고 있다. 그러므로 자기보다도 다른 사람을 위하여 봉사하는 소수의 사람들에게 세상은 매우 유리하게 돌아간다. 그 이유는 경쟁자가 거의 없는 셈이다.

"다른 사람의 입장에서 생각하고 다른 사람의 마음의 움직임을 이해할 수 있는 사람은 장래를 걱정할 필요가 없다."

이것은 오웬 영의 말이다. 이 사람의 책을 읽고, 항상 상대의 입장에서 사물을 보고 생각하는 방법만 배워도 이미 당신은 성공을 향한 첫걸음은 이미 내디딘 것이나 다름없다.

대학에서 수준 높은 학문을 배운 사람들도 자기 자신의 마음의 움직임에 대해서는 전혀 모르는 경우가 많다.

나는 언젠가 뉴저지 주 뉴와크의 캬리아 냉난방기 제조 회사에 화술에 대한 강의를 하러 간 일이 있었다. 나의 강의를 듣는 수강자는 신입 사원들뿐이었다. 내가 강의를 막 마쳤을 때 수강자 중 한 사람이 동료들을 향하여 이렇게 말했다.

"우리 다 함께 농구합시다. 농구가 하고 싶어서 몇 번이나 체육관에 가 보았지만 항상 인원이 부족했어요.

할 수 없이 볼 던지기를 하는데, 볼에 얻어맞아서 혼이
난 일도 있었습니다. 그러니 내일 밤은 꼭 와 주기 바
랍니다."

그는 동료들이 농구를 하고 싶어하든 말든 전혀 관심
이 없었다. 아무도 가고 싶어하지 않기 때문에 체육관
은 비어 있었다. 그 자신은 아무리 농구를 하고 싶어도
다른 사람은 그렇지 않다. 그러므로 일부러 그 곳으로
가서 볼에 얻어맞는 봉변을 당하고 싶은 사람이 어디
있겠는가.

그 사람은 여기서 좀더 달리 표현할 수도 있었을 것
이다. 농구를 하게 되면 힘이 난다든가, 식욕이 왕성해
진다든가, 아주 재미있다든가, 또는 귀가 솔깃해질 애
기를 해 줄 수도 있었다.

그럼 여기서 오버스트리트 교수의 말을 새삼스레 되
새겨 보자.

"먼저 상대의 마음 속에 강렬한 욕구를 불러일으킬
것. 이것을 할 수 있는 사람은 만인의 지지자를 얻는
데 성공하고, 할 수 없는 사람은 한 사람의 지지자를
얻는 데도 실패한다."

나의 강습회에 참가한 어떤 청강생의 이야기다. 그는
항상 어린 자식의 일을 걱정하고 있었다. 그 아이는 심
한 편식을 하기 때문에 매우 야위어서 세상에 부모가
다 그러하듯이 그와 그 아내는 아이를 나무라기만 했
다.

"엄마는 네가 이것을 먹었으면 좋겠구나."

"아빠는 네가 건강한 사람이 되어 주기를 원하고 있
단다."

다른 사람의 입장에서 생각하고 다른 사람의 마음의 움직임을 이해할 수 있는 사람은 장래를 걱정할 필요가 없다.

부모의 이런 말만 듣고 아이가 그 소망을 들어 준다면 그것이 더 이상스러운 일이다. 30세인 그의 생각을 세 살짜리 아이에게 납득시키는 것은 처음부터 무리라는 것쯤 누구나 잘 알고 있을 것이다. 그럼에도 불구하고 모든 부모는 그렇게 하려 한다.

"이 아이는 도대체 무엇을 원하고 있을까? 어떻게 하면 저 아이의 바람과 나의 바람을 일치시킬 수 있을까?"

바로 이러한 생각은 결국 해결책을 찾을 수 있다. 그 아이는 세발 자전거를 가지고 있었는데, 그것을 타고 집 앞의 아스팔트 위에서 노는 것을 좋아했다. 그런데 이웃에 사는 말썽꾸러기 개구쟁이가 세발 자전거를 빼앗아 그것을 마치 자기 것인 양 타고 다녔다.

아이는 자전거를 빼앗기자 울음보를 터트리고 엄마에게로 달려갔다. 아이의 엄마는 급히 뛰어나가서 세발 자전거를 도로 찾아왔다. 이러한 일이 거의 매일같이 되풀이되었다.

그렇다면 이 아이는 그 동안 무엇을 원하고 있었을까? 굳이 여기서 셜록 홈즈를 들먹일 필요도 없이 조금만 생각해 보면 즉각 알 수가 있다. 그 부부는 아이의 자존심·노여움 및 자기의 중요성 등 이러한 내심의 강렬한 감정을 불러일으켰고, 그것이 아이를 움직여서 개구쟁이 아이에게 언젠가는 앙갚음해 주어야겠다는 굳은 결심을 갖게 했던 것이다.

"엄마가 권하는 이 음식을 먹기만 하면 너는 그 애보다 더 힘이 세게 된단다."

이 한 마디로 아이의 편식 문제는 당장 그 날로 해소

되고 말았다.

아이는 그 개구쟁이 아이를 곯려 주고 싶은 마음에 무엇이든지 먹게 되었다.

이렇게 편식 문제가 해결되자 그들은 또 다음 문제에 부닥치게 되었다. 이 아이의 또 한 가지 골칫거리는 밤에 오줌을 싸는 버릇이었다. 이 아이는 언제나 할머니와 함께 잤는데, 아침이 되면 할머니가,

"또 오줌을 쌌네……."

하고 나무라면, 아이는 완강하게 부정하면서, 오히려 오줌을 싼 것은 할머니라고 덮어씌운다. 그럴 때마다 어르고 달래고 타일러 보아도 전혀 효과가 없다. 그래서 그와 아내는 아이가 밤중에 오줌을 싸지 않는 방법을 연구해 보았다.

도대체 이 아이는 무엇을 원하고 있는가? 우선 이 아이는 지금 자기가 입고 있는 잠옷이 아닌, 아빠와 같은 파자마를 입고 싶어했다. 할머니는 손자의 나쁜 버릇에 진저리가 나 있었기 때문에 그것을 고칠 수만 있다면 파자마를 사주어도 좋다고 제의했다. 그 다음으로 아이가 원하고 있는 것은 자기 전용 침대였다. 이것에도 할머니는 이의가 없었다. 그래서 아이를 데리고 가구점으로 갔다.

"이 애가 무엇인가 사고 싶은 물건이 있대요."

엄마가 여자 판매원에게 눈짓을 하며 그렇게 말하니 아가씨도 얼른 알아차리고 친절하게 말했다.

"어서 오세요. 뭐가 필요하지요?"

이러한 판매원의 친절에 자기의 중요성을 충족하게 된 아이는 만족스럽게 대답을 했다.

대학에서 수준 높은 학문을 배운 사람들도 자기 자신의 마음의 움직임에 대해서는 전혀 모르는 경우가 많다.

"나 혼자 쓰는 침대를 사고 싶어요."

엄마로부터 눈짓을 받은 판매원의 권유에 따라서 결국 아이는 엄마가 사게 하려고 한 침대를 샀다.

다음날 집으로 침대가 배달되었다. 저녁에 아이의 아빠가 돌아오자 아이는 부리나케 현관으로 뛰어나갔다.

"아빠, 빨리 이층으로 가서 새로 산 제 침대를 보아 주세요!"

아빠는 침대를 쳐다보면서 아낌없이 칭찬을 해 주었다.

"이젠 이 침대에서 오줌을 싸지 않겠지?"

아이의 아빠가 그렇게 말하자 아이는 결코 오줌을 싸지 않겠다고 약속을 하였고, 그 이후에는 실제로 오줌을 싸지 않았다. 이 이야기는 자존심이 약속을 지키게 한 예이다. 자기의 파자마도 입고 있었지만, 아이는 어른과 같이 행동하고 싶었고, 그렇게 행동을 했던 것이다.

또 다른 예로 나의 청강생 중 전화 기술자인 다치만이라는 사람도 역시 세 살짜리 딸이 아침을 먹지 않아 애를 태우고 있었다. 아무리 어르고 타일러도 전혀 효과가 없었다. 그래서 도대체 어떻게 하면 아침을 먹고 싶어할까 하고 생각해 보았다.

그런데 이 아이는 어머니의 흉내를 내는 것을 무척 좋아했다. 어머니의 흉내를 내면 어른이 된 것 같은 기분이 드는 모양이다. 그래서 어느 날 아침, 식사 준비를 시켜보았다. 그 아이가 요리의 흉내를 내고 있는 도중에 적당한 시간을 재어서 아빠가 부엌을 들여다보면, 그 아이는 기쁜 듯이 소리쳤다.

"아빠 이것 봐요. 난 아침 식사를 만들고 있어요!"

그 날 아침, 그 아이는 오트밀을 두 접시나 먹어치웠다. 아침 식사를 만드는 것에 흥미를 갖고 있던 그 아이는 자기의 중요성을 만족시켰을 뿐만 아니라, 아침 식사를 만듦으로써 자기 방법을 발견했던 것이다.

윌리엄 워터는 이렇게 말했다.

"자기 표현은 인간의 중요한 욕구 중의 하나이다."

이 심리를 우리들은 어디에나 응용할 수가 있다.

어떤 놀라운 아이디어가 떠올랐을 경우에, 그 아이디어를 상대방이 이해하도록 한 뒤 자유롭게 요리를 시켜보면 어떨까. 상대는 이 아이처럼 그것을 자기의 것으로 생각하고, 두 접시의 분량을 먹어치울 것이다.

"우선 상대의 마음 속에 하고자 하는 강렬한 욕구를 불러일으킬 것. 이것을 할 수 있는 사람은 만인의 지지를 얻는 데 성공하고, 하지 못하는 사람은 단 한 사람의 지지자를 얻는 데도 실패할 것이다."

이 책을 읽은 독자라면 어느 누구나 이 말을 분명하게 기억해 두기를 바란다.

여기서 이 책을 이용하는 아홉 가지 요령을 밝혀둔다.


1. 인간 관계의 원칙을 터득하려면 먼저 진지한 의욕이 필요하다. 따라서 그 의욕을 불태우라.

2. 이 책을 반드시 두 번 읽은 다음에 비로소 다음 장으로 옮겨 가라.

3. 이 책에서 서술한 기술 방법을 어떻게 실행할 것인가? 수시로 책을 펴놓고 생각하여 보아라.

4. 중요하게 생각되는 곳에 밑줄을 그어두어라.

자기 표현은 인간의
중요한 욕구 중의 하
나이다."
이 심리를 우리들은
어디에나 응용할 수가
있다.

5. 한 달에 한 번은 반드시 이 책을 다시 읽어 보아라.

6. 이 책을 항상 곁에 두고 일상사의 문제를 처리하는 안내서로 삼아라.

7. 이 책의 취지에 반대하는 행위가 있었을 경우에는 벌금을 스스로 지불한다는 약속을 자신에게 함께 해 보아라.

8. 이 책의 가르침을 어떻게 효과 있게 실행하는가 매 주마다 점검해 보아라. 자기의 잘못과 진보의 경험을 장래를 위하여 기억해 두어야 한다.

9. 이 책 끝장의 여백을 이용하여 이 책의 가르침을 실행한 방법과 그 일시를 기록해 두면 크나큰 도움을 얻을 수 있다.

사람을 사귀고 대하는 셋째 기술은 다른 사람의 입장에서 생각하는 것이다. 더불어 상대의 마음 속에 하고자 하는 강렬한 욕구를 스스로 불러일으켜야 한다. 이것을 할 수 있는 사람은 만인의 지지를 얻는 데 성공하고, 하지 못하는 사람은 단 한 사람의 지지자를 얻는 데도 실패할 것이다.

상담에는 특별한 비결
이 없다. 오직 상대의
이야기에 귀를 기울이
는 것이 중요하다. 어
떤 아첨도 이를 따르
지 못한다.

넷째 기술

# 먼저 듣는 입장이 되어라

나는 며칠 전에 어떤 브리지(카드놀이의 한 종류) 모임에 초대된 적이 있었다. 그렇지만 나는 브리지 놀이를 하지 않았다. 거기에 마침 나처럼 브리지를 하지 않는 부인이 와 있었다.

그런데 나는 로웰 토머스가 유명해지기 전에 그의 매니저로 있었던 적이 있다. 한번은 그의 그림이 삽입된 여행기의 준비를 돕기 위하여 그와 둘이서 유럽을 여행한 일이 있었는데, 부인은 내게 그 이야기를 해 달라고 했다.

"카네기 선생님, 멋들어진 장소나 아름다운 경치 얘기를 들려주시겠어요?"

그 이야기를 하기 위해 나와 나란히 다른 소파에 앉자, 그녀는 먼저 입을 열어 최근에 남편과 함께 아프리카 여행을 다녀왔다고 말했다.

"아프리카!"

나는 탄성을 질렀다.

"아프리카는 나도 꼭 한 번은 가보고 싶다고 생각했습니다. 알제리아에 24시간 머무른 것 이외에 아프리카에 대해서는 아무것도 모릅니다. 그런데 맹수가 있는 지방으로도 가보셨습니까? 아! 어떠했습니까? 정말 부럽습니다. 그럼 먼저 저에게 아프리카 이야기를 들려주십시오."

그래서 그녀는 나에게 꼭 45분 동안 아프리카의 이야기를 들려주었다. 하지만 나의 여행담을 들려달라고는 두 번 다시 말하지 않았다. 그녀는 자기의 얘기에 귀를 기울여 열성 있게 듣는 사람을 원했던 것이다.

그렇다면 그녀는 변덕스러운 사람일까? 아니, 그렇지 않다. 지극히 평범한 사람이다. 이런 일이 있었다.

나는 어느 날 뉴욕의 출판업자인 J. W. 그린바 주최의 만찬회 석상에서 유명한 식물학자를 만났다. 그 때까지 나는 식물학자와는 한 번도 이야기를 나눈 적이 없었는데, 그의 이야기에 완전히 매혹되고 말았다. 회교도가 마취에 사용하는 인도산의 대마 이야기이며, 식물의 새 품종을 수없이 만들어 낸 루사 바뱅크의 이야기이며, 그 밖의 실내 정원이나 고구마 이야기 등을 듣고 있는 동안에 나는 멍할 정도로 넋이 빠져 버렸다.

나의 집에는 작은 실내 정원이 하나 있었기 때문에 실내 정원에 관한 몇 가지 의문을 갖고 있었다. 그래서 그의 이야기를 듣고 그 의문조차 시원스럽게 풀렸다.

만찬회 석상에는 12, 3명 정도의 손님이 있었지만 실례가 된다고 생각할 여지도 없이 몇 시간이나 그 식물

학자의 이야기에 빠져들었다. 마침내 밤이 깊어 만찬회
는 끝이 났다. 그 때 식물학자는 집주인에게 나를 적극
칭찬하였다. 그리고 나를 일컬어 '이야기꾼'이라 했다.

하지만 실제로 나는 거의 아무 말도 하지 않았다. 이
야기하려고 해도 식물학에 관해서는 문외한이므로 화
제라도 바꾸지 않는 한 나로서는 할 이야기가 없었다.
그러나 그의 이야기를 성심 성의껏 듣기는 했다. 그것
이 상대에게 호감을 준 것이었고, 따라서 그는 대단히
기뻤던 것이다.

이와 같이 상대방의 이야기를 열심히 듣는 것이 때로
는 상대방에 대한 최고의 예의가 될 수도 있다.

"그 어떠한 칭찬의 말에도 동요하지 않는 사람이 자
기의 이야기에 마음을 빼앗기고 있는 상대에게는 마음
이 흔들리는 법이다."
라고 자크위드는 말한다.

"그 이야기를 듣고 너무나 즐거웠습니다. 정말 많이
배웠습니다. 나도 당신만큼의 지식이 있었으면 얼마나
좋을까요. 당신의 친구가 되고 싶습니다. 꼭 한 번 다시
뵙고 싶습니다."

내가 그에게 던진 말은 이 정도뿐이었다. 오로지 그의
이야기를 진심으로 열심히 들어 준 것이 이야기꾼이라
는 찬사를 하게 만든 것이다.

"상담에는 특별한 비결이 없다. 오직 상대의 이야기에
귀를 기울이는 것이 중요하다. 어떤 아첨도 이를 따르
지 못한다."

이 말은 구태여 대학을 나오지 않아도 누구나 알고
있을 것이다. 그런데 거액의 돈을 지불하고 가게를 빌

상대방의 이야기를 열심히 듣는 것이 때로는 상대방에 대한 최고의 예의가 될 수도 있다.

려서 상품을 요령 있게 구입하여 눈에 띄도록 꾸미고, 많은 경비를 선전 광고에 쓰면서도, 고객의 말을 성실히 듣는 귀를 가지지 못한 점원을 고용하는 상인은 얼마든지 있다. 즉, 손님을 내쫓는 것과 같은 짓을 하는 점원을 채용하고 있다.

예를 들면 이런 이야기가 있다. 이 이야기는 J.C. 우턴이라는 사람의 경험이며, 나의 강습회에서 발표된 것이다.

그는 뉴저지 주 뉴와크 시의 어느 백화점에서 옷을 한 벌 샀다. 그런데 옷을 입어 보니 염색이 탈색되었고, 와이셔츠의 깃에 때가 묻어 있었다.

그래서 옷을 가지고 다시 찾아가니, 마침 와이셔츠를 팔았던 점원이 있어서 사정을 이야기하려 했으나, 그 점원은 한 마디도 꺼내지 못하게 했다.

"지금까지 이 옷은 몇 천 벌 팔았습니다. 하지만 다시 가지고 온 사람은 당신이 처음입니다."

이 점원의 말을 글로 표현하자면 조금은 친절한 듯하지만 그 말투는,

"거짓말 하지마. 당신 같은 사람에게 속아넘어갈 줄 알아."

라고 하는 것과 다름이 없었다.

그리하여 서로 밀고 당기고 하는 도중에 다른 한 점원이 말했다.

"싼 것이 다 그렇지요. 아마 염료가 나빠서 그럴 겁니다. 손님이 이해하십시오."

우턴 씨는 그 때의 사정을 다음과 같이 말하였다.

"나는 더 이상 참을 수가 없었습니다. 처음의 점원은 나를 의심했고, 두 번째 점원은 내가 마치 싼 물건을 산 것처럼 말했습니다. 나는 너무 화가 치밀어 옷을 그들에게 내동댕이치려고 하는데 마침 지배인이 왔습니다. 그런데 그는 지배인답게 요령껏 나를 달랬습니다. 나는 곧 만족스러운 기분이 될 수 있었습니다."

그 지배인이 사용한 방법은 다음의 세 가지였다.

첫째, 그는 우턴의 이야기를 처음부터 끝까지 말없이 들어 주었다.

둘째, 그는 우턴의 이야기가 끝나자 곧바로 항의하려는 점원들을 만류하고 우턴과 같은 손님의 입장에서 그들과 잘잘못을 가렸다. 깃의 때묻은 부분은 분명히 옷의 색깔이 변색되어 그렇다고 지적하였을 뿐만 아니라, 점원에게는 손님에게 만족을 줄 수 없는 물건은 절대로 팔아서는 안 된다고 타일렀다.

셋째, 옷에 결함이 있다는 것을 모르고 팔았던 자기의 잘못을 솔직하게 사과하고는,

"이 옷을 어떻게 하시겠습니까? 우리는 당신이 원하는 대로 해드리겠습니다."

라고 말했다.

그래서 우턴은 지배인에게 이렇게 말했다.

"당신에게 물어 보겠는데, 변색되는 것이 일시적인 현상입니까, 그렇지 않으면 앞으로 더 심해지겠습니까?"

그래서 지배인은 일주일만 더 입어 보면 어떻겠느냐고 권유하고,

"만약 그래도 마음에 들지 않으면 되돌려주십시오. 마음에 드는 것과 바꾸어 드리겠습니다. 폐를 끼쳐서 뭐

그 어떠한 칭찬의 말에도 동요하지 않는 사람이 자기의 이야기에 마음을 빼앗기고 있는 상대에게는 마음이 흔들리는 법이다.

라고 사과를 드릴 말이 없습니다."

라고 했다. 이에 우턴은 아주 마음이 개운해져서 집으로 돌아왔다. 일주일 후에도 색깔이 변하지 않았고, 그 백화점에 대한 신뢰도 원상태로 회복되었다고 했다.

이 지배인은 역시 지배인이 될 자격을 갖추고 있었다. 그러나 그 점원들은 한평생 점원으로 끝날 것이 틀림 없다. 아니, 필경은 손님과 얼굴을 상대하지 않는 포장부로 발령이 날 것이다.

그런데 사소한 일에도 성미를 돋우어서 잔소리를 하는 사람이 있다. 그러나 참을성 있게 상대의 얘기에 귀를 기울이는 사람, 제아무리 성질을 부리거나 코부라와 같이 독을 품어도 조용히 끝까지 귀를 기울이는 사람에 대해서는 대다수의 사람들은 유순해지는 법이다.

몇 해 전에 이런 일이 있었다.

뉴욕 전화국의 교환수를 못 살게 구는 사람이 있었다. 그는 갖은 욕설과 폭언을 교환수에게 퍼붓곤 했었다. 전화선을 뜯어내 버리겠다고 위협하고, 청구서가 틀렸다면서 요금을 지불하지 않았으며, 신문에 투서를 한다든지 끝내는 공익 사업 위원회에 진정서를 내서 전화국을 상대로 소송을 제기하는 등 몹시 까다롭게 굴었다.

마침내 전화국에서는 분쟁 해결사에게 이 말썽꾸러기 인물을 만나게 하였다. 이 해결사는 상대가 마음껏 울분을 터트리게 하였고, 그의 주장을 잘 귀담아 들어주었으며, 그럴 듯하다는 동의를 표시하기도 하였다.

그 일에 관해서 이 해결사는 이렇게 말하고 있다.

"나는 처음 그를 만났을 때 고함을 치며 주장하는 것

을 3시간 가까이 참고 들어주었습니다. 그 다음에 갔을 때도 역시 같은 식으로 그의 주장에 귀를 기울였습니다. 마침내 나는 네 번째 방문이 끝날 때는 그가 설립을 계획하고 있는 모임의 발기인이 되어 있었습니다. 그 회의 명칭은 〈전화 가입자 보호 협회〉라고 하는 것인데, 현재 내가 아는 회원은 그 남자 이외에 나 혼자밖에 없는 것 같습니다. 나는 상대방의 주장을 끝까지 그의 입장이 되어서 들어주었습니다. 전화국 직원이 이러한 태도를 취하는 것을 처음 보아선지 그는 마치 친구같이 나를 대했습니다. 그와 네 번 만나는 동안, 내 방문 목적은 완전히 달성되었습니다. 그는 체납된 전화료도 모두 지불했을 뿐만 아니라, 위원회 제소도 취하해 주었습니다."

이 문제의 사나이는 자신이 가혹한 착취에서 공민권을 방위하는 전사로 자처하고 있었음에 틀림없다. 그러나 따지고 보면 자기의 중요성을 간절히 원하고 있었다. 그래서 자기의 중요성을 얻기 위해서 그는 문제를 제기하였다. 그리하여 전화국 직원에 의해서 그것이 채워지자 그의 망상이 만들어낸 불평은 그 자리에서 자취를 감추고 사라져 버렸다.

데드마 모직물 회사는 세계적으로 유명한 회사였다. 그런데 창립 후 얼마 지나지 않았을 무렵에 초대 사장 줄리앙 F. 데드마의 사무실에 고객이 뛰어들어 소란을 피웠던 일이 있었다.

데드마 사장은 그 때의 사정을 다음과 같이 말해 주었다.

그 손님에게는 15달러의 미수금이 남아 있었다. 그러나 그 사람은 그럴 리가 없다고 우기며 도무지 말을 듣지 않았다. 우리 회사로서는 절대로 틀림이 없다는 자신이 있었기 때문에 다시 독촉장을 보냈다. 그러자 그는 화를 내며 시카고에 있는 나의 사무실까지 찾아와서 지불은커녕 다시는 데드마 회사와 거래를 하지 않겠다고 잘라 말했다.

그렇지만 나는 조용히 참고 들었다. 나는 말 도중에 몇 번이나 말대꾸를 하려고 했으나, 그것은 좋은 방법이 아니라 생각하고 끝까지 들어 주었다. 실컷 말하고 나자 그의 흥분도 가라앉았고, 내 얘기도 들어 줄 듯이 생각되었다. 그래서 기회를 엿보아 나도 조용히 입을 열었다.

"일부러 이 곳 시카고까지 와주셔서 뭐라고 감사를 드려야 할지 모르겠습니다. 정말 좋은 말씀 많이 들었습니다. 관계 직원이 그러한 폐를 끼쳐 드렸다면 다른 손님에게도 역시 그렇겠지요. 우리 쪽에서 손님이 오시기 전에 먼저 찾아가 뵈었어야 했을 것을 정말 죄송하게 되었습니다."

그는 이렇게 나오리라고 미처 생각하지 못했다. 나를 따지기 위해서 일부러 시카고까지 찾아왔는데, 오히려 감사하다고 하니 다소 맥이 빠졌을는지 모를 일이다.

그리하여 나는 이어서 이렇게 말했다.

"그만 수많은 손님의 계산서를 취급하다 보니 실수가 있었던 것 같습니다. 정말 죄송합니다. 15달러는 취소하기로 하겠습니다."

나는 당신의 심정을 잘 알았으며, 만약 내가 당신이라도 역시 그렇게 했을 것이라고 말했다. 그가 우리 점포에서는 아무것도 사지 않겠다고 했으므로 다른 점포를 추천해 주었다.

그가 이전부터 시카고에 오면 나와 함께 점심을 먹었기 때문에 그 날도 나는 그에게 점심을 하자고 권했다. 점심을 마치고 사무실까지 돌아오자 그는 지금까지 사간 것보다 더 많은 물건을 내게 주문했다. 그리고 집에 돌아가 한 번 더 자기의 서류함을 조사해 보고 문제의 청구서를 찾아낸 후, 사과의 글과 함께 15달러를 동봉해 왔다.

그 후, 그는 죽을 때까지 22년간 우리들의 좋은 벗이며 좋은 고객이 되었다.

이것은 꽤 오래 전 이야기이다.

네덜란드에서 이민 온 아이는 학교에서 돌아오면 주당 50센트를 받기로 하고 빵집의 창문닦기를 비롯해 매일 삽을 가지고 시내의 한길에서 석탄 차가 떨구고 간 석탄 부스러기를 주워모으기도 하였다. 그 소년의 이름은 에드워드 보크인데, 학교는 6년도 채 다니지 못했지만 훗날 미국 굴지의 잡지 편집자가 되었다. 그의 성공의 비결은 한마디로 이 글에서 말하고 있는 원리를 응용한 것이다.

그는 13세 때, 학교를 그만두고 웨스턴 유니언 전보회사에 주당 6달러 25센트의 급사로 취직했다. 그 후 그는 교통비를 절약하고 점심을 거르면서 모은 돈으로 《아메리카 평전집》을 사서 그것으로 일찍이 듣지 못했던 일을 벌였다.

좋은 첫인상을 주는 데 실패하는 것은 대부분의 경우 상대가 말하는 것을 듣지 않기 때문이라고 한다.

이를테면 유명인의 전기를 읽고 본인 앞으로 편지를 보내어 소년 시절의 이야기를 들려 주었으면 좋겠다는 청을 했다. 그는 상대방의 말을 훌륭하게 들어 주었으며, 유명 인사들이 스스로 얘기하도록 만드는 재주가 있었다.

당시 그는 대통령에 출마 중이었던 제임스 A. 가필드 장군에게 직접 편지를 보내 유년 시대에 배로 운하를 끌어당겼다는 것이 정말인지 물었다. 가필드로부터 답장이 왔다. 그랜트 장군(남북 전쟁 때 북군의 총사령관, 18대 대통령)에게도 편지를 보냈다. 그 내용은 격전에 관한 얘기를 들려 달라는 청이었다. 그랜트 장군은 친히 지도를 그려 설명을 한 회답을 보내주고, 이 14세의 소년을 만찬회에 초대까지 하여 여러 가지 얘기를 들려 주었다.

그는 또 에머슨에게도 편지를 해서 에머슨이 스스로 기뻐하며 자기 얘기를 하도록 만들었다.

마침내 이 전보 회사의 배달 소년은 그 후 수많은 유명 인사들과 글을 교환하게 되었다. 예컨대 에머슨을 비롯해서 필립스 부룩스(1835~1893, 발명가), 올리버 웰델 홈스(1809~1894, 생리학자. 시인), 롱펠로(1807~1882, 시인), 링컨 부인, 루이자 메이 올코트(1832~1888, 여류 소설가), 셔만 장군, 제퍼슨 데이비스(1808~1889, 정치가) 등이 바로 그들이다.

그는 이와 같은 유명 인사들과 서신 교환을 하였을 뿐만 아니라, 휴가 때는 그들을 방문하여 그들로부터 환영을 받았다. 이 경험으로 얻어진 자신감은 그에게 있어서 매우 귀중한 것이었다. 이러한 유명 인사들은 이 소년의 꿈과 희망을 부풀게 하여서 드디어는 그의 생애를 바꾸어 버렸다. 다시 말하지만 이것은 다름 아닌 이 장에서 말하고 있는 원리를 응용한 것에 불과하다.

아이삭 F. 마커슨은 특출한 방문 기자 중의 한 사람이다. 그의 주장에 의하면, 좋은 첫인상을 주는 데 실패하는 것은 대부분의 경우 상대가 말하는 것을 듣지 않기 때문이라고 한다.

"대부분의 사람들은 자기가 말하려는 것만을 생각하고 있어서 귀가 텅 비어 있는 경우가 많다. 지체 높은 사람은 대개 이야기를 잘 하는 사람보다도 잘 듣는 사람을 좋아한다. 그러나 듣기 좋아하는 재능은 다른 재능보다도 훨씬 얻기가 어려운 것 같다."

이렇게 그가 말하고 있는데, 듣기 좋아하는 상대를 바라는 것은 반드시 지체 높은 사람뿐만은 아니다. 누구나 그런 심정을 가지고 있다. 《리더스 다이제스트》에 언젠가 다음과 같은 기사가 실렸다.

세상에는 자기의 이야기를 들어 달라고 의사를 부르는 환자가 있다.

링컨은 남북 전쟁의 막바지에 고향인 스프링필드의 옛 친구에게 편지를 보내어 워싱턴으로 와달라고 청했다. 그 이유는 중요한 문제에 관해서 상의를 하고 싶다는 것이었다. 그래서 그 친구가 백악관에 도착하자 링컨은 노예 해방 선언을 발표하는 것이 과연 좋은 방법인지, 어떤 사람은 해방에 반대하고 어떤 사람은 찬성하고 있다는 등의 이야기를 수시간에 걸쳐서 하였고,

친구는 투서와 신문 기사를 보여 주었다. 하지만 이야
기가 끝나자 그의 의견은 한마디도 듣지 않고 친구를
돌려 보냈다. 링컨은 처음부터 끝까지 혼자서 지껄이고
있었으나 그래도 마음이 썩 흡족한 모양이었다.

훗날 그 친구도 링컨이 할 말을 다 하고 나자 퍽 마
음이 편해진 것 같다고 얘기하고 있다. 그 당시 심정으
로 링컨은 상대의 의견을 들을 필요가 없었던 것이다.
다만 마음의 부담을 덜어 주는 사람, 자기와 같은 마음
이 되어 편히 들어 주는 사람이 필요했음에 틀림없다.

마음에 괴로움이 있을 때는 누구나 그렇다. 화를 내고
있는 손님, 불평을 품고 있는 고용인, 상심하고 있는 친
구 등이 모두가 자기의 말을 성실히 들어주는 사람이
필요하다.

다른 사람에게 배척을 당하거나, 뒤에서 비웃음이나
경멸 당하고 싶다면 , 다음을 잘 지켜야 한다.

1. 결코 상대의 이야기를 오래 듣지 말아라.

2. 시종 자기의 이야기만을 늘어놓아라.

3. 상대가 이야기를 하고 있을 때 의견이 있으면 곧
상대의 얘기를 중단시켜라.

4. 상대는 머리 회전이 둔하니 그런 인간의 시시콜콜
한 얘기를 끝까지 듣고 있을 필요는 없으므로 이야기
도중에서 염치 없이 말을 꺼내라.

이러한 조항들을 세상에는 엄수하는 사람이 실제로
있다는 것을 알 수 있을 것이다. 더욱이 유명 인사들
중에도 그러한 사람이 있으니 놀랄 일이다.

그러한 사람은 정말 지루해서 견딜 수가 없는 상대이다. 자아 도취하여 자기만이 잘났다고 생각하는 사람이다.

자기의 얘기만을 지껄이는 사람은 자기의 일 외에는 생각하지 않는다. 콜롬비아 대학 총장 니콜라스 M.바틀리 박사는 이렇게 말하고 있다.

"자기의 일밖에 생각하지 않는 인간은 교양이 없다. 비록 아무리 교육을 많이 받았다 해도 교양이 없는 사람이다."

훌륭한 이야기꾼이 되려면 좋은 귀를 가져야 한다. 찰스 N. 리 부인은 다음과 같이 말했다.

"상대방에게 흥미를 갖게 하려면 먼저 이쪽부터 흥미를 가져야 한다."

이제부터라도 상대가 기뻐하며 기다렸다는 듯이 대답하는 그런 질문을 하는 사람이 되어야 한다. 또한 상대방의 생각이나 자랑으로 삼고 있는 일을 얘기하도록 해야 한다.

그런데 당신의 얘기 상대는 당신의 일에 별 관심이 없다. 중국에서 백만 명이 굶어 죽는 대기근이 일어나도 개개인에게는 자신의 치통이 훨씬 더 중요한 사건으로 여겨진다. 그리고 자신의 목에 생긴 부스럼이 아프리카에서 지진이 40번이나 일어난 것보다 더 큰 관심사이다. 다른 사람과 이야기를 할 때는 이 점을 유념해야 한다.

사람을 사귀고 대하는 넷째 기술은 먼저 상대방의 이야기를 듣는 입장이 되어야 한다. 상담에는 특별한 비

자기의 일밖에 생각하지 않는 인간은 교양이 없다. 비록 아무리 교육을 많이 받았다 해도 교양이 없는 사람이다.

결이 없다. 오직 상대의 이야기에 귀를 기울이는 것이
중요하다. 어떤 아첨도 이를 따르지 못함을 명심하라.

다섯째 기술

# 상대방의 관심사를 파악하라

한 번쯤 오이스타 베이 저택의 시어도어 루스벨트를
방문한 사람이라면 누구나 그의 박학 다식함에 놀랐을
것이다.

"루스벨트는 상대가 카우보이든, 기병대이든, 또는 정
치가나 외교관이나 그 밖의 누구이든 간에 그 사람에
적합한 화제를 풍부하게 지니고 있었다."
라고 마리엘 브라드포드는 말한다. 루스벨트는 방문자
가 찾아올 경우, 그 사람이 특히 좋아하는 것에 관해서
방문 전날 밤 늦게까지 여러 모로 연구를 해 두는 것이
다. 다른 지도자들과 마찬가지로 루스벨트도 사람의 마
음을 잡는 지름길은 상대가 가장 깊은 관심을 가지고
있는 문제를 화제로 삼는 일이라는 것을 알고 있었던
것이다.

예일 대학의 문학부 교수를 역임한 윌리엄 라이언 펠
프스는 어릴 적에 이미 그것을 터득하고 있었다. 그는

루스벨트는 상대가 카
우보이든, 기병대이든,
또는 정치나 외교관
이나 그 밖의 누구이
든 간에 그 사람에 적
합한 화제를 풍부하게
지니고 있었다.

〈인간성에 관하여〉라는 제목의 논문에서 다음과 같이
쓰고 있다.

　여덟 살 때 나는 스트래드포드에 있는 린제이 숙모님
집에 놀러간 일이 있었다. 해가 저물 녘에 중년의 남자
손님이 찾아와서 한동안 숙모님과 흥겹게 얘기를 주고
받았으나, 얼마 후에는 나를 상대로 열심히 이야기했
다. 그 무렵 나는 보트에 열중하고 있었는데, 그 사람의
이야기는 완전히 나의 마음을 사로잡았다. 이윽고 그
사람이 돌아가자 나는 열심히 그 사람을 칭찬하였다.
　"정말 멋있는 사람이에요! 그렇게 보트를 좋아하는
사람은 처음 보았어요."
　그러자 숙모님은,
　"그분은 뉴욕의 변호사님이야. 보트에 관해서 별로 아
는 것이 없을 텐데……."
　"그럼, 왜 보트 얘기만 했어요?"
　"그건 그분이 신사니까, 네가 보트에 정신이 팔려 있
는 것을 알고 너를 기쁘게 해 주려고 기분 좋게 너의
상대가 되어 주신 거야."
　그 후 펠프스 교수는 숙모님이 한 이야기를 잊어버리
지 않는다고 쓰고 있다.
　여기서 보이스카우트의 일로 활약하고 있는 에드워드
L. 차리프에게서 온 편지를 살펴보자.

　나는 언젠가 다른 사람의 도움이 무척이나 절실한 난
관에 부닥치게 되었습니다. 유럽에서 열릴 스카우트 대
회가 바로 눈앞에 다가와 있었는데, 그 대회에 한 명의

소년을 출석시키고 싶어서 그 비용을 어느 회사의 사장에게 부탁을 드리려고 했습니다.

그런데 사장을 만나러 가기 바로 직전에 나에게 도움이 되는 좋은 얘기를 들었습니다. 그 사장은 1백만 달러의 수표를 끊었는데, 이미 지불이 끝난 그 수표들은 액자에 넣어서 장식하고 있다는 그러한 얘기였습니다.

나는 사장실에 들어서자 먼저 그 수표를 보여 달라고 부탁했습니다. 1백만 달러 수표! 나는 그러한 큰 금액의 수표를 실제로 보고 왔다는 이야기를 아이들에게 들려주고 싶다고 말했습니다. 사장은 기뻐하며 수표를 보여 주었습니다. 나는 감탄을 하면서 그 수표를 끊게 된 동기를 자상하게 들려 줄 것을 부탁했습니다.

독자들도 느꼈겠지만 차리프는 보이스카우트나 유럽의 대회, 그의 희망에 대해서는 일체 언급하지 않고 있다. 다만 상대가 관심을 가지고 있는 일에 대해서만 얘기하였다. 그 결과는 다음과 같이 되었다.

잠시 후, 사장은 내게 용건을 물었습니다. 그래서 나는 비로소 이야기를 꺼냈습니다. 사장은 놀랍게도 나의 부탁을 즉석에서 수락하였을 뿐만 아니라, 이쪽에서 예기치 않았던 일까지 자청했습니다. 나는 대표 소년을 한 사람만 유럽에 보내 주도록 그에게 부탁했습니다만, 사장은 5명의 소년과 동시에 나도 함께 보내 준다는 것이었습니다. 그리고 1천 달러의 신용장을 건네주면서 7주간 머물렀다가 돌아오라고 말했습니다.

그 밖에도 유럽의 지점장에게 소개장을 써서 우리들

루스벨트는 방문자가 찾아올 경우, 그 사람이 특히 좋아하는 것에 관해서 방문 전날 밤 늦게까지 여러 모로 연구를 해 두는 것이다.

의 편의를 도모하도록 명령했습니다. 그뿐만 아니었습니다. 그 자신은 우리들과 파리에서 합류하여 파리를 안내해 주었습니다. 그 후 그는 우리 그룹을 늘 후원해 주었으며, 가정이 곤란한 단원에게는 직장을 구해 준 일도 여러 번 있었습니다.

그렇지만 내가 만약 그의 흥미를 불러일으키지 않았더라면 그토록 쉽게 접근할 수가 없었을 것입니다.

과연 그 방법이 장사에 응용될 수 있을지 뉴욕 일류 제빵 회사 듀바노이 상회의 헨리 G.듀바노이의 경우를 예로 들어 보자.

이전부터 듀바노이는 뉴욕에 있는 어느 호텔에 자기 회사의 빵을 판매하려고 애를 쓰고 있었다. 4년간 매주 지배인을 찾아갔고, 지배인이 출석하는 모임에도 자리를 같이했다. 그리고 그 호텔의 손님이 되어서 체류해 보기도 했으나 그것도 헛일이었다.그 때의 상황을 듀바노이는 다음과 같이 말하고 있다.

그래서 나는 인간 관계를 연구했습니다. 그리고 작전을 다시 세웠습니다. 이 사나이가 무엇에 관심을 가지고 있는가, 즉 어떤 일에 열성을 기울이고 있는가를 조사하기 시작했습니다.

그 결과 그가 미국 호텔 협회의 회원이라는 사실을 알았습니다. 그것도 단순한 평회원이 아니고 그 협회의 회장이며, 국제 호텔 협회의 회장도 겸하고 있었습니다. 특히 협회의 대회가 어디서 열리는지 아랑곳하지 않고 비행기를 타고 들을 넘고 산을 넘어 출석한다는 열성파였습니다.

그리하여 나는 다음 달에 그를 만나서 협회의 이야기를 꺼냈습니다.

그의 반응은 굉장했습니다. 그는 눈을 반짝거리며 30분 동안이나 협회 이야기를 해 주었습니다. 한마디로 협회의 일은 그에게 최상의 즐거움이며, 정열의 원천이 되고 있는 듯했습니다. 그러면서 그는 나에게 입회를 권유하였습니다.

나는 그와 이야기를 하고 있는 동안에 빵 이야기는 털끝만큼도 비치지 않았습니다. 그런데 수일 후, 호텔에서 전화가 걸려와 빵의 견본과 가격표를 가져 오라고 했습니다.

호텔에 도착하자,

"당신이 어떤 수단을 썼는지는 모르겠지만, 우리 지배인님께서 대단히 마음에 드신 모양입니다."

라고 호텔 직원이 이야기했습니다.

생각해 보십시오. 그 남자와 거래를 트고 싶은 생각에 4년간이나 그 꽁무니를 쫓아다녔는데, 만약에 그 사람이 무엇에 관심을 집중시키고 있는가, 어떤 화제를 좋아하는가를 찾아보는 요령을 몰랐다면 나는 아직도 그를 쫓아다니고 있었을 것입니다.

사람을 사귀고 대하는 다섯째 기술은 상대방의 관심사를 파악하는 것이다. 특히 사람의 마음을 잡는 지름길은 상대가 가장 깊은 관심을 가지고 있는 문제를 화제로 삼는 일이다.

제2부

# 다른 사람으로부터 호감을 얻는 기술

# 첫째 기술

## 상대방에 대해 성실한 관심을 가져라

　구태여 친구를 사귀는 방법을 배우기 위해서 책을 찾아 읽을 것까지는 없다. 먼저 이쪽이 접근하면 꼬리를 흔들면서 멈추어 서고, 어루만져 주면 좋아서 호의를 보이는 강아지가 바로 그 방면에서는 우리의 스승인 셈이다. 집이나 토지를 팔아넘기려 한다든가, 결혼해 달라는 등 다른 속셈으로 이와 같은 애정의 표시를 하는 것이 아니다.

　무위 도식하며 사는 동물은 오직 개뿐이다. 닭은 달걀을 낳고, 소는 우유를 주고, 카나리아는 노래를 부르지만, 개는 오직 사람에게 애정을 바치는 것만으로 살아갈 수가 있다.

　내가 다섯 살나던 해 아버지가 황색 강아지 한 마리를 사오셨다. 그 강아지의 존재는 당시 나에게 있어서 다른 무엇과도 바꿀 수가 없는 기쁨이며 행복이었다. 강아지는 매일 오후 4시 반경이 되면 조용히 앞마당에 앉아서 맑은 눈동자로 가만히 집 안쪽을 쳐다보고 있다.

그런데 나의 목소리가 들리거나 혹은 그릇을 들고 있는 나의 모습이 숲 사이로 보이기만 하면 마치 총알처럼 숨을 헐떡이며 달려와서 기뻐 날뛰며 짖어대거나 꼬리를 치곤 했다.

그로부터 5년 동안 강아지 디피는 나의 둘도 없는 친구가 되어 주었다. 그러다가 디피는 어느 날 10피트도 못 되는 바로 눈앞에서 죽었다. 벼락을 맞았던 것이다. 이 디피의 죽음은 한평생 잊혀지지 않는 슬픔을 나의 마음에 남긴 것이다.

나의 친구 디피는 심리학 책을 읽은 적도 없으며, 또 그럴 필요도 없었다. 디피는 상대방의 관심을 사려고 하기보다는 상대방에게 순수한 관심을 보여주는 편이 훨씬 많은 사람을 알게 된다는 것을 본능으로 알고 있었던 것이다.

여기서 되풀이해 말한다면, 친구를 얻는 데도 상대의 관심을 끌려고 하기보다는 상대방에게 순수한 관심을 보내는 일이 더 중요하다.

그런데 세상에는 다른 사람의 관심을 사기 위해서 얼토당토않은 노력을 계속하면서 잘못을 깨닫지 못하는 사람들이 많이 있다. 하지만 이런 방법으로는 아무리 노력하여도 소용이 없다.

사람들은 대체로 다른 사람의 일에는 관심을 갖지 않는다. 오직 아침이나 낮이나 밤이나 자기의 일에만 관심을 갖는다.

뉴욕시의 전기 회사에서 어떤 말이 가장 많이 사용되

닭은 달걀을 낳고, 소는 우유를 주고, 카나리아는 노래를 부르지만, 개는 오직 사람에게 애정을 바치는 것만으로 살아갈 수가 있다.

고 있는가를 통화 내용의 통계로 연구한 적이 있다. 그 결과 가장 많이 사용되고 있는 것은 역시 '나'라는 말이었다. 5백 번의 통화 중에 3,990회나 '나'란 말이 사용되었다. 우리들은 여러 사람들과 함께 자기가 찍혀 있는 사진을 볼 때 제일 먼저 누구의 얼굴을 찾는가?

자기 자신이 다른 사람에게 관심을 가지고 있다고 생각하는 사람은 다음의 질문에 대답해 주기를 바란다.

"만약 당신이 오늘 밤에 죽었다고 한다면, 과연 몇 사람의 조객들이 장례식에 참가하여 줄 것인가?"

그리고 다음의 질문에도 대답해 주기를 바란다.

"당신이 상대방에게 관심이 없다면 상대방이 당신에게 관심을 가질 수 있다고 생각하는가?"

그냥 단순하게 다른 사람을 감탄케 해서 관심을 불러일으키려고 하는 것만으로는 결코 참다운 친구를 많이 만들 수 없다. 왜냐 하면 참다운 친구는 그렇게 만들어지지 않기 때문이다.

세기의 영웅 나폴레옹도 그 방면에서는 실패한 사람이었다. 조세핀과 헤어질 때 그는 이렇게 말했다.

"조세핀, 나는 세계 제일의 행운아이지만, 내가 진실로 신뢰할 수 있는 사람은 당신 한 사람뿐이오."

하지만 이 조세핀조차 그에게 과연 신뢰할 수 있는 인간이었던가는 매우 의심스러운 일이라고 역사가들은 말하고 있다.

빈의 유명한 심리학자 알프레드 아들러는 그의 저서에서 다음과 같이 말하고 있다.

"다른 사람의 일에 관심을 갖지 않는 사람은 고난의

인생을 걸지 않으면 안 되며, 다른 사람에게 커다란 폐를 끼친다. 인간의 모든 실패는 그러한 사람들 사이에서 생겨난다."

세상에는 심리학 책은 많지만 어느 것을 읽어도 이 말만큼 의미 심장한 뜻은 좀처럼 찾기 힘들 것이다. 우리는 이 말을 몇 번이고 되풀이해서 음미해 볼 가치가 있다.

뉴욕 대학에서 나는 단편 소설을 쓰는 방법에 대해서 강의를 들은 적이 있다. 강사는 《고리야스》 잡지의 편집장이었다. 그는 매일 책상 위에 높이 쌓이는 수많은 원고 속에서 어느 것을 집어내어 두세 군데의 대목만 훑어보아도 그 작가가 다른 사람을 좋아하고 있는지 어떤지 곧바로 알 수 있다고 한다. 그는 이렇게 말한다.

"작가가 다른 사람을 좋아하지 않는다면 세상 사람들도 역시 그의 작품을 좋아하지 않는다."

이 편집장은 두 번씩이나 강의를 중단하고 다음과 같이 말했다.

"설교의 냄새가 나서 죄송스러우나 나는 목사와 같은 말을 하고 싶다. 당신들이 만약 소설가로서 꼭 성공하고 싶다면, 다른 사람에게 관심을 가질 필요가 있음을 마음에 새겨두기 바란다."

이와 같이 소설을 쓰는 데에도 그것이 필요하다면, 사람을 다루는 경우에는 그보다 몇 배나 더 필요하다고 생각하면 틀림없다.

나는 마술가인 하워드 서스턴이 브로드웨이로 왔을 때 그를 만난 일이 있다. 그는 매우 유명한 마술의 왕자일뿐더러, 40년간 세계 각지를 순회하면서 사람들에

친구를 얻는 데도 상대의 관심을 끌려고 하기보다는 상대방에게 순수한 관심을 보내는 일이 더 중요하다.

게 환각을 일으키게 하였으며, 기이한 생각을 갖게 하였고, 숨을 죽이게 한 요술계의 거장이다. 따라서 6천만 명 이상의 손님이 그를 위하여 기꺼이 입장료를 지불하였으므로, 그는 2백만 달러에 이르는 수입을 올렸다.

나는 서스턴 씨에게 성공의 비결을 물어 보았다. 그런데 학교 교육은 그의 성공에 아무 관계도 없었다. 그는 소년 시절에 가출하여 부랑자가 되어 화차에 숨어 타고 마른 풀 속에서 잠자리를 찾거나 문전 걸식을 하고 다닐 수밖에 없었다. 글자 공부는 화차 속에서 철도 광고를 보며 했다.

또한 그는 마술에 대해서 어떠한 지식도 가지고 있지 않았다. 그는 오늘날에는 마술에 관한 서적이 산더미처럼 출판되어 있는만큼 마술에 대해서 자세히 알고 있는 사람들도 많을 것이라고 말했다.

그러나 그는 다른 사람이 흉내낼 수 없는 두 가지 재주를 가지고 있었다. 첫째는 관객을 매혹하는 그의 사람 됨됨이다. 그는 마술사로서의 훌륭한 기술을 터득하고 있었다. 몸짓 · 말씨 · 얼굴 · 표정 등 자상한 점에 이르기까지 사전에 충분한 훈련을 쌓고 있어서 적당한 시기에 일 초도 빗나가는 일 없이 훌륭히 소화해 냈다.

둘째는 인간에 대하여 진지한 관심을 가지고 있다는 것이다. 그에 의하면, 대부분의 마술사들은 관객을 훑어보면서 이렇게 생각한다고 한다.

'음, 꽤 얼빠진 사람들이 많이 왔구먼. 이런 사람들을 속이는 것은 식은 죽 먹기지.'

그러나 서스턴은 이런 마술사들과 전혀 다른 태도를 보인다. 무대에 설 때마다 항상 다음과 같이 생각한다고 한다.

'나의 마술을 보기 위하여 이렇게 일부러 많은 사람들이 찾아와 주다니, 이 얼마나 감사한 일인가. 지금 내가 할 수 있는 한 최선을 다하여 훌륭한 연기를 보여 주자.'

서스턴은 무대에 설 때 반드시 마음 속으로, "나는 손님을 사랑하고 있다"고 몇 번이나 되풀이했다는 것이다. 독자는 그를 어리석다든가, 또는 우스꽝스럽다고 생각할지 모른다. 그러나 그렇게 생각되는 이 방법이 세계 제일의 마술사의 성공 비결이다.

슈만 하잉 여사도 내게 서스턴 같은 이야기를 들려주었다. 굶주림과 괴로움, 그 밖의 온갖 슬픔으로 기진맥진한 그녀는 자기 자식과 함께 자살을 기도한 일도 있었다. 그럼에도 불구하고 이를 극복하고 현재는 끊임없는 정진을 하여 세계적인 가수가 되었다. 그녀 역시 자신의 성공 비결도 역시 인간에 대해 강한 관심을 쏟은 데 있다고 말한다.

시어도어 루스벨트의 절대적인 인기의 비밀도 마찬가지로 여기에 있었다. 하인 한 사람에 이르기까지도 그를 흠모하였으며, 흑인 요리사 제임스는 《요리사의 입장에서 본 시어도어 루스벨트》라는 책을 쓰기도 하였는데, 그 책에 다음과 같은 이야기가 있다.

어느 날, 나의 아내가 대통령에게 딱따구리는 어떤 새냐고 물어 보았다. 그 때까지 아내는 딱따구리를 본 적이 없었다. 그래서 대통령은 나의 아내에게 딱따구리는 어떠어떠한 새라는 것을 입이 닳도록 가르쳐 주었다.

사람들은 대체로 다른 사람의 일에는 관심을 갖지 않는다. 오직 아침이나 낮이나 밤이나 자기의 일에만 관심을 갖는다.

그러고 나서 얼마 뒤에 우리 집에 전화가 걸려 왔다 (에스모 부부는 오이스타 베일에 있는 루스벨트 저택 울 안의 작은 집에 살았다). 아내는 전화를 받았다. 상대방은 대통령이었다.

"마침 지금 그쪽 집 창 밖에 딱따구리 한 마리가 와 있으니, 창문으로 내려다보면 그 새가 보일 거요."

그는 일부러 전화를 걸어 그 새를 알려 주었던 것이다. 이 작은 에피소드 하나만으로도 대통령의 인품을 잘 나타내 주었다. 대통령이 우리 집을 지나칠 때는 우리들의 모습이 보이거나 보이지 않거나 반드시,

"여어, 애니! 여어, 제임스!"

하고 친근하게 부른곤 했다.

고용인들이 이런 주인을 좋아하지 않을 이유가 없다. 한번은 루스벨트가 태프트 대통령 부처의 부재 중에 백악관을 방문한 적이 있었다. 그런데 그의 재임 때부터 일하고 있었던 고용인들의 이름을 한 사람도 빠짐없이 기억하고 있어서, 부엌의 찬모에게까지 친근한 목소리로 인사를 하였다. 이런 행동은 그가 손아랫사람에게도 진심으로 호의를 품고 있었다는 증거였다.

요리실에서 찬모인 애리스를 만났을 때 루스벨트는 그녀에게 물었다.

"지금도 옥수수빵을 여전히 굽고 있어요?"

"예, 그렇지만 우리들이 먹기 위해 이따금 구울 뿐입니다. 다른 분들은 아무도 드시지 않습니다."

그는 애리스가 접시에 담아서 내놓은 옥수수빵을 한 조각 입에 넣고 씹으면서 요리실을 나갔다. 그 도중에 정원사와 다른 일꾼들을 보자 이전과 조금도 다름없는

친근한 말씨로 하나하나 이름을 부르며 말을 건넸다. 일꾼들은 먼 훗날까지도 그 때의 일을 기억하고 가끔 얘깃거리로 삼았다. 특히 아이크 후버라는 기쁨의 눈물을 보이면서 다음과 같이 말했다.

"최근 2년 동안에 이처럼 즐거운 적은 없었습니다. 이 기쁨은 도저히 돈으로 바꿀 수 없다고 모두에게 얘기했습니다."

찰스 W. 엘리엇 박사가 대학 총장으로 이름을 떨친 것이 역시 다른 사람의 문제에 깊은 관심을 가지고 있었기 때문이다. 엘리엇 박사는 약 40년간 하버드 대학 총장으로 있었다.

신입생인 그랜드는 50달러를 융자받기 위해서 총장실을 찾아갔다. 그랜드 군이 말하는 그 때의 상황을 들어보자.

나는 허락을 받고 감사하다는 인사를 드린 뒤 물러서려고 하자, 엘리엇 총장이 나를 불러세웠다.

"여보게, 자네 잠시 거기 앉게."

그래서 무슨 일인가 궁금해하며 소파에 앉으니,

"자네 자취를 하고 있다고 했지?"

나는 갑작스러운 물음에 당황했지만 총장은 말을 이었다.

"음식을 골고루 배불리 먹을 수만 있다면 자취도 결코 해롭지는 않지. 나도 학생 시절에는 자취를 한 경험이 있어. 자네는 비프로스트라는 것을 만들어 본 일이 있는가? 재료는 송아지 고기이지만, 그것도 잘 볶기만 하면 맛있는 요리가 된다네."

다른 사람의 일에 관심을 갖지 않는 사람은 고난의 인생을 걷지 않으면 안 되며, 다른 사람에게 커다란 폐를 끼친다. 인간의 모든 실패는 그러한 사람들 사이에서 생겨난다.

그러면서 쇠고기를 부드럽게 만드는 법과 삶는 법, 써는 법에서 먹는 법에 이르기까지 자상하게 설명해 주었다.

나의 경험으로 미루어보아 이쪽이 진심에 우러난 관심을 보이면 아무리 바쁜 사람이라도 호의를 보여 주며, 시간도 내주고, 또 협력도 해 주는법이다. 한 가지 예를 들어 보겠다.

오래 전, 내가 브루클린 예술 과학 학원에 다닐 때의 얘기인데, 그 때 소설 작법 강의를 계획한 일이 있다. 우리들은 그 당시의 유명한 작가 캐서 노이지·하니 허스트·아이다 다벨·알버트 펜손다·루바트 휴즈 등으로부터 유익한 경험담을 듣고 싶다고 생각하였다. 그래서 우리들은 지금 당신의 작품을 애독하고 있으며, 직접 이야기를 듣고 성공의 비결을 알고 싶다는 내용의 편지를 작가들 앞으로 일일이 보냈다.

하나하나의 편지 속에는 약 150명의 학생들이 서명을 했다. 그 작가들은 바빠서 강연 준비를 할 여가가 없다는 것을 잘 알고 있었기 때문에, 편지에 우리들의 질문을 표로 만들어 동봉하였다. 이 방법이 작가들의 마음에 들었던 모양이다. 그리하여 작가들은 우리들을 위해서 일부러 멀리 떨어진 브루클린까지 찾아와 주었다.

이와 같은 방식으로 시어도어 루스벨트 내각의 재무장관인 레즐리 M. 쇼, 태프트 내각의 법무장관인 조지 위커샴, 프랭클린 루스벨트 등 다수의 유명인에게 웅변 강연을 하게 만들었다.

인간은 누구나 칭찬하여 주는 사람을 좋아하는 법이

다. 독일이 제1차 세계 대전에 패망하였을 때, 그 황제가 세계에서 가장 미움을 받았을 것이다. 목숨이 위태로워서 폴란드로 망명할 무렵에는 자기 국민들조차도 그의 적이 된 상태였다. 그 당시 세상 사람들은 그를 증오하고 경멸해서 화장을 시켜도 부족하다고 생각하고 있었다. 이 폭발 직전의 폭풍 속에서 어떤 소년이 찬미에 가득 찬 편지를 카이저 황제에게 보냈다.

"저는 누가 뭐라 하여도 폐하를 언제까지나 저의 황제로서 경애합니다."

카이저는 이 편지를 읽고 감동을 받았다. 꼭 한 번 만나보고 싶다고 회답을 보냈다. 소년은 어머니와 함께 찾아갔다. 그리고 그 후 카이저는 그 소년의 어머니와 결혼하였다. 그러므로 이 소년은 이 책을 읽을 필요가 없다. 왜냐 하면 태어날 때부터 사람의 마음을 움직이는 법을 이미 터득하고 있었기 때문이다.

친구를 만들고 싶으면 제일 먼저 다른 사람을 위해서 일해야 한다. 다른 사람을 위하여 자기의 시간과 노력을 아낌없이 바치는 것이 좋다.

윈저 공이 황태자였을 무렵에 남미 여행 계획을 세웠다. 언어 소통의 불편을 생각하여 출발 전 몇 개월 동안 스페인 어를 공부하였다. 그 무렵 남미에서의 윈저 공의 인기는 굉장하였다.

나는 오래 전부터 다른 이들의 생일을 알아내어 기억하려고 애쓰고 있다. 상대에게 애당초부터 점성술 따위는 믿지 않는지, 인간의 생년월일과 성격·기질에는 어떤 관계가 있다고 생각하는지를 물어 보면서, 자연스럽게 생일을 알아낸다. 그리고 메모를 해 두었다가 집

으로 돌아와서 다시 생년월일 장부에 기록해 둔다. 이
렇게 해 두면 잊어버릴 염려가 없다. 이렇게 함으로써
그들의 생일에는 축전과 축하 편지가 그쪽에 도착하게
된다. 이것은 참으로 효과적이며, 그 사람들에게 깊은
감동을 준다.

친구를 만나고 싶으면 성의 있는 태도로 만나야 한다.
전화가 걸려왔을 경우에도 성실한 마음가짐이 필요하
며, 전화를 받는 것이 매우 기쁘다는 심정을 충분히 담
아서 전해야 한다. 뉴욕 전화 회사에서는 교환수들이,

"예, 번호를 말씀하여 주세요."
라는 말 대신에,

"안녕하셨습니까? 전화를 이용하여 주셔서 감사합니
다."
라는 말을 곁들이는 훈련을 하고 있다.

그렇다면 이러한 방식을 사업에 응용하면 과연 어떨
까? 물론 큰 도움이 된다. 그 실례는 얼마든지 있지만,
여기서 우선 다음의 두 가지만 소개하겠다.

뉴욕의 은행에 근무하는 찰스 월터스는 모회사의 기
밀을 조사하라는 명령을 받았다. 그 때 월터스는 그 회
사의 정보를 입수할 수 있는 사람을 알고 있었다. 그는
큰 공업 회사의 사장이었다. 월터스가 그 공업 회사를
찾아가서 사장실로 안내를 받았을 때, 그 사장의 어떤
부탁을 받았는지 젊은 여비서가 사장실을 들여다보고
말했다.

"죄송합니다만 오늘은 드릴 우표가 없습니다."
"아들이 우표를 수집하고 있어서……."
사장은 그 여비서에게 겸연쩍은 표정을 지으며 말하

였다. 월터스는 그들의 대화가 끝나자 용건을 말하고 여러 가지 질문을 했으나, 사장은 다른 이야기만 늘어놓고 솔직한 대답을 회피했다. 사장이 그가 묻는 화제에는 언급하고 싶지 않은 눈치였으므로 그로부터 정보를 끌어내는 일은 우선 불가능하다고 생각되었다.

면담은 단시간에 끝났지만 아무런 소득도 없었다. 그러다가 문득 그 여비서가 사장에게 던진 말이 생각났다. 아들이 우표를 수집한다고? 한 순간에 그는 은행에서 세계 각국의 우표를 모은다는 사실을 생각해 내었다.

다음 날 오후에 그는 다시 사장을 찾아가서 그의 아들을 위하여 우표를 가져왔다고 말하고는 그 우표를 내보였다. 물론 대단한 환영을 받았다. 사장이 국회에 출마 중이라 하더라도 그처럼 친절한 환영은 받지 못했을 것이다.

사장은 무척이나 소중한 듯이 우표를 손에 쥐고,

"정말 이것은 그 아이의 마음에 들겠어. 야, 이것 굉장하군! 상당한 값이 나가겠어."

라고 중얼거리며 우표에 정신이 팔려 있었다.

사장과 월터스는 30분 동안 우표 얘기를 하거나 아들의 사진을 들여다보고 있다가, 이윽고 그가 먼저 말을 꺼내기도 전에 자신이 알고 있는 모든 것을 가르쳐 주었을 뿐만 아니라, 부하 직원을 불러서 묻거나 전화로 친지에게까지 문의를 하여 주었다. 월터스는 100퍼센트 이상 목적을 달성한 셈이다. 마치 신문 기자의 소위 '특종'을 손에 넣은 셈이다.

서스턴은 무대에 설 때 반드시 마음 속으로, "나는 손님을 사랑고 있다"고 몇 번이나 되풀이했다는 것이다.

다시 한 가지 더 예를 들어보자.

필라델피아에 사는 C. M. 나홀이라는 사람은 어떤 대형 체인 스토어에 석탄을 납품하기 위해 온갖 애를 쓰고 있었다. 그 체인 스토어에서는 연료를 시외의 업자로부터 매입하여 그 트럭이 항상 나홀의 점포 앞에 보란 듯이 지나가고 있었다.

그러던 어느 날, 나홀은 강습회에 출석하여 체인 스토어에 대한 평소의 불만을 터뜨리면서 체인 스토어는 시민의 적이라고 비난을 퍼부었다.

그렇지만 아직도 그는 판로를 개척할 것을 단념한 것이 아니었다. 나는 다른 대책을 써보면 어떠냐고 그에게 제안했다. 간단하게 그 경과를 설명하면 다음과 같다.

이를테면 강습회의 토론 의제로서 '체인 스토어의 보급은 국가적으로 과연 유해한가?'라는 문제를 채택했다.

나의 권유로 나홀은 체인 스토어의 변호를 맡았다. 그리고 그는 평소에 눈엣가시처럼 여겼던 체인 스토어의 중역을 찾아갔다.

"오늘은 석탄을 팔려고 온 것이 아니라, 다른 일이 있어서 찾아왔습니다."

그는 이렇게 먼저 말한 뒤 토론회의 일을 설명하기 시작하였다.

"실은 제가 체인 스토어에 관해서 여러 가지 도움 말씀을 듣고자 왔습니다. 그 점에 있어서는 선생님께서 가장 적당하다고 생각하였기 때문에 청을 드리러 온 것입니다. 토론회에서 기필코 이겨야 한다고 생각합니다. 원조해 주시기 바랍니다."

다음은 나훌이 나에게 들려준 말이다.

나는 이 중역에게서 꼭 1분간만 시간을 내준다는 조
건으로 면회를 허락받았다. 내가 찾아온 용건을 말하
니, 중역은 나에게 의자를 권하며, 1시간 47분 동안 계
속 얘기하였다. 그리고 그는 체인 스토어에 관한 책자
를 펴낸 일이 있는 또 다른 중역까지 불러 주었다. 그
는 체인 스토어가 인류에게 참다운 봉사를 하고 있다
고 말했다. 이야기를 하는 동안 그의 눈은 매우 빛나
보였다.

내가 용건이 끝나고 돌아가려 하자, 그는 나의 어깨에
손을 얹고 문 앞까지 마중을 나오며, 토론회에서 이기
기를 바란다고 말하고, 그 결과를 반드시 보고하러 와
주기를 바란다고 말하였다.

"봄이 되면 다시 오시오. 석탄을 주문하고 싶소."

이것이 헤어질 때 그가 나에게 한 말이었다.

나는 기적을 본 듯한 생각이 들었다. 아무 말도 하지
않았는데 그 쪽에서 먼저 석탄을 사려고 했다. 지금까
지 기울여왔던 나의 방법으로는 10년이 걸려도 할 수
없었던 일을, 상대방의 일에 성실한 관심을 보임으로써
2시간 만에 해결할 수가 있었던 것이다.

이를 잠시 살펴보면 특별한 새로운 진리를 나훌이 발
견한 것은 아니다. B.C. 100년에 로마의 파브리아스 시
라스는 다음과 같이 말하고 있다.

"우리들은 자기에게 관심을 보여 주는 사람에게 관심
을 보인다."

다른 사람으로부터 호감을 얻는 첫째 기술은 상대방
에 대해 성실한 관심을 가지는 데 있다. "다른 사람의
일에 관심을 갖지 않는 사람은 고난의 인생을 걷지 않
으면 안 되며, 다른 사람에게 폐를 끼친다. 인간의 모
든 실패는 그러한 사람들 사이에서 생겨난다"라고 심
리학자인 알프레드 아들러는 그의 저서에서 말하고 있
다.

둘째 기술

# 항상 미소를 잃지 말아라

나는 얼마 전에 뉴욕에서 열린 어느 만찬회에 초대받
은 적이 있었다. 그 자리의 손님 중에는 막대한 유산을
상속받은 부인이 있었는데, 그녀는 어떻게 해서든지 모
든 사람들에게 좋은 인상을 심어주고 싶다고 생각하고
있었다.

하지만 호화로운 흑표범 모피와 다이아몬드·진주 등
으로 몸을 장식하고 있었으나, 얼굴에 드러난 본성은
감출 수 없었다. 다시 말해 그녀의 얼굴에는 심술과 자
만심이 뚜렷이 나타나 있었다. 몸에 걸치는 의상보다도
얼굴에 나타나는 표정이 여성에게 얼마나 중요한지를
그녀는 알지 못하고 있었다(아내가 모피를 사달라고
조를 때를 대비해서 이것을 기억해 두는 게 좋다).

찰스 슈와프는 자기의 미소는 1백만 달러의 가치가
있다고 말하곤 했지만, 그 말은 매우 겸손하게 평가한
말이다. 그가 온갖 고통을 극복하고 성공한 것은 오로

지 그의 인품·매력을 비롯해 남에게 호감을 사는 능력 등에 의하여 얻어졌으며, 특히 그의 매혹적인 미소는 그 자신의 인품을 이루고 있는 가장 훌륭한 요소이다.

나는 언젠가 모리스 슈발리에와 함께 지낸 일이 있었는데, 솔직히 그에게 아주 실망하였다. 그는 성미가 무척 까다로운 무뚝뚝한 남자로서, 지금까지 내가 상상하고 있었던 것과는 크게 차이가 있었다. 적어도 그가 미소를 지을 때까지는 말이다. 그런데 미소를 짓자 마치 구름 사이에서 갑자기 태양이 빛을 나타내 보이는 것과 같았다. 만약 모리스 슈발리에는 그 미소가 그의 얼굴에 없었다면 지금까지 파리의 뒷골목에서 부친의 가업을 이어받아 가구상 직공으로 있었을 것이다.

동작은 말 이상 가는 웅변이다. 미소도 역시 마찬가지이다.

"나는 당신을 좋아합니다. 당신 때문에 나는 즐겁습니다. 당신을 만나뵐 수 있어서 정말 기쁩니다."

개는 우리들을 보면 기뻐서 어쩔 줄 모른다. 우리들도 자연스레 개가 귀엽게 여겨진다.

마음에도 없는 미소에 어느 누구도 속지 않는다. 그러한 기계적인 것에는 오히려 화가 치민다. 나는 참다운 미소, 즉 마음이 느긋해지는 미소, 마음 속에서 우러나오는 미소, 천금의 가치를 가진 미소에 대해서 말하고자 한다.

뉴욕의 어느 백화점에 근무하는 한 주임은 점원으로서의 조건을 이렇게 말한다. 진지한 얼굴을 가진 대학원 출신의 아가씨보다, 오히려 초등학교도 제대로 졸업

하지 못했지만 사랑스러운 미소를 지닌 아가씨가 훨씬 낮다고 한다.

미국에 있는 굴지의 공업회사 사장은 일이 재미있어서 못 견딜 정도가 아니라면 성공하기 어렵다고 말한다. 공업계의 이 거물은 '근면은 희망의 문을 여는 유일한 열쇠'라는 낡은 격언을 결코 신용하지 않는 모양이었다. 그래서 그는 말한다.

"시끌시끌하게 떠들어 대면서 일을 하는 성공한 사람들을 몇 분 알고 있지만, 그러한 사람이 진실로 작업과 씨름을 하게 되면 일이 잘 안 풀리고, 결국 차차 흥미를 잃고 끝내는 실패하고 만다."

자기와 교제를 하고 있는 상대방이 즐거워하기를 바란다면 먼저 상대방과 교제함으로써 자기 자신의 즐거움을 찾을 줄 알아야 한다.

나는 수많은 실업가들에게 눈을 뜨고 있는 동안 매시간마다 한 번씩 누군가를 향해서 1주일 동안 미소를 짓고 그 결과를 나의 강습회에서 발표하도록 제안한 일이 있다.

과연 그것이 어떤 효과를 나타내었는지 한 가지 예를 들어 보겠다. 지금 여기 소개하는 것은 뉴욕 주식 판매장 외부 중매인 윌리엄 B. 스타인하트의 수기이다.

나는 결혼한 지 벌써 18년이 넘었지만, 아침에 일어나서 출근할 때까지 아내에게 웃어 준다거나, 다정스런 말을 건네준 적이 한번도 없는 무뚝뚝한 사람입니다.

그런데 미소에 대한 경험을 발표하라고 말하였기 때문에 시험삼아 1주일간만 해 볼 생각이었습니다. 그래

자기와 교제를 하고
있는 상대방이 즐거워
하기를 바란다면 먼저
상대방과 교제함으로
써 자기 자신의 즐거
움을 찾을 줄 알아야
한다.

서 그 다음날 아침, 식탁에 앉았을 때, 나는 아내에게
"밤새 안녕" 하고 말하면서 빙긋 웃어 보였습니다. 어
쩌면 상대방이 깜짝 놀랄지도 모른다고 선생께서 말씀
했듯이, 아내는 예상 외로 심한 쇼크를 받은 모양이었
습니다. 그래서 오늘부터는 매일 이렇게 인사할 테니
그렇게 알라고 아내에게 일러주었습니다. 그 후, 일찍
이 경험한 적이 없는 커다란 행복이 우리 부부에게 찾
아왔습니다.

더 나아가 지금은 매일 아침마다 출근할 때마다 아파
트 관리인에게도 미소로 인사하게 되었습니다. 지하철
창구에서 거스름돈을 받을 때도 역시 미소를 지어 보
였습니다. 이제는 거래소에서도 지금까지 나의 웃는 표
정을 본 적이 없는 사람 모두에게 미소를 보입니다.

그랬더니 모두가 나에게 미소로 답하게 되었습니다.
또한 투정이나 불만 따위를 늘어놓는 사람에게도 나는
밝은 태도로 대했습니다. 상대의 주장에도 귀를 기울이
면서 미소를 잃지 않으면 문제 해결도 훨씬 쉬워집니
다. 미소 덕분에 나의 수입은 한층 더 늘어갔습니다.

중매인과 나는 공동으로 사무소를 사용하고 있습니다.
미소의 효력에 마음이 부드러워진 나는 그 청년에게
인간 관계에 관해서 새로운 철학을 얘기해 주었습니다.
그러자 그는 나를 처음 보았을 때는 몹시 퉁명한 사람
으로 보았으나, 최근에는 아주 달리 생각하게 되었다고
솔직하게 얘기해 주었습니다. 나의 미소에는 인정미가
넘친다고 합니다.

그리고 나는 다른 사람의 험담을 하지 않기로 했습니
다. 험담을 하는 대신에 칭찬하기로 했습니다. 자신이

원하는 것을 요구하기 전에 우선 상대의 입장에서 생각하려고 노력했습니다. 그 결과, 나의 생활에 문자 그대로 혁명적인 변화가 일어났습니다. 지금 나는 이전과는 전혀 다른 사람이 되어, 수입도 늘고 대인 관계도 원만한 행복한 사람이 되었습니다. 사람으로 태어나서 이 이상의 행복을 바랄 수는 없다고 생각합니다.

위의 수기를 쓴 인물이 뉴욕의 장외 증권 중매인이라는 것에 독자들은 유념하기 바란다. 뉴욕의 장외 증권 중매인이라면 대단히 어려운 장사로서 100명 가운데 99명은 실패한다. 그 위험한 장사에서 성공하고 있는 유능한 사람이 쓴 수기인만큼 시사하는 바가 크리라 생각된다.

그렇다면 미소를 보이고 싶지 않을 경우에는 어떻게 하면 되는가? 이 방법에는 두 가지가 있다. 우선 첫째로 무리하게라도 웃어 보이는 것이고, 둘째는 혼자 있을 때 휘파람을 불거나 콧노래를 불러서 언제나 행복하고 유쾌한 기분을 유지하는 것이다.

하버드 대학의 교수였던 윌리엄 제임스의 주장을 살펴보자.

"동작은 흔히 감정에 따라 일어나는 듯 생각되지만, 동작과 감정은 병행하고 있다. 동작은 의지력으로써 직접 통제할 수 있지만, 감정은 그렇지가 못하다. 따라서 명랑함을 상실하였을 경우에 그것을 되찾는 최선의 방법은 그야말로 명랑한 듯이 행동하고 명랑한 듯이 지껄이는 것이다."

동작은 흔히 감정에 따라 일어나는 듯 생각되지만, 동작과 감정은 병행하고 있다. 동작은 의지력으로써 직접 통제할 수 있지만, 감정은 그렇지가 못하다.

모든 사람들은 저마다 행복을 요구하고 있는데, 그 행복을 찾아내는 방법은 한 가지 있다. 그것은 자기 마음의 조정법을 연구하는 일이다. 행복은 외적인 조건에 의하여 얻어지는 것이 아니며, 자기의 마음가짐 하나로 좌우될 수 있다.

행복과 불행은 재산이나 지위, 혹은 직업 따위로 결정되는 것이 아니다. 무엇을 행복으로 생각하고 또 불행이라고 생각하느냐, 바로 그 사고 방식이 행복과 불행의 갈림길이다. 예컨대 같은 장소에서 같은 일을 하고 있는 사람이 두 명 있다고 하자. 한쪽은 불행하다고 느끼지만 다른 한쪽은 행복하다고 느끼는 경우가 더러 있다. 그것은 마음가짐이 서로 다르기 때문이다.

나는 중국을 여행하면서, 겨우 7센트의 임금을 받고도 하루 종일 땀 흘리면서 일하는 짐꾼들 가운데 행복한 얼굴을 가진 사람들이 많은 것을 보았다. 아마 뉴욕의 번화가인 파크 에버뉴에서도 그 짐꾼들 이상의 행복한 표정을 찾아보기 힘들 것이다.

"본래 사물 자체에는 선악이 없다. 오직 우리들의 생각에 따라서 선과 악이 구별될 뿐이다."

이것은 셰익스피어의 말이다.

"대부분의 사람들은 행복하려는 욕구가 강함에 따라서 행복하게 된다."

이것은 링컨의 명언이다. 나는 이 말을 뒷받침할 살아 있는 실례를 목격한 바가 있다. 그것은 내가 뉴욕의 롱아일랜드 역 계단을 오르고 있을 때 벌어졌다. 바로 앞에서 다리가 부자연스러운 30~40명의 소년들이 의족으로 악전 고투하면서 계단을 오르고 있었다. 그 중에

는 부축하는 사람에게 아예 업혀 버리는 소년도 있었
다.

나는 그 소년들이 희희낙락하며 명랑한 것을 보고 놀
랐다. 나는 부축하는 보호자에게 물어보니 이렇게 대답
했다.

"그렇습니다. 한평생 불구로 지내야 한다는 것을 알게
되면 아이들은 처음에는 굉장한 쇼크를 받습니다. 그러
나 나중에는 대부분 자기의 운명을 깨끗이 체념하고
보통의 평범한 아이들보다 오히려 쾌활하게 됩니다."

나는 소년들에게 머리가 숙여졌다. 내게 그들은 한평
생 잊을 수 없는 교훈을 던져 준 것이다.

언젠가 나는 메리 빅포드가 더글라스 페어뱅크스와의
이혼 수속을 밟는 중에 그녀와 만난 일이 있다. 그녀는
틀림없이 비탄에 잠겨 눈물에 젖어 있으리라고 생각했
는데, 오히려 그녀는 다른 사람보다 더 침착하게 행동
하면서 마치 자기의 승리를 자랑하는 것처럼 보였다.
언뜻 보기에는 행복스러웠다. 그녀는 그 비결을 그녀의
《신에 의지해서》라는 작은 책에 기록하고 있다.

예전에 세인트루이스 카리날스의 3루수였고 현재는
미국 굴지의 보험 세일즈맨인 프랭클린 베드가는, 미소
를 잃지 않는 사람은 항상 환영받는다는 것을 오래 전
부터 깨달았다. 그는 어느 집을 방문하든지 들어가기
전에 반드시 멈추어 서서 자기가 감사해야 할 것을 여
러 가지로 생각해 내고, 진심으로 미소를 지으며, 그 미
소의 여운이 사라지기 전에 방에 들어가는 것을 원칙
으로 했다.

그는 보험 세일즈맨으로서 대성공을 거둔 것은 이 간

단한 테크닉 덕분이라고 말하고 있다.

아래에 인용하는 알버트 하버드의 말을 잘 읽어 주기 바란다. 그러나 읽는 것만으로는 아무 소용이 없다. 읽고 곧바로 실행하는 것만이 최선이다.

"집에서 나올 때 항상 턱을 당기고 머리를 반듯하게 세워서 가능한 한 크게 호흡을 하라. 친구에게는 웃는 얼굴로 대하고, 악수에는 정성을 쏟아야 한다. 오해받을 것 같은 염려 따위는 하지 말고, 경쟁자의 일에 마음을 쓰지 않는다. 하고 싶은 일을 선명하게 마음 속에서 다진다. 그러고는 똑바로 목표를 향해서 돌진한다. 또한 크고 훌륭한 일을 성취해야겠다고 생각하고, 항상 염두해 둔다. 그러면 세월이 흐름에 따라서 목적 달성에 필요한 기회가 어느 사이엔가 자기의 손에 쥐어진 것을 느끼게 될 것이다. 그것은 마치 산호충이 조류로부터 영양분을 섭취하는 것과 같다. 그리고 유능하고 남의 귀감이 되는 인물이 될 것을 염두에 두고, 항상 이를 잊지 않는다. 그러면 점차 그러한 인물이 되어간다. 마음의 움직임은 기묘하다. 올바른 정신 상태, 예컨대 용기·솔직함·명랑함을 항상 지속시켜라. 올바른 정신 상태는 뛰어난 창조력을 갖고 있다. 모든 일들은 소망에서 생겨나고, 진심에서 우러나온 소원은 모두 이루어진다. 다시 말해 마음먹은 일이 그대로 된다. 그것이 바로 인간의 신념이다."

예로부터 중국인은 현명하고 처세에 아주 능숙했는데, 그들의 격언에 다음과 같은 것이 있다.

"미소를 짓지 않는 사람은 장사치가 될 자격이 없다."

프랭크 어빙 플래처가 오펜하임 코린즈 회사의 공고문 속에서 평범한 철학을 말하고 있다.

미소는 밑천이 들지 않는다. 그러나 이익은 대단히 크다. 그뿐인가. 베풀어도 줄지 않고, 베푼 자는 더욱더 풍부해진다. 한 순간만 보면 그 기억을 영구히 지속할 수가 있다. 어떤 부자라도 이것이 없이는 살 수가 없다. 물질적으로 아무리 가난해도 이것으로 하여 풍부해진다.

또한 미소는 가정에 행복을, 장사에는 신뢰를 가져온다. 우정의 돌림말, 피로한 사람에겐 휴식이 되고, 실의에 차 있는 사람에겐 광명이 되며, 슬퍼하는 사람에겐 태양이 되고, 고통스러하는 사람에게는 해독제가 된다.

사는 것도, 강요하는 것도, 빌리는 것도, 훔치는 것도 별 의미가 없다. 이것은 무상으로 주어야 비로소 가치가 있다.

다른 사람으로부터 호감을 얻는 둘째 기술은 항상 미소를 잃지 않는 데 있다. 매혹적인 미소는 그 자신의 인품을 이루고 있는 가장 훌륭한 요소이다.

무엇을 행복으로 생각하고 또 불행이라고 생각하느냐, 바로 그 사고 방식이 행복과 불행의 갈림길이다.

셋째 기술

# 상대방의 이름을 분명히 기억하라

오래 전 뉴욕 주 로클랜드의 스토니 포인트라는 작은 마을에서는 두 사람의 장례식이 있었다. 한 아이가 불의의 사고로 죽었고, 짐 파레라는 사람은 날뛰는 말에 채여 죽었다.

짐 파레는 아내를 비롯해 세 명의 아들과 약간의 보험금을 남겨 놓고 세상을 떠났다. 그래서 그의 장남인 짐은 열 살의 어린 나이임에도 불구하고 기와 공장에 품팔이를 나가야 했다. 모래를 짓이겨서 나무틀에 넣어 그것을 나란히 세워 놓고 햇빛에 말리는 것이 짐의 일이었다. 짐에게는 학교에 다닐 여가가 없었다.

그러나 이 소년은 아일랜드 사람의 특유의 명랑성을 지니고 있어서 누구에게나 호감을 샀다. 마침내 그는 성장해서 정치계에 진출하게 되었다. 그런데 특히 그는 사람들의 이름을 외우는 기이한 능력을 발휘하기 시작했다. 짐은 고등학교 같은 덴 가본 적도 없었으나, 46세가 되었을 때는 네 군데의 대학에서 학위가 주어졌고, 민주당 전국 위원장과 미국 체신장관을 역임하였다.

나는 짐과 면담을 가지면서 그의 성공의 비결을 물으니 너무나 간단하게 이렇게 대답했다.

"근면!"

"그것만이 아니시겠지요?"

내가 그렇게 말하니 그는 도리어 나의 의견을 물었다.

"그럼 당신은 어떻게 생각합니까?"

"당신은 1만 명의 이름을 기억하신다고 들었습니다."

그러자 그는 나의 말을 즉시 정정하였다.

"아니, 5만 명입니다."

짐은 석고 회사의 세일즈맨으로 근무할 무렵과 스토니 포인트의 관청에 근무하고 있을 무렵 사람의 이름을 기억하는 방법을 연구해 냈다.

이 방법은 처음에는 너무나 간단했다. 처음 만난 사람에게는 성명·가족·직업, 그리고 정치에 관한 의견 등을 묻고, 그것을 머릿속에 기억해 둔다. 그러면 비록 1년 후에 만날지라도, 그 사람의 어깨를 두드리며 아내나 아이들의 얘기를 묻거나, 그 집 마당에 있는 나무 이야기까지 할 수가 있었다. 그렇다 보니 그의 지지자가 늘어나게 되는 것은 말할 것도 없었다.

프랭클린 루스벨트가 대통령 선거전에 출마하기 수개월 전, 짐은 서부 및 서북부의 각주 사람들 앞으로 매일 수백 통의 편지를 보냈다. 이어서 그는 기차를 타고 19일 동안에 20여 주를 돌아다녔다. 그 거리는 1만 2천 마일. 마차·기차·자동차·작은 배 등 모든 교통편을 이용하였다.

흔히 사람들은 다른 사람의 이름 따위는 관심 밖이지만, 자기의 이름에는 크게 관심을 가진다는 것을 짐은 이미 일찍부터 알고 있었다.

그는 마을에 도착하면 즉각 그 마을의 사람들과 식사와 차를 함께 나누고 흉금을 털어놓으며 이야기를 했다. 그것이 끝나면 또 다음 마을로 떠나는 바쁜 스케줄이었다.

동부로 돌아와서 이번에는 자기가 돌고 온 마을의 대표자들에게 곧장 편지를 보내어 모임에 참석했던 사람들의 명단을 보내 줄 것을 의뢰했다.

이리하여 그의 손에 들어온 이름은 수만 명에 달했다. 명단에 실린 사람은 빠짐없이 민주당의 전국 위원장인 짐으로부터 친절미가 넘치는 편지를 받았다. 그 편지는 '빌군'이라든가, '존군'으로 시작하여 서명에는 짐(제임스의 애칭)으로 되어 있어서 친숙한 벗들 사이의 편지와 같은 투로 씌어져 있었다.

흔히 사람들은 다른 사람의 이름 따위는 관심 밖이지만, 자기의 이름에는 크게 관심을 가진다는 것을 짐은 이미 일찍부터 알고 있었다. 상대방의 이름을 기억하고 불러 주는 것이 부질없는 아첨보다도 몇 배의 효과를 낼 수 있다.

이와 반대로 상대의 이름을 잊어버리거나 틀리게 쓰면 기분을 상하게 만든다. 얼마 전에 파리에서 웅변술 강습회를 열었을 때, 영어를 모르는 프랑스인 타이피스트를 고용하여 미국인에게 안내장을 보냈는데, 이름의 철자가 틀려서 미국 은행 파리 지점장으로부터 엄중한 항의를 받은 적이 있다.

그러면 앤드류 카네기의 성공의 비결은 무엇인가?

흔히 카네기는 강철왕으로 불리고 있으나, 그 자신은 제강에 관해서는 거의 아는 바가 없었다. 그는 강철왕이라고 불리는 자신보다도 강철에 대해서 훨씬 많이 알고 있는 수백 명의 사람을 고용하고 있었다.

그러나 그는 사람 다루는 방법을 알고 있었다. 바로 그것이 그를 강철왕이라 불리게 만든 것이다. 그는 어릴 때부터 사람을 조직하고 통솔하는 재능을 보여 주었다.

그는 열 살 때 이미 사람들은 자기 자신의 이름에 무척 관심이 많다는 것을 알고, 이것을 이용하여 다른 사람들의 협력을 얻을 줄 알았다. 다음은 그가 스코틀랜드에서의 소년 시절 이야기이다.

어느 날 그는 토끼를 잡았다. 그런데 그 토끼는 새끼를 배고 있었다. 얼마 있지 않아서 수많은 새끼 토끼가 작은 토끼집에 가득찼다. 이렇게 되고 보니 항상 먹이가 모잘랐다. 그 때 마침 그에게 기발한 생각이 떠올랐다. 이웃 아이들에게 토끼풀을 많이 뜯어온 아이의 이름을 토끼에게 붙여 준다고 하였다.

그의 이 계획은 어김없이 들어맞았다.

이 때의 일을 카네기는 결코 잊지 않았다. 그는 훗날 이 심리를 사업에 응용하여 거액의 부을 얻었다. 이와 관련된 다음과 같은 이야기가 있다. 그는 펜실베이니아 철도 회사에 레일을 팔아 넘기려고 하였다. 당시 그 철도 회사의 사장은 에드거 톰슨이었는데, 카네기는 피츠버그에 거대한 제철 공장을 세워서 그것을 '에드거 톰슨 제철소'라고 명령하였다. 그렇다면 펜실베이니아 철도 회사가 레일을 어디서 구할 것인가는 독자의 상상에 맡겨도 좋을 것이다.

이름을 존중하는 것이 카네기의 성공 비결 중의 하나였다. 카네기는 자기의 회사에서 일하는 다수의 노동자들의 이름을 기억하고 있는 것을 자랑으로 여겼다.

카네기가 조지 풀맨과 침대차의 매각건으로 서로 불꽃 튀는 경쟁을 하고 있을 때에도 그는 토끼의 교훈을 되새겼다.

카네기의 센트럴 트렌스포테이션 회사와 풀맨의 회사는 유니언 퍼시픽 철도 회사에 침대차를 팔려고 서로가 상대의 허점을 노리며 경합을 벌이고 있었다. 이 때 카네기와 풀맨은 유니언 퍼시픽의 수뇌부를 만나기 위해서 뉴욕으로 갔다. 어느 날 밤. 센트니코러스 호텔에서 이 두 사람이 마주쳤다. 카네기가 먼저 상대에게 말을 건네었다.

"풀맨 씨. 안녕하세요? 지금 생각해 보니 우리 두 사람은 참으로 어리석은 짓을 하고 있는 것 같습니다."

"도대체 그게 무슨 뜻이오?"

풀맨이 되물었다.

그리하여 카네기는 이전부터 생각하고 있던 것을 그에게 털어놓았다. 그것은 두 회사의 합병안이었다. 카네기는 서로가 반목하기보다도 제휴하는 편이 최선책이라고 열심히 설득하였다. 그런데 풀맨은 주의 깊게 듣고 있었으나 반신 반의하는 모양이었다. 이윽고 풀맨은 카네기에게 이렇게 물었다.

"그렇다면 그 새 회사의 명칭은 어떻게 할 셈이오?"

그러자 카네기는 그 즉석에서,

"물론 풀맨 파레스 차량 회사로 하겠소."

하고 대답했다.

풀맨은 금시에 얼굴빛을 반짝이며 말했다.

"그럼, 내 방으로 가서 조용히 상의합시다."

바로 이 협상이 미국의 기업사에 새로운 장을 열게

하였다.

이와 같이 친구나 거래 관계자의 이름을 존중하는 것이 카네기의 성공 비결 중의 하나였다. 카네기는 자기의 회사에서 일하는 다수의 노동자들의 이름을 기억하고 있는 것을 자랑으로 여겼다.

그리고 그가 기업의 진두에 서 있는 동안에는 단 한 번의 파업도 일어나지 않으리라 자신하고 있었다.

세계적으로 유명한 피아니스트 파르레프스키는 침대차의 흑인 요리사에게 '미스터 코파'라는 정중한 호칭을 사용하여 그에게 자기의 중요성을 느끼게 하고 있었다. 파르레프스키는 열성적인 팬의 요청에 의해 15회나 미국 전역으로 연주 여행을 떠났다. 그 당시는 전용차를 타고 가지만 연주회가 끝난 후의 밤참은 반드시 자기의 요리사가 만들게 하였다. 파르레프스키는 그 흑인 요리사 이름을 미국식의 '조지' 따위로 격하시켜 부르는 일이 한 번도 없었다. 어떤 경우에도 유럽식의 진지한 태도로 '미스터 코파'라고 불러 주었다. 그것이 미스터 코파에게는 매우 큰 기쁨이었다.

이렇듯 사람은 누구나 자기 이름에 큰 애착을 가지고 있으며, 또한 후세에 남기고 싶어한다. 한때 큰 인기를 모았던 미국의 서커스 창시자이자, 흥행사인 P. T. 번햄도 자기의 이름을 계승해 줄 자식이 없는 것을 걱정하여 결국 C. H. 시레에게 번햄의 이름을 이어주면 2만 5천 달러를 주겠다고 제의한 바가 있었다.

그리고 지금부터 200년 전의 부자들은 책의 저자에게 돈을 지불하고는 '이 책을 아무개에게 바친다'라고 자

이렇듯 사람은 누구나 자기 이름에 큰 애착을 가지고 있으며, 또한 후세에 남기고 싶어한다.

기의 이름을 책의 앞머리에 기입하게 하였다. 도서관이나 박물관의 호화로운 컬렉션 속에는 자기의 이름을 세상에서 잊혀지지 않게 하고 싶은 사람들이 기증한 것이 많다. 바로 뉴욕 시립 도서관의 아스타 컬렉션이나 레녹스 컬렉션이 그러하며, 메트로폴리탄 박물관에서는 벤저민 J. P. 몰간의 기증품이 영구히 전하고 있다. 그 밖에도 교회 안에는 기증자의 이름이 새겨진 스테인드 글라스의 유리창으로 장식되어 있는 것이 많다.

대다수의 사람들은 다른 사람의 이름을 별로 잘 기억하지 않는다. 바빠서 기억할 여지가 없다는 것이 그 이유이다.

하지만 아무리 바빠도 대통령 루스벨트보다도 더 바쁜 사람은 없을 것이다. 그 루스벨트가 우연히 마주친 일개 기계공의 이름을 기억하기 위하여 시간을 냈다.

루스벨트를 위하여 크라이슬러 자동차 회사가 특별 자동차를 제작한 일이 있었다. W. F. 쳄바렌은 기계공과 함께 그 차를 가지고 대통령 관저로 갔다. 쳄바렌은 그 때의 일을 내게 보낸 편지에서 다음과 같이 말하고 있다.

나는 대통령에게 특수한 장치가 많이 붙어 있는 자동차의 조정법을 가르쳤습니다만, 그분은 내게 멋들어진 인간 조정법을 가르쳐 주셨습니다. 관저를 찾아가니 대통령께서는 매우 유쾌한 표정으로 나의 이름을 불러서 얘기를 해 주셨기 때문에 매우 기분이 좋았습니다. 무엇보다도 감명 깊었던 것은 나의 설명에 진심으로 흥미를 가져 준 일입니다. 그 차는 두 손만으로 조종할

수가 있게 되어 있는 진기한 것이어서 구경꾼이 몰려 들었습니다. 대통령께서는,

"훌륭하군. 단추를 누르는 것만으로 자유롭게 조정할 수 있으니 정말 대단해. 어떤 장치로 되어 있을까? 시간이 나면 분해를 해서 속을 들여다보고 싶군."

하고 말씀하셨습니다.

대통령께서는 자동차에 눈이 팔려 있는 사람들이 보는 앞에서 내게,

"첸바렌 씨, 이렇게 훌륭한 자동차를 만들자면 평소의 노력이 대단했겠습니다. 정말 탄복했습니다."

라고 말씀하시고, 라디에이터·백밀러·시계·조명 기구·차내 장식·조정석, 트렁크 속의 이름이 들어 있는 수트 케이스 등을 하나하나 다시금 확인하시면서 매우 감탄하고 계셨습니다. 또한 대통령께서는 부인이나 노동부장관인 미스 퍼킨스 등 주위의 사람들에게도 이 새로운 장치를 보여 주시고 설명하는 것을 잊지 않으셨습니다. 그리고 일부러 나이 지긋한 흑인 종업원을 불러서,

"조지, 이 특제품인 수트 케이스는 특별히 조심해서 취급해 주어야겠어요."

라고 일러주기도 하셨습니다.

조정 연습이 끝나자 대통령께서는 나를 향하여,

"첸바렌 씨, 지금 연방 준비 은행 사람들이 30분 동안이나 기다리고 있으니 오늘은 이 정도로 해 둡시다."

라고 말씀하셨습니다.

대통령께서는 또 관저에 도착했을 때 소개된 기계공을 찾아내시어 그의 이름을 부르시면서 악수를 하고

대다수의 사람들은 다른 사람의 이름을 별로 잘 기억하지 않는다. 바빠서 기억할 여지가 없다는 것이 그 이유이다.

치하를 하셨습니다. 더구나 그 말씨는 결코 형식적인 것이 아니셨고, 진심에서 우러나오시는 것이었습니다. 나는 그것을 분명히 알 수가 있었습니다.

뉴욕으로 돌아와서 얼마 후, 나는 대통령께서 직접 사인을 하신 사진과 감사장을 받았습니다. 대통령께서는 이런 여가를 도대체 어떻게 만들어 내셨는지 참으로 기이하게 생각했습니다.

프랭클린 루스벨트 대통령은 사람에게 호감을 사는 가장 간단하고 중요한 방법이 상대의 이름을 기억하여 상대에게 자신감을 갖게 하는 일임을 알고 있었다. 그것을 알고 있는 사람은 세상에 몇 명이나 될까?

처음 만난 사람과 1~2분 동안 이야기를 나눈 뒤 일어서려고 할 때 그 상대의 이름을 잘 기억할 수 없는 경우가 대부분이다.

선거인의 이름을 잘 기억하는 것, 그것이 정치인의 정치적 수완이다. 그것을 잊어버리는 것은 곧 잊혀지는 것이다. 이것은 정치가가 배워야 할 첫번째 과제이다.

다른 사람의 이름을 잘 기억해 내는 것은 장사나 사교에도 정치의 경우와 같이 중요한 일이다.

나폴레옹 3세도 소개받은 사람의 이름을 모두 기억하고 있다고 공언했다. 그가 사용한 방법은 매우 간단했다. 상대의 이름을 분명하게 들을 수 없었을 경우에는,

"미안하지만 한 번 더 말씀하여 주십시오."

라고 부탁했다. 만약 아주 이상한 이름 같으면,

'어떤 글자를 씁니까?"

라고 다시 묻는다. 상대와 대화하고 있을 때 그는 몇

번이나 상대의 이름을 되풀이하여 되뇌이고, 상대의 얼굴이나 표정 및 모습 등을 함께 기억하려고 노력하였다.

만약 상대가 대단히 중요한 인물이라면 그는 더욱 노력을 거듭했다. 자기 혼자만의 시간이 되면, 곧 메모지에 상대의 이름을 적고, 정신을 집중시켜 그것을 쳐다보면서 똑똑히 외운 다음 그 메모지를 찢어 버렸다.

이 방법은 꽤 시간이 걸리는데 에머슨은,

"좋은 습관은 사소한 희생을 거듭 쌓아감으로써 이루어진다."

라고 말했다.

다른 사람으로부터 호감을 얻는 셋째 기술은 상대방의 이름을 분명히 기억하는 일이다. 사람은 누구나 자기 이름에 큰 애착을 가지고 있으며, 또한 후세에 남기고 싶어한다. 특히 다른 사람의 이름 따위는 관심 밖이지만, 자기의 이름에는 크게 관심을 가지고 있다는 점을 명심하라.

넷째 기술

# 상대방을 진심으로 칭찬하라

나는 어느 날 뉴욕 8번가에 있는 우체국에서 등기 우편을 보내기 위하여 차례를 기다리고 있었다. 그런데 등기 우편을 취급하는 직원은 우편물 계량이나 우표와 거스름돈의 청산, 수령증 발부 따위의 기계적인 일에 그만 진절머리가 나는 듯 보였다. 그래서 나는 생각했다.

그렇다면 '어디 이 사나이가 내게 호의를 갖도록 만들어 보자. 그렇게 하기 위해서는 그에게 무엇인가 부드러운 말을 해 주어야겠는데, 지금 그가 진정으로 감탄할 수 있는 것은 무엇일까?'

이것은 그리 쉬운 문제는 아니었으며, 상대가 초면인 사람이니만큼 더욱 그랬다. 그러나 우연하게도 그의 멋들어진 장점을 찾아낼 수 있었다. 그래서 그가 내 우편물의 중량을 달고 있을 때, 나는 진심에서 우러난 감정으로 이렇게 말했다.

"당신의 머리칼은 참으로 부드럽고 아름답군요!"

갑작스런 나의 말에 놀란 표정으로 나를 쳐다보는 그의 얼굴에는 미소가 번지고 있었다.

"하지만 요즘에는 많이 나빠졌어요."

하고 그는 겸손하게 말했다. 전에는 어떠했는지 알 수 없지만, 어쨌든 나는 진심에 의한 마음으로 훌륭하다고 말하였다. 그는 매우 흐뭇해했다. 이리하여 우리들은 두세 마디 유쾌하게 얘기를 나누었고, 마침내 그는 나에게 본심을 털어놓았다.

"실은 그런 말을 자주 들었습니다."

그 날 그는 마음이 들떠서 점심 시간에 외출했을 지도 모른다. 집으로 가서 아내에게도 흐뭇하게 대했을 것이다. 그리고 거울을 들여다보고 '역시 멋있어!' 하고 혼자말을 했을 것임에 틀림없다.

이 이야기를 나는 언젠가 공개 석상에서 한 적이 있다. 그러자 어떤 사람이 질문을 했다.

"그렇게 말하면 그 사람에게 무엇을 기대하고 있었습니까?"

그러나 이 질문에서와 마찬가지로 다른 사람을 기쁘게 해 주거나 칭찬을 했다고 해서 무슨 대가를 바라는 그런 인색한 생각을 가진 사람들은 당연히 대인 관계에 실패할 것이다.

그를 칭찬해 주고, 어떠한 부담도 주지 않았다는 흡족한 마음은, 자기 자신에게 언제까지나 즐거운 추억으로 남는다. 이보다 더한 대가가 어디 있겠는가?

인간의 행위에 관한 올바른 법칙에 따르면 대부분의 분쟁은 피할 수가 있다. 이것을 잘 지키기만 하면 친구

존 듀이 교수는 중요한 인물이 되고자 하는 소망은 인간의 가장 뿌리 깊은 욕구라고 말하고 있다.

는 수없이 많아지며, 항상 행복한 삶을 누릴 수가 있다. 그러나 이 법칙을 깨뜨리면 당장 그 날로 끝없는 분쟁에 휩쓸리게 된다. 이 법칙은 항상 상대에게 자신감을 갖게 하는 것이다.

앞에서도 말했듯이 존 듀이 교수는 중요한 인물이 되고자 하는 소망은 인간의 가장 뿌리 깊은 욕구라고 말하고 있다. 그리고 윌리엄 제임스 교수는 인간성의 근원을 이루는 것은 다른 사람에게 인정받고 싶다는 소망이라고 단언하고 있다. 이 소망이 인간과 동물을 구별하는 것임은 이미 언급했으며, 인류의 문명도 인간의 소망에 의하여 발전되어 왔다. 그리고 인간 관계의 법칙에 대해서 수많은 철학자들이 수천 년에 걸쳐서 사색을 계속하여 왔다. 따라서 그 사색 속에는 한 가지 중요한 교훈이 생겨났다.

하지만 그것은 결코 새삼스러운 교훈이 아니다. 이는 인간의 역사만큼 오랜 것으로서 3000년 전 페르시아의 조로아스터는 이 교훈을 배화교도에게 전파했다. 석가모니는 예수보다 빨리 성스러운 갠지스 강기슭에서 이것을 깨우쳤고, 그보다 10세기 앞서 힌두교 성전에 이것이 설파되어 있다. 그리스도는 2000년 전에 유대의 바위산에서 가르침을 전했다. 그리스도는 다음과 같은 말로 설교하였다.

"다른 사람으로부터 받고 싶다고 생각하기 전에 그대 스스로 그것을 행하라!"

사람이라면 어느 누구나 주위로부터 인정받기를 원한다. 그리고 비록 작으나마 자기의 세계에서는 자기가 중요한 존재임을 느끼고 싶어하는 것이다. 그렇다고 뻔

히 들여다보이는 아첨은 자신이 초라할망정 듣고 싶지
가 않다.

하지만 진심에서 우러나는 칭찬에는 굶주려 있다. 찰
스 슈와프가 말하듯이, 우리들 모두는 자기 주위의 사
람들로부터 '진정으로 인정받고 싶다'고 생각하고 있
다. 따라서 다른 사람이 원하는 것을 우리 스스로가 해
주면 어떨까? 언제 어떤 식으로 어디에서 해야 할까
하고 고민할 필요는 없다. 마음만 있으면 누구에게든
베풀 수 있다.

여기 한 가지 예가 있다.

나는 어느 날 라디오 시티(뉴욕의 록펠러 센터에 있
는 세계적인 환락의 중심가)의 안내 센터에서 헨리 스
벤의 사무실 번호를 물었다. 그러자 산뜻한 유니폼을
입은 안내원이 공손하게 가르쳐 주었다.

"헨리 스벤의 사무실을 찾습니까? 그 곳은 18층 1816
호실입니다."

그는 친절하고도 정확하게 대답해 주었다. 나는 서둘
러 엘리베이터 쪽으로 가다가 다시 되돌아와서 그 안
내원에게 말했다.

"방금 보여준 그 태도가 썩 훌륭했어요. 어느 누구도
흉내낼 수가 없겠습니다."

나의 말에 그는 기쁜 웃음으로 답하였다. 그는 중간에
말을 끊었다가 또박또박 했는데, 그 기묘한 발음의 이
유를 내게 들려주었다. 그는 나의 한 마디 칭찬으로 무
척 흐뭇했던 것이다. 18층까지 올라가면서 나는 마치
인류의 행복에 한 가닥 도움을 준 듯한 흐뭇한 기쁨을
느꼈다.

칭찬의 철학을 날마다 응용하면 일상 생활에 크게 효
과를 거둘 수가 있다. 예컨대 레스토랑에서 주문한 것
을 웨이터가 잘못 가져왔을 때,

"수고를 끼쳐 미안하지만, 나는 커피보다는 홍차를 마
시고 싶군요."

라고 친절하게 말하면 그는 군소리 없이 선뜻 다시 가
져온다. 왜냐 하면 상대에게 예우를 나타내 보였기 때
문이다. 이런 친절한 말씨는 단조로운 일상 생활에서
윤활유 역할을 하게 됨과 동시에, 그렇게 말한 사람의
됨됨이를 증명하는 것이 된다.

다시 한 가지 예를 들어 보자.

홀 케인은 대장간 집안 출신으로 《그리스도교도》《만
섬의 재판관》《만 섬의 사나이》 등의 소설을 쓴 유명한
작가이지만, 본래는 대장 출신이었다. 학교는 8년 남짓
밖에 다니지 않았으나 나중에는 세계적인 부자가 되었
다.

홀 케인은 14행 시나 민요를 좋아했으며, 영국의 시인
댄디 가브리엘 로제티에게 심취해 있었다. 그는 로제티
의 예술적 공로를 찬양한 논문을 써서 그 사본을 로제
티에게 보내 주었다. 로제티는 물론 대단히 기뻐했다.

'이처럼 나의 능력을 높이 사는 청년은 반드시 훌륭
한 인물임에 틀림없을 것이다.'

로제티는 이렇게 생각하고 이 대장간 집 아이를 런던
으로 불러서 자기 비서로 삼았다. 이것이 홀 케인의 생
애에 큰 전환점이 되었다. 그는 이 새로운 직업에 종사
하면서 당시의 유명한 문학가들과 가깝게 사귈 수 있
게 되었고, 그들로부터 조언과 격려를 받아 나중에는

전세계에 이름을 떨치게 되었다.

그리하여 만 섬에 있는 그의 저택 그리프 캐슬은 세계의 여러 곳에서 밀어닥치는 관광 명소가 되었다. 그가 남긴 자산은 250만 달러에 달하였다고 전해지는데, 만약 유명한 시인에 대한 찬미의 논문을 쓰지 않았다면 그는 가난한 무명인의 생애를 보냈을 것이다.

진심이 깃들인 칭찬에는 이처럼 헤아릴 수 없는 크나큰 위력이 있다. 로제티는 홀 케인으로 인해 자기를 중요한 존재라고 생각하게 된 것이다. 세계 어느 나라 인간들도 모두 그렇게 생각하고 있다.

미국인 중에서 일본인에 대하여 우월감을 느끼는 사람이 있다. 그런데 일본인 역시 미국인보다는 잘났다고 생각하고 있다. 백인이 일본인 부인과 춤을 추는 것을 보고 분개한 보수적인 일본인도 있다.

그리고 힌두교도에 대해서 우월감을 가지고 있든 말든 그것은 타국인의 자유이지만, 어쨌든 힌두교도들은 자기들이 가장 우수하다고 생각하고 있다. 그래서 이교도인 외국인의 그림자가 닿은 음식은 더럽혀진 것이라고 생각하며 손도 대지 않는다.

또한 에스키모 인에 대해 우월감을 느끼느냐 느끼지 않느냐 하는 것은 어디까지나 개인의 자유지만, 에스키모 사회에서는 게으르고 나쁜 인간을 백인 같은 인간이라고 욕한다. 이것보다 더한 경멸을 의미하는 말은 없다고 한다.

그러므로 어느 나라 국민이든지 저마다 타국인보다 우수하다고 생각하고 있다. 그것이 애국심을 낳고 전쟁을 일으키는 원인이 되기도 한다. 사람은 저마다 자기

찰스 슈와프가 말하듯이, 우리들 모두는 자기 주위의 사람들로부터 '진정으로 인정받고 싶다'고 생각하고 있다.

자신이 어느 누구보다도 뛰어나다고 생각한다. 따라서 상대의 마음을 확실하게 손에 넣는 방법은, 상대가 이 세계에서 매우 중요한 인물임을 말하여 주고, 목적하는 바를 설득시키면 된다.

에머슨은 어느 누구든 자기보다 어떤 특수한 점에 있어서 뛰어나고, 한 가지라도 배울 점이 있다라고 말한 것을 독자들은 되새기길 바란다.

그런데 안타까운 일은, 다른 사람에게 자랑할 만한 장점을 갖추지 못해서 생기는 열등감을 터무니없는 자만심이나 자기 선전으로 눈가림하려는 경우이다.

셰익스피어는 이 문제를 다음과 같이 표현했다.

"오만 불손한 인간이여! 부질없는, 어떠한 값어치도 없는 것을 미끼로 천사조차 울릴 거짓 수작으로 속이려 하고 있다."

그럼 칭찬의 원칙을 응용하여 성공을 거둔 세 사람의 이야기를 소개해 보겠다. 세 사람은 모두 나의 수강자였다. 우선 코네티컷 변호사의 이야기로, 그 자신이 이름을 밝히기를 원치 않아서 그냥 편의상 R씨라고 하겠다.

그는 강습회에 참석한 지 얼마되지 않아서 롱 아일랜드에 있는 보인의 친척을 방문하였다. 숙모의 집에 도착하자, 부인은 R씨를 노숙모의 말 상대로 남겨 두고, 자기는 다른 친척집으로 가 버렸다. R씨는 칭찬의 원칙을 실험한 결과를 강습회에서 보고하기로 되어 있었기 때문에, 제일 먼저 이 숙모에게 한번 시도해 보려고 마음먹었다.

그리하여 그는 진실로 감탄할 수 있는 것을 찾아내려고 집 안을 둘러보았다.

"이 집은 1890년경에 지은 집입니까?"

라고 그가 물으니, 숙모가 대답했다.

"그래, 꼭 1890년에 세웠지."

"제가 태어난 집도 꼭 이런 집이었어요. 훌륭한 건물입니다. 아주 썩 잘 지어졌군요. 널찍하고…… 요즈음은 이런 집을 찾아보기 힘들지요."

숙모는 나의 얘기를 듣자 기쁜 듯이 맞장구를 쳤다.

"정말, 그래. 요즘의 젊은이들은 아름다운 집에 전혀 관심을 갖지 않더구나. 비좁은 아파트에 냉장고와 자가용이 젊은 사람들의 필수품인 것 같아."

지난 날의 추억을 그리워하는 여운이 그녀의 말 속에 배어나오고 있었다. 집 안내가 끝나자 숙모는 R씨를 창고로 데려갔다. 그 곳에는 신품과 다름이 없는 중고차인 패카드 한 대가 들어올려진 채로 있었다. 그것을 가리키면서 숙모는 조용히 말을 했다.

"숙부가 돌아가시기 전에 이 차를 샀지만, 아직 한 번도 타본 적이 없단다. 자네는 물건이 좋고 나쁨을 아는 사람이야. 그러니 이 차를 자네에게 주고 싶네."

"숙모님. 그건 곤란합니다. 물론 숙모님의 그 마음은 고맙게 생각합니다만, 이 차를 받을 수는 없습니다. 숙모님과 직접적인 혈연 관계가 있는 것도 아니고, 또한 저도 최근에 차를 장만했습니다. 이 패카드를 탐내고 있는 가까운 친척분이 많이 계실 게 아닙니까?"

이렇게 R씨가 사양을 하니 숙모는 언성을 높여 말했다.

"친척이야 얼마든지 있지. 이 차가 탐나서 내가 죽기
를 기다리고 있는 그런 친척도 있다네. 그렇지만 그 사
람들에게 이 차를 줄 수는 없어."

"그럼 중고 자동차상에 팔면 어떨까요?"

"아니, 팔다니! 내가 이 차를 팔 거라고 생각하느냐?
생판 모르는 사람이 이 차를 마구 굴리고 다니는 것을
내가 참을 수 있다고 생각하니? 이 차는 네 숙부가 나
를 위해서 사준 차라네. 그런데 이것을 팔다니, 꿈에도
생각할 수 없어. 아무튼 자네에게 주고 싶네. 아름다운
것의 가치를 알 수 있는 사람에게."

그래서 R씨는 상대의 마음을 상하지 않게 거절하려고
하였으나, 도무지 얘기를 꺼낼 수가 없었다. 넓은 저택
에서 오직 추억만을 되새기며 살아온 이 노부인은 그
동안 사사로운 칭찬에도 굶주려 있었던 것이다. 한때는
그녀도 젊고 아름다웠으며, 다른 사람들에게 화제를 일
으켰던 사랑의 집을 짓고, 유럽의 각지에서 사들인 물
건으로 방을 장식하였다. 그러나 지금은 늙어서 외로이
고독을 달래는 몸이 되다보니 남의 조그마한 진심과
칭찬에 매우 흐뭇해했다. 그럼에도 불구하고 그 동안
아무도 그렇게 해 주려고 하지 않았다. 그래서 그녀는
R씨의 이해성 있는 태도에 접하자마자 마치 사막 속에
서 오아시스를 발견한 기분으로 자신의 차를 꼭 선물
하고 싶었던 것이다.

다음 이야기는 뉴욕에 있는 루이스 앤드 발렌타인 조
경 회사의 정원사인 도널드 M. 맥마흔 씨의 이야기를
그대로 옮겨보겠다.

나는 강습회에서 〈사람의 움직이는 법〉의 강의를 들은 지 얼마 되지 않아서 어떤 유명한 법률가의 정원을 꾸미게 되었다. 그 집주인이 정원으로 나와서 나에게 철쭉꽃 심을 장소를 알려 주었다.

나는 그에게,

"선생님은 아주 즐겁겠습니다. 저렇게 훌륭한 개를 많이 키우시니. 매디슨 스퀘어 가든의 개 품평회에서 선생님의 개가 많은 상을 탔다지요?"

하고 친근하게 말했다. 그런데 이 찬사에 대한 그의 반응에 나는 무척 놀랐다. 주인은 무척 자랑스러운 듯이,

"여보게, 그건 정말 즐거운 일이었네. 어디 개집으로 가서 직접 보겠나?"

하며 나를 데리고 가서 1시간 이상이나 개 자랑을 늘어놓고, 그 개와 상패를 하나하나 보여주고 난 뒤 개의 혈통서까지 꺼내 와서는 자세히 설명해 주었다. 그뿐만 아니었다. 나중에는 우리 애가 강아지를 좋아한다는 것까지 알고 강아지 한 마리를 선물하겠다고 했다.

그는 강아지 키우는 요령을 설명하다가 잠시 생각하더니,

"설명만으로는 잊어버릴지 모르겠군. 내가 직접 종이에 적어주지."

라고 말한 뒤 집 안으로 들어갔다. 그리고 혈통서와 양육법을 적은 것과 100달러나 하는 강아지를 내게 줬다. 그 밖에도 귀중한 시간을 1시간 반이나 내게 할애해 주었다.

이것이 그의 취미와 그 성과를 칭찬한 나의 솔직한 찬

어느 나라 국민이든지 저마다 타국인보다 우수하다고 생각하고 있다. 그것이 애국심을 낳고 전쟁을 일으키는 원인이 되기도 한다.

사에 대한 그의 보답이었다.

코닥 사진기로 세계적으로 명성을 떨친 조지 이스트만은 소위 활동 사진에 쓰이는 투명 필름을 발명하여 거액의 부를 쌓은 굴지의 실업가였다. 그토록 대업을 성취한 사람도 역시 우리의 조그마한 찬사에 대단히 감격했다. 지금부터 세 번째인 그 이야기를 소개하겠다.

이스트만은 오래 전에 로체스터에 이스트만 음악 학교와 그의 어머니를 기념하는 극장인 길본 홀을 건축하고 있었는데, 뉴욕의 고급 의자 제작 회사의 제임스 아담스 사장은 이 두 개의 건물에 부착시킬 좌석의 주문을 따내고 싶었다. 그래서 아담스는 중개인인 건축가에게 연락을 취해서 이스트만과 로체스터에서 만나게 되었다.

약속한 장소에 아담슨이 도착하자, 건축가가 그에게 주의를 시켰다.

"사장님은 이 주문을 꼭 성사시키고 싶겠죠. 그러나 만약 사장님이 이스트만과 5분 이상 시간을 지체시킨다면, 성공 가능성은 희박하다고 보아야 합니다. 이스트만은 무척 까다롭고, 또 무척 바쁜 사람이므로 재빨리 얘기를 마무리지어야 합니다."

아담슨은 그가 시킨 대로 하리라 마음먹었다. 사무실로 안내를 받았을 때, 이스트만은 책상 위 산더미같이 쌓인 서류에 온 정신을 쏟고 있었다. 잠시 후 이스트만은 얼굴을 들고 안경을 벗은 다음, 아담슨 쪽으로 걸어와서 말을 건네었다.

"안녕하세요? 그런데 무슨 용건으로 나를 찾아왔습니까?"

그리하여 건축가의 소개로 인사가 끝나자, 아담슨은 이스트만에게 말했다.

"저는 아까부터 훌륭한 구도에 감탄만 하고 있었습니다. 이렇게 훌륭한 방에서 일하면 얼마나 좋으시겠습니까? 저는 실내 장식이 전문입니다만, 지금까지 이렇게 훌륭한 방을 본 적이 없습니다."

그러자 이스트만이 밝은 표정으로 대답했다.

"아, 그렇게 말씀하시니 이 방이 만들어졌을 때의 일이 생각납니다. 꽤 좋은 방입니다. 만들어진 그 당시엔 나도 무척 기뻐했습니다만, 최근에는 시간에 쫓겨서 몇 주간이나 이 방이 좋은 것도 잊어버린 채 지내는 일이 많답니다."

이 때 아담슨은 일어서서 벽에 걸린 그림의 판자를 쓰다듬으면서 말했다.

"이것은 영국산 떡갈나무로군요. 이탈리아산 떡갈나무와는 줄무늬가 좀 다릅니다."

"그렇습니다. 영국에서 직접 수입했습니다. 재목을 잘 아는 친구가 나를 위해서 골라준 것입니다."

이스트만은 방의 균형·색채·조각 들의 장식, 그 밖에 그 자신이 고안한 것 등 여러 가지를 아담슨에게 설명하여 주었다. 두 사람은 세밀하게 방의 구조를 찬찬히 둘러보다가 창가에서 멈추어서게 되었다.

이스트만이 조용한 어조로 겸허하게 사회 사업으로 자기가 세운 여러 시설에 대해서 이야기를 꺼내기 시작하였다. 로체스터 대학, 종합 병원, 동계의 요법 병원, 그리고 사장의 집, 아동 병원 등을 자세한 설명과 더불어 열거했다. 열심히 이야기를 듣고 난 아담슨은 이스트만이 인류의 고통을 덜어주기 위해서 행한 그의 업적을 진심으로 칭송하였다. 이어서 이스트만은 유리 상자를 열어서 그가 최초로 입수하였다는 사진기를 꺼내 들었다. 그것은 어떤 영국인한테서 사들인 발명품이었다.

분위기가 무르익자 아담슨은 이스트만이 장사를 시작하였을 무렵의 고생에 대해서도 질문을 하였다. 그러자 이스트만은 주저함도 없이 가난한 소년 시절을 회고하면서, 과부인 어머니가 허름한 하숙집을 경영하는 한편, 자기는 일급 50센트를 받고 어떤 회사에 근무했노라고 실감 있게 이야기하였다. 밤낮으로 빈곤의 공포에 시달리던 그는 어떻게 해서든지 가난을 극복하고, 어머니를 값싼 하숙집의 중노동에서 해방시켜야만 되겠다고 결심하였다고 했다.

다시 아담슨은 사진 건판 실험을 할 무렵의 이야기에 귀를 기울여야 했다. 하루 종일 사무실에서 일에 몰두했다는 것, 약물이 반응할 짧은 시간을 이용하여 수면을 취하면서 밤을 새워 실험을 했던 일, 때로는 72시간 동안 전혀 씻지도 않고 입은 옷 그대로 지냈다는 것 등, 이스트만의 이야기는 끝이 없었다.

의자 제작 회사의 제임스 아담슨 사장이 조지 이스트만의 방으로 들어간 것은 오전 10시 15분이었다. 건축가에게서 5분 이상 끌면 안 된다는 충고를 들었지만, 이미 시간은 2시간을 경과하고 있었다. 그래도 아직 이야기는 끝이 나지 않았다.

계속 이스트만은 아담슨에게 말하였다.

"지난번에 일본에 갔을 때 사온 의자를 뜰에 놓았습니다. 그런데 그만 그것이 햇볕을 받고 칠이 벗겨져서 최근에 페인트를 사와서 내가 직접 칠을 했습니다. 나의 페인트 솜씨가 어떤지 한번 보시겠습니까? 하지만 점심을 한 뒤에 보여드리기로 하죠."

이스트만은 점심 식사 후에 아담슨에게 의자를 보여주었다. 비록 한 개에 1달러 50센트를 주었다는 의자는 억만 장자에게는 전혀 어울리지 않는 초라한 것이었으나, 자기 스스로가 페인트칠을 했다는 것이 자랑스러운 모양이었다.

이제 독자 여러분은 9만 달러에 달하는 의자 주문이 누구에게 낙찰되었는가는 알아야 할 필요가 없다. 그때 이후 이스트만과 제임스 아담슨은 평생의 친구가 되었다.

우리들은 놀라운 효과를 나타내는 이 칭찬의 법칙을 먼저 자신의 가정에서 시험해 보아야 할 것이다. 왜냐하면 가정만큼 그것이 필요하는 곳이 없을 것이고, 또 가정만큼 그것이 등한시되는 곳이 없기 때문이다.

어떤 아내에게도 반드시 장점은 있다. 적어도 남편이 그것을 인정했기 때문에 결혼은 성립됐을 것이다. 그런데 당신은 아내의 매력을 칭찬하지 않은 지 얼마나 오래 되었는가?

나는 몇 년 전, 뉴 브런즈위크 주의 미라미치 강 상류까지 낚시질을 하러 간 일이 있었다. 캐나다의 넓은 수림 지대에서 깊숙이 오지로 들어가 캠프를 쳤다. 낚시

우리들은 놀라운 효과를 나타내는 이 칭찬의 법칙을 먼저 자신의 가정에서 시험해 보아야 할 것이다.

를 잠깐 접고 쉴 때 나는 갑자기 독서의 충동을 느꼈다. 그러나 읽을거리라고는 오직 한 장의 지방 신문뿐이었다. 그래서 나는 그것을 구석구석 광고에 이르기까지 빠짐없이 읽어 보았다. 그런데 기사 중에 도로시 디스크 여사가 쓴 글이 실려 있었다. 매우 좋은 기사였기 때문에 지금까지 가지고 있다. 그 내용에 의하면, 그녀는 신부보다도 신랑에게 다음의 교훈을 인식시켜야 한다고 했다.

능숙하게 입발림 소리를 할 수 있을 때까지는 결코 결혼해서는 안 된다. 독신으로 있을 동안은 여성을 칭찬하든 말든 그것은 자유이지만, 일단 결혼하게 되면 상대를 칭찬해 주는 것이 필수 조건이다. 이것은 자기의 안전을 위해서도 대단히 중요한 문제이다. 솔직한 발언을 하는 것은 금물이다. 결혼 생활은 외교와 같다.

만족스러운 일상 생활을 보내고 싶으면 결코 아내가 꾸려가는 가정 일에 대해서 비난하거나, 심술궂게 자기 모친과 비교해서는 안 된다. 그 반대로 언제나 살림하는 솜씨를 추켜주고, 재색 겸비의 이상적인 여자와 결혼하게 된 것에 대해 행복해함을 보여 주어야 한다. 비록 고기 요리가 쇠가죽처럼 굳어 있고, 밥이 검은 숯처럼 타 있어도 결코 잔소리를 해서는 안 된다. 그렇게 하다보면 자연스레 아내는 남편의 기대에 맞추려고 열심히 노력할 것이다.

하지만 이 방법은 갑자기 시작하면 좋지 않다. 그렇게 갑자기 하면 아내가 이상하게 생각한다. 우선 오늘 밤이나 내일 아침부터 그녀에게 꽃이나 과자를 선물로

사가지고 가서, 미소를 보이면서 부드러운 말씨로 한두 마디 걸어 본다. 이와 같이 실행하는 남편이나 아내가 늘어나게 되면, 세상의 이혼은 많이 줄어들 것이다.

여성에게 사랑을 받고 싶으면 위의 비결을 전수해 보라. 디스크 여사는 무려 23명이나 되는 여성의 사랑과 재산을 송두리째 가로챈 유명한 결혼 사기꾼과 인터뷰를 한 일이 있다. 그 장소는 형무소였는데, 여성에게 사랑을 받는 방법에 대해 묻자 그는 이렇게 대답하였다고 한다.

"어려운 일은 별로 아무것도 없습니다. 줄곧 상대의 이야기만 하면 됩니다."

이 방법은 남성에게도 효험이 있다. 만약 이 글을 읽는 독자가 여성이라면 다음 말을 기억하라.

"상대 남자의 얘기만 하라. 그러면 상대는 몇 시간이라도 귀를 기울이고 싫증을 내지 않을 것이다."

다른 사람으로부터 호감을 얻는 넷째 기술은 상대방을 진심으로 칭찬하는 일이다. 이 진심이 깃들인 칭찬은 헤아릴 수 없는 크나큰 위력이 있다.

여기까지 읽은 사람은 일단 책을 덮고 칭찬의 철학을 당신의 주위에 있는 사람에게 응용하여 보도록 하라. 그 효과는 정말 놀라울 것이다.

제3부

# 사람을 이해하고 설득하는 기술

첫째 기술

# 가능한 한 시비는 피하라

제1차 세계 대전 직후의 어느 날, 나는 런던에 있었는데, 거기에서 귀중한 교훈을 얻었다. 그 당시 나는 로드 스미스 경의 자문 역할을 맡고 있었다. 그는 대전 중에 팔레스타인과의 공중전에서 혁혁한 수훈을 세운 오스트레일리아의 용사로서, 종전 직후 단 30일 간에 걸쳐 세계의 반을 비행하여 세계를 놀라게 했던 인물이다.

그 무렵에 이것은 최초의 시도로 크나큰 화제를 불러일으켰다. 오스트레일리아 정부는 그에게 5만 달러의 상금을 주었고, 국왕은 그를 나이트(영국 작위의 하나)로 봉하여 대영 제국의 화제의 인물이 되었다. 다시 말해 그는 또 하나의 린드버그(미국의 비행가로 최초로 대서양 횡단 비행에 성공)가 된 셈이다. 어느 날 밤, 그를 위하여 개최된 연회에 나도 참석하였는데, 모두가 테이블에 앉아 있을 때 내 옆자리에 있던 사람이,

"인간이 먼저 손질을 하고 완성은 신이 한다."

라는 인용구에 관련되는 재미있는 이야기를 나에게 하였다.

그 사람은 이 말이 성서에 있는 문구라고 말하였다. 그러나 나는 우월감을 충족시키기 위해서 그의 잘못을 지적하는, 즉 미움받는 역할을 하게 되었다. 나는 셰익스피어에 나오는 문구라고 말했던 것이다.

"뭐라고요? 셰익스피어의 문구라고요? 그럴 리가 있습니까. 어리석은 얘기는 그만하시오. 분명히 성서에 있는 말이오. 이것만은 틀림없소."

그는 대단히 흥분해서 이렇게 단언했다. 그는 나의 오른쪽에 앉아 있었고, 왼쪽에는 오랜 친구인 프랭크 가몬드가 자리를 잡고 있었다. 가몬드는 오랫동안 셰익스피어를 연구했기 때문에 우리는 그의 의견을 듣기로 하였다. 가몬드는 쌍방의 주장을 듣고 있다가 테이블 밑으로 나의 발을 살짝 차면서 다음과 같이 말하였다.

"데일, 자네가 틀렸네. 저분의 말이 옳아요. 분명히 성서에 나온 말이네."

그 날 밤 나는 연회가 끝나고 돌아오는 길에 가몬드에게 말하였다.

"프랭크, 그건 셰익스피어의 말이 틀림없지 않은가! 자네도 잘 알고 있을 게 아닌가?"

"물론 그렇지, 《햄릿》 5막 2장에 나오는 대사지. 그러나 데일, 우리들은 점잖은 좌석에 초청받은 손님이었네. 왜 그의 잘못을 증명해야 한단 말인가? 그것을 증명하면 상대방에게 호감을 사나? 상대의 체면도 좀 생각해야 할 게 아닌가. 게다가 상대는 자네에게 의견을 구하지 않았잖은가. 자네의 의견 따위는 듣고 싶지 않

토론에 이기는 최선의 방법은 오직 한 가지밖에 없다는 결론에 도달하였다. 그것은 바로 가능한 한 시비를 피하는 것이다.

다는 거야. 굳이 시비할 필요는 없잖은가? 어떤 경우에도 모가 나는 일은 피하는 게 좋네."

하고 말을 끝내고는,

"어떤 경우에도 모가 나는 일은 피하는 게 좋다."

라고 말하여 주었다. 그는, 지금은 이 세상에 없지만, 그 교훈만은 지금도 나의 가슴 깊이 새겨져 있다. 나는 본래 토론을 너무나 좋아하는 편이어서 이 교훈은 내게 있어서 특히 필요했다.

나는 젊었을 때 모든 일에 대해서 형과 의견이 맞섰다. 대학에서는 논리학과 웅변을 연구하고 토론회에 참가하였다. 무척이나 캐고 따지는 것을 좋아해서 증거를 눈앞에 들이대기까지는 좀처럼 물러설 줄 몰랐다.

이러한 성격 탓이었는지 나는 뉴욕에서 토론과 변론술을 가르치게 되었다. 지금 생각하니 식은땀이 흐르지만, 그 방면의 책도 펴낼 계획을 세운 일도 있었다. 그후부터 나는 토론을 경청하고 비판하고 스스로 참가해서 그 효과를 지켜보았다. 그 결과, 토론에 이기는 최선의 방법은 오직 한 가지밖에 없다는 결론에 도달하였다. 그것은 바로 가능한 한 시비를 피하는 것이다. 마치 폭서나 지진을 피하듯이 시비를 피하는 것이다.

시비는 대부분 예외 없이 서로 자기가 옳음을 확신시키고 끝나 버리는 것이 통례이다. 시비에 이긴다는 것은 불가능하다. 만약 비록 이겼다고 하더라도 역시 진 것이고, 비록 이겼다고 하더라도 역시 진 것이다. 왜냐하면 설령 상대를 여지없이 때려눕혔다 하더라도, 그 결과는 자기도 상처를 입기 때문이다. 또한 때려눕힌 쪽은 의기 양양하겠지만, 마음 한구석에는 상대의 패배로 인한 부정과 원한과 저주 등으로 괴로움 및 두려움을 느낄 것이고, 공격을 당한 쪽은 열등감을 가지고 자존심이 상해 분개할 것에 틀림없다.

'인간은 억지로 설득을 당해도 수긍은 하지 않는다.'

벤 상호생명보험회사에서는 판매원의 수칙 요령으로 다음과 같은 방침을 확립하였다.

'시비하지 말 것.'

참다운 판매원의 자격은 잘잘못을 따지는 데 있지 않다. 시비란 말조차도 소용이 없다. 사람의 마음은 시비를 따져서는 바꿀 수가 없다.

여기 또 하나의 좋은 예가 있다. 나의 강습회에 패트릭 J. 오헤아라는 시비를 좋아하는 아일랜드 사람이 참가하였다. 그 사람은 교양은 별로 없는데 토론을 좋아했다. 전에는 자가용 운전사였던 사람이었다. 그는 트럭 세일즈를 해 보았으나 잘 되지 않아서 강습을 받으로 왔다고 했다. 그에게 두세 가지 질문을 해 보니 항상 손님에게 시비를 퍼붓거나 역정을 냈다는 것이 밝혀졌다. 그리고 토론을 하면 대개 상대에게 이겼다. 그는 다음과 같이 술회하고 있다.

"토론이 끝나고 상대의 사무실에서 나올 때 나는 혼자말로 '어때요, 역시 내게 졌지요.' 라고 중얼거렸습니다. 확실히 상대를 한 대 먹인 것은 틀림없었으나 트럭은 한 대도 못 팔았습니다."

따라서 내가 해야 할 일은 패트릭에게 대화의 요령을 가르치는 것이 아니라, 먼저 침묵을 지키게 하여 시비를 하지 않도록 만드는 것이었다.

그는 훗날 뉴욕의 화이트 모터 회사에서 일류 세일즈

시비에 이긴다는 것은 불가능하다. 만약 비록 이겼다고 하더라도 역시 진 것이고, 비록 이겼다고 하더라도 역시 진 것이다.

맨으로 활동하고 있다. 그는 성공의 요령을 다음과 같이 말했다.

"화이트 트럭 말이오? 그건 못 쓰겠소. 거저 주어도 거절하겠소. 산다면 후즈이트 트럭을 사겠소."
라고 말했다고 하자. 그럼,

"아, 옳은 말씀입니다. 후즈이트의 트럭이 물론 좋습니다. 그 차를 사시면 틀림이 없습니다. 회사도 훌륭하고 판매원도 모두 우수하니까요."
라고 말하게 되면 상대는 아무 말도 할 수 없을 것이다. 그것은 시비의 여지가 없기 때문이다. 상대가 후즈이트의 차가 가장 좋다고 말하고, 세일즈맨도 그렇다고 대답하니 상대에게는 할 말이 있을 수가 없다. 세일즈맨이 동의하고 있는데 더 이상 후즈이트가 가장 좋다고 하루 종일 되뇌일 필요는 없다. 그런 후에 화이트 회사의 트럭의 장점에 대한 얘기를 끄집어내는 것이다.

지난날의 나 같으면 이런 얘기를 듣기만 해도 당장에 울컥 화가 치밀어서 후즈이트의 편을 들게 된다. 그쪽 편을 들고 있는 동안에 더욱더 그 제품을 좋게 생각되는 것이다.

지금 돌이켜 생각해 보건대 그런 식으로 장사를 했어도 용케도 견디어 냈다고 나 스스로가 이상하게 생각할 정도이다. 나는 오랫동안 시시비비를 가림으로써 손해를 보고 있었다. 그러나 지금은 굳게 입을 다물고 있다. 덕분으로 장사는 번창하고 있다.

벤자민 프랭클린은 다음과 같이 말했다.

"시비를 하거나 반박을 하면 상대를 이길 수도 있다.

그러나 그것은 헛된 승리이다. 왜냐 하면 상대의 호의는 절대로 얻어낼 수가 없기 때문이다."

깊이깊이 잘 생각해 보라. 이론적으로 투쟁을 하여 화려한 승리를 얻는 것이 좋은가, 아니면 상대의 호의를 얻는 것이 좋은가.

이 두 가지는 좀처럼 양립하지 않는다. 〈보스턴 트랜스크리프트〉지에 흥미 있는 시가 실려 있었다. 그 의미는 상당히 시사하는 바가 크다.

여기에 윌리엄 주가 영원히 잠들다.
올바르고 또 올바른 길을 걷다가 잠들다.
올바르지 않은 길을 걸은 자와 같이 잠들다.

제아무리 올바른 시비를 한다고 해도 상대방의 마음은 변치 않는다. 그것은 올바르지 않은 시비를 하는 것과 전혀 다를 바가 없기 때문이다.

윌슨 내각의 재무장관인 윌리엄 G. 맥도바는 오랜 정치 생활에서, '무지한 인간도 시비를 이기기는 불가능하다'는 것을 깨달았다고 말하고 있다. 나의 경험으로 보면 무지한 인간뿐만 아니라, 어떠한 인간도 시비는 먹혀들지 않는다고 생각한다.

소득세 고문을 맡고 있는 프리데릭 S.파슨스라는 사람이 세무 감사원과 1시간에 걸쳐서 토론을 벌이고 있었다. 그런데 9천 달러의 한 항목이 문제가 되었다. 파슨스의 주장은 도산을 할 지경이어서 도저히 회수가 불가능하니, 이 9천 달러는 빚으로 과세 대상이 되어서는 안 된다는 것이었다.

참다운 판매원의 자격
은 잘잘못을 따지는
데 있지 않다. 시비란
말조차도 소용이 없다.
사람의 마음은 시비를
따져서는 바꿀 수가
없다.

"뭐라고요? 빚으로 도산을 했다고. 홍, 말도 안 되는
소리. 그건 당연히 과세 대상이 됩니다."

감사원은 자기 주장을 굽히지 않았다. 파슨스는 그 때
의 대화 내용을 나의 강습회에서 공개하였다.

그 감사원은 냉혹할 뿐만 아니라 오만하고 완고해서,
아무리 이유를 설명하고 사실을 조목조목 설명해도 전
혀 받아들이지 않았습니다. 더욱이 시비를 하면 할수록
더 심했습니다. 그래서 나는 시비를 그만두고 화제를
바꾸어서 오히려 상대를 칭찬하기 시작했습니다.

"당신의 일은 정말 힘들겠어요. 이런 문제는 아주 사
소한 일이겠지만, 보다 중요하고 어려운 일을 하고 있
겠지요. 그 동안 나는 어떤 필요에 의해 조세 공부를
하고 있습니다만, 그것은 책에서 얻은 지식에 불과합니
다. 하지만 당신은 실제 경험에서 지식을 얻고 있군요.
나도 당신과 같은 일을 맡게 되면 좋았을 것이라고 생
각합니다. 틀림없이 배울 점이 많을 것입니다."

라고 말하였으나 나의 본심은 아니었습니다.

그랬더니 감사원은 의자를 다시 고쳐앉더니, 자랑스럽
게 자기의 직업에 대해서 긴 얘기를 늘어놓기 시작하
였고, 자기가 적발한 교묘한 탈세 사건의 이야기를 하
다 보니, 그 어조도 점점 부드러워져 갔습니다. 나중에
는 자기 아들의 얘기까지 해 주었습니다. 그리고 돌아
갈 즈음에 그는 문제의 항목을 좀더 생각한 다음에 2,3
일 내로 회답하겠다고 말하였습니다.

사흘이 지난 후, 그는 나의 사무실에 찾아와서 과세
대상에서 제외되었다고 말했습니다.

이 감사원은 인간의 가장 보편적인 약점을 드러내고 있다. 파슨스 씨와 논쟁을 하는 동안에 자기의 권위를 행사함으로써 중요성을 과시하고 싶었던 점이다. 그런데 상대로부터 자기의 중요성이 인정되자, 논쟁은 중지되고 즉시 친절미 넘치는 인간으로 변했던 것이다.

나폴레옹의 집사인 콘스탄트는 황후 조세핀과 자주 당구를 쳤다. 그가 쓴 《나폴레옹의 사생활 회고록》에는 다음과 같은 그의 고백이 씌어져 있다.

"나의 당구 솜씨는 상당한 것이었지만, 황후에게는 항상 양보하였다. 황후한테는 그것이 매우 기뻤던 모양이다."

그런데 이 고백은 귀중한 교훈을 내포하고 있다. 손님이나 애인, 또는 남편이나 아내와 말다툼을 하는 일이 생겼을 경우, 승리를 상대에게 양보하는 것이 좋다. 부처님께서 말씀하시기를,

"미움이 미움으로써는 영원히 사라지지 않는다. 사랑을 가져야 비로소 사라진다."

오해는 논쟁만으로 결코 해결되지 않는다. 임기 응변과 외교성 및 위로, 그리고 상대의 입장에서 동정적으로 생각하는 친절을 보여주어야만 비로소 해결된다. 링컨은 동료와 싸움질만 하고 있는 청년을 나무란 적이 있었다.

"자기 향상을 염두에 두고 있는 사람은 시비를 할 여지가 없다. 더욱이 시비의 결과는 마음이 불쾌해지거나 자제심을 잃어버릴 뿐이다. 아무리 중대한 일이라도, 자신에게 5퍼센트의 타당성이 있다 해도 상대에게 양보하는 것이 좋다. 골목에서 개를 만나면 권리를 주장

시비를 하거나 반박을 하면 상대를 이길 수도 있다. 그러나 그것은 헛된 승리이다. 왜냐 하면 상대의 호의는 절대로 얻어낼 수가 없기 때문이다.

해서 물리치기보다는 길을 양보하는 것이 현명한 것처럼, 비록 개를 죽였다 한들 상처는 쉽게 아물지 않는다."

사람을 이해하고 설득하는 첫째 기술은 가능한 한 시비를 피하는 일이다. 시비에 이기는 것은 불가능하다. 만약 시비에 지게 되면 바로 진 것이며, 비록 이겼다 하더라도 역시 진 것임을 명심하라.

둘째 기술

# 상대의 잘못을 곧바로 지적하지 말아라

루스벨트가 대통령이 되었을 때 어느 좌석에서, 내가
생각하는 일의 100가지 중에서 77가지만 옳으면, 나로
서는 더 바랄 것이 없다고 말하였다. 20세기의 위대한
인물이 이런 말을 했을 정도라면 우리같이 평범한 사
람들은 도대체 어느 정도일까?

자기가 생각하는 것이 55퍼센트까지 옳다고 자신을
가지고 있는 사람은, 월 가(街)로 가서 하루에 백만 달
러를 벌어들이고, 요트를 사고 절세 미인과 결혼할 수
가 있다. 그러나 55퍼센트에 자신이 없다고 한다면 다
른 사람의 잘못을 지적할 자격은 이미 없다.

더욱이 눈짓이나 말씨, 그리고 몸짓에서 상대의 잘못
을 지적할 수가 있지만, 이것은 분명히 상대방을 욕하
는 것과 다름이 없다. 그렇다면 상대방의 잘못을 무엇
때문에 지적하는가?

상대의 동의를 얻기 위하여? 천만의 말씀이다. 오히려

다른 사람을 설득하고
싶으면 상대가 눈치채
지 않게 교묘하게, 가
르치지 않는 척하면서
도 은근히 가르치고,
상대가 모르는 일은
깜빡 잊었을 것이라고
추켜준다.

상대는 자기의 지능이나 판단, 그리고 자존심에 뺨을 얻어맞고 있는 것이다. 잘못을 인정할 까닭이 없다. 아무리 플라톤이나 칸트의 논리를 적용하여도 상대의 의견은 변하지 않는다. 그것은 상처를 입은 것은 논리가 아니고 감정이기 때문이다.

"그럼 당신에게 그 이유를 설명하겠소."

가능한 한 이러한 서두는 피해야 한다. 이것은 바로 이렇게 말하고 있는 것과 다름없다.

"나는 당신보다 머리가 더 좋다. 그러니 당신의 그 생각을 고쳐 주겠다."

그야말로 도전적인 말이다. 상대에게 반항심을 불러일으키고 전투를 준비시키는 것과 같다.

다른 사람의 생각을 바꾸는 것은, 가장 좋은 조건 아래에서도 참으로 어려운 일이다. 그런데 왜 조건을 악화시키는가. 이는 스스로 손발을 묶어 놓은 것과 다름이 없지 않은가.

다른 사람을 설득하고 싶으면 상대가 눈치채지 않게 교묘하게, 가르치지 않는 척하면서도 은근히 가르치고, 상대가 모르는 일은 깜빡 잊었을 것이라고 추켜준다. 이것이 바로 비결이다.

체스터필드 경(1694~1773 : 영국의 정치가이자 외교관)이 그의 아들에게 준 교훈 속에 다음과 같은 구절이 있다.

"될 수 있으면 다른 사람보다 현명해져라. 그러나 그것을 남이 알게 해서는 안 된다."

내가 20년 전에 믿고 있었던 일이 지금은 거의 모두 믿지 못하게 되었다. 아직까지 믿고 있는 것은 단 한 가지 구구법뿐이다. 그런데 아인슈타인의 저서를 읽고 나서는 그 구구법조차도 의심이 생기게 되었다. 이후 20년이 지나면 이 책에서 주장하고 있는 것마저 믿지 않게 될지도 모른다.

지금의 나는 이전과 달리 모든 일에 확신을 가질 수가 없게 되었다. 소크라테스는 제자들에게 다음과 같이 말하였다.

"오직 나는 한 가지밖에 모른다. 그 한 가지 것은, 나는 아무것도 모른다는 사실이다."

나는 나 자신이 아무리 잘났다 하더라도 소크라테스보다 현명할 리 없다. 그래서 다른 사람의 잘못을 지적하는 따위의 흉내는 일체 하지 않기로 결심하였다. 이 덕분으로 나는 여간 이득을 본 것이 아니다. 만약 상대가 틀렸다고 생각했을 때는, 이렇게 서두를 꺼내는 것이 좋다.

"실은 나는 그렇게 생각하지 않았습니다만, 내가 틀렸을 수도 있겠습니다. 내 생각이 잘못되었다면 고치고 싶습니다. 다시 잘 생각해 봅시다."

'어쩌면 나의 잘못일 겁니다. 나는 자주 틀립니다. 다시 한 번 잘 생각해 봅시다'라는 문구는 이상하리 만큼 효력이 있다. 이에 대해서 반대하는 사람은 결코 없을 것이다.

이것은 또한 과학적인 방법이기도 하다. 북극 탐험가로서 유명한 과학자인 스토퍼슨은 1년간 물과 고기만으로 북극 생활을 견디었는데, 나는 그 탐험가로부터 어떤 실험 얘기를 들은 적이 있다. 그래서 이 실험으로 무엇을 증명하려고 했는지 물으니, 그는 다음과 같이

될 수 있으면 다른 사람보다 현명해져라. 그러나 그것을 남이 알게 해서는 안 된다.

대답했다.

"과학자는 아무것도 증명하려고 하지 않습니다. 오직 사실을 발견하려 할 뿐입니다."

아직도 나는 이 과학자의 말이 잊혀지지 않는다. 우리들도 이처럼 과학적으로 사물을 생각하면 어떨까. 자신만 노력하면 된다.

'어쩌면 그것은 나의 잘못일 것입니다.'

라고 말하면, 귀찮은 일이 생겨날 염려는 결코 없다. 오히려 그것으로 시비가 종결되고, 상대도 관대해지며 공정한 태도를 취하고 싶어할 것이다. 더 나아가 자기가 틀렸을지도 모른다고 반성하게 된다.

분명히 상대가 틀렸을 때, 그것을 노골적으로 지적하면 어떤 사태가 일어나는가? 그 좋은 본보기를 보자.

뉴욕의 젊은 변호사인 S씨가 미국 최고 재판소의 법정에서 변론을 하고 있었다. 그 사건에는 상당한 거액의 돈이 중요한 법률 문제와 함께 포함되어 있었다. 논쟁 중에 재판관이 S씨에게 물었다.

"해사법에 의한 기한의 규정은 6년이지요?"

이에 S씨는 한참 동안 잠자코 재판관의 얼굴을 쳐다보고 있다가 대답했다.

"해사법에는 기한의 규정이 없습니다."

"그 때의 상황을 S씨는 나의 강습회에서 이렇게 말했다.

"순간, 법정은 물을 끼얹은 듯 조용해지고, 차가운 공기가 감돌았다. 내 말이 옳았고, 재판관이 틀렸다. 나는 그것을 지적했을 뿐이다. 그러나 상대는 그것으로 내게 호의를 가졌는가? 나는 지금도 내가 옳았으며 그 때의 변론도 좀처럼 드문 성과였다고 믿고 있다. 하지만 상대를 납득시키는 힘은 전혀 없었다. 다만 재판관의 잘못을 지적하여 수치를 주었다는 큰 실책을 저질렀을 뿐이다."

이치만 따라서 움직이는 인간은 거의 없다. 대부분의 사람은 편견을 가지고 선입감·질투·시기심·공포심을 비롯해 뒤틀린 마음과 자부심 등에 침식당하고 있다. 그리고 자기들의 사상이나 종교나 머리 깎는 법, 또는 클라크 케이블이 좋다든가 싫다는 생각을 좀처럼 바꾸려 하지 않는다. 만약 남의 잘못을 지적하고 싶다면 다음의 문장을 읽고 난 다음에 하는 것이 좋다. 이것은 제임스 하베 로빈슨 교수의 명저 《정신의 발달 과정》의 한 구절이다.

흔히 우리들은 별로 그렇게 심한 저항을 느끼지 않고 자기의 사고 방식을 바꾸는 경우가 있다. 그런데 다른 사람으로부터 잘못을 지적당하면 화를 내고 고집을 부린다. 우리들은 여러 가지 동기에서 갖가지 신념을 갖게 된다. 그러나 그 누군가가 갑작스레 바꾸려 하면 우리들은 고집스럽게 반대한다. 이 경우 우리가 중시하는 것은 분명히 신념 그 자체가 아니며, 위기에 처한 자존심이다. '나의'라는 단순한 말이 실은 이 세상에서 가장 중요한 말이다. 나의 식사, 나의 개, 나의 집, 나의 아버지, 나의 나라, 나의 하느님…… 그 다음 무엇이 이어지든지 '나의'라는 말에는 강력한 의미가 담겨져 있다. 우리들이 자기 자신이 소유하고 있는 것, 즉 시계

소크라테스는 제자들에게 다음과 같이 말하였다.
"오직 나는 한 가지밖에 모른다. 그 한 가지 것은, 나는 아무것도 모른다는 사실이다.

이든 자동차이든, 혹은 천문·지리·역사·의학 등의 지식이든, 그것이 욕을 먹게 되면 한결같이 화를 낸다. 우리들은 한번 진실이라고 믿어 온 것을 언제까지나 믿고 싶다. 그 신념을 끝까지 흔들어 놓는 처음의 신념을 물고늘어지려고 한다. 결국 우리들의 논의는 대개의 경우, 자기 자신의 신념을 고집하기 위한 과정에 지나지 않는 경우가 많다.

나는 언젠가 실내 장식가에게 방 안의 덮개를 만들게 한 일이 있었다. 청구서가 도착했을 때 난 그만 당황하고 말았다. 생각보다 너무 비쌌기 때문이다. 수일 후, 어떤 부인이 내게 찾아와서 그 덮개를 보았다. 내가 그 값을 말해 주자 그녀는 마치 조소하는 듯한 어조로 말했다.

"아, 예상 외의 값이군요. 돈을 많이 벌어놓으신 모양이죠?"

그 부인이 비아냥거리는 것은 당연했다. 그러나 자기의 어리석음을 폭로할 때, 좋아하며 귀를 기울이는 사람은 거의 없다. 역시 나도 애써 자기 변호를 하였다. 싼 것은 그 값을 한다느니, 고급 예술품은 특별 가격보다도 더욱 비싼 것이 당연하다는 말을 늘어놓았다.

다음날, 다른 부인이 찾아와서는 그 덮개를 보더니, 그것을 칭찬하고 자기도 돈만 있으면 꼭 사고 싶다고 수선을 떨었다. 그것에 대한 나의 반응은 앞서와는 전혀 달라져 있었다.

"실은 이런 물건을 살 능력이 내게 없습니다. 주문하지 않았더라면 하고 후회하고 있답니다."

자기의 잘못을 제 스스로가 시인하는 일도 흔히 있다.

또 그것이 다른 사람으로부터 지적된 경우, 상대의 처사가 부드럽고 친절하면 깨끗이 머리를 숙이고, 오히려 자기의 솔직함을 자랑으로 느끼는 일도 있다. 그러나 상대가 그것을 자꾸 우겨대면 그렇게 되지 않는 법이다.

남북 전쟁 당시 전국에 이름을 떨친 호라스 그릴리라는 편집장이 있었다. 그는 링컨의 정책에 강력하게 반대했다. 그의 주장은 조소나 비난 따위의 기사에 의하여 링컨의 생각과 주장을 바꾸려고 몇 년 동안이나 계속되었다. 그는 링컨이 부즈의 흉탄에 쓰러진 날에도 링컨에 대한 불손하기 짝이 없는 인신 공격을 그치지 않았다.

그렇게 하여 효과가 있었던가? 물론 없다. 조소나 비난으로 생각을 바꿀 수는 없는 것이다.

독자들은 사람을 다루는 법과 자기 인격 연마 방법을 알고 싶다면 벤저민 프랭클린의 자서전을 읽으면 좋다. 읽기 시작하면 곧 몰두하게 될 것이다. 그리고 그것은 미국 문학의 고전이기도 하다.

이 책의 내용 중에서 프랭클린은 논쟁을 좋아하는 나쁜 버릇을 극복한 방법과 다른 사람의 충고를 들을 수 있었던 비결을 말하고 있다.

프랭클린이 혈기가 왕성하던 청년 시절에 그의 친구인 퀘이커(17세기 영국에서 일어난 기독교의 한 파)교도가 아무도 없는 곳에서 프랭클린에게 엄한 충고를 했다.

"벤, 너는 틀렸어. 서로 의견이 다르다는 이유 하나로 마치 싸울 듯이 시비를 벌이다니. 그것이 실망스러워서

대부분의 사람은 편견을 가지고 선입감 · 질투 · 시기심 · 공포심을 비롯해 뒤틀린 마음과 자부심 등에 침식당하고 있다.

너의 의견을 듣는 사람이 아무도 없지 않은가? 친구들은 네가 차라리 옆에 없는 것이 좋다고 하네. 너는 자기 자신이 만물 박사인 양 착각하고 있어. 그러니 아무도 너와는 말을 하려고 하질 않아. 왜냐 하면 너와 얘기를 하면 불쾌해질 뿐이니까. 그렇게 되면 너의 지식은 지금 이상으로는 발전할 가능성이 없어. 지금의 보잘것없는 그 지식 이상으로는 말이다."

이와 같이 강경한 비난을 순순히 받아들인 것이 프랭클린의 위대한 점이다. 이 친구의 충고대로 지금 자기는 파멸의 깊은 밑바닥을 향하여 나아가고 있다고 깨달은 것이, 바로 그가 위대하고 현명한 점이다. 그는 그때부터 변했다. 종래의 오만하고 완고한 태도를 즉시 바꿔 새로운 행동을 취했다.

그 때의 일을 프랭클린은 이렇게 말하고 있다.

"그 친구의 충고로 나는 남의 의견에 정면으로 반대하거나 나의 의견을 단정적으로 말하지 않기로 하였다. 결정적인 것을 의미하는 그런 말, 이를테면 '확실히'라든가, '틀림없이'와 같은 말은 일체 사용하지 않고, 그 대신에 '저는 이렇게 생각합니다만……'라든가, '저도 그렇게 생각합니다만……'이라고 말하기로 했다. 상대방이 잘못된 주장을 하여도 그것을 반대하거나, 상대의 잘못을 지적하지 않았다. 그리고 '그러한 경우도 있습니다. 하지만 이 경우는 좀 사정이 다르게 생각되는데……' 하는 식으로, 지금까지보다도 겸손하게 내 의견을 말하니 상대는 곧 납득을 하고 반대하는 사람도 적어졌다. 나의 잘못을 인정하는 것이 그렇게까지 고통스럽지 않게 되었으며, 또 상대의 잘못을 보다 더 쉽게 인정시킬 수 있게 되었다. 처음 이 방법을 시작하였을 무렵에는 나의 성질을 억제하는 데 크나큰 고통을 느꼈다. 그러나 곧 그것을 극복하게 되었으며, 몸에 배인 습관이 되어 버렸다. 아마 지난 55년 동안 내가 독단적인 말을 내뱉는 것을 들은 사람은 아무도 없을 것이다. 새 제도의 설정이나 구 제도의 개혁을 제안하면 모두가 즉각 찬성하여 준 것도, 또한 시의회 의원으로 하여금 시의회를 움직일 수 있었던 것도, 주로 나의 제2의 천성이 되어 버린 이 방법 덕분이라고 생각한다. 나는 애당초 말재주가 없었으므로 결코 달변가라고는 할 수가 없었다."

이러한 프랭클린의 방법이 과연 사업에도 도움이 되는지 다음을 살펴 보자.

뉴욕의 리버티 가에서 유지제품 관계의 특수 장치를 판매하는 F.J.마하니 씨의 이야기이다.

그는 롱 아일랜드의 단골로부터 주문을 받았다. 상대방에게 청사진을 보이고 훌륭하다는 결론이 나와서 그 장치의 제작에 착수했다. 그런데 뜻밖의 문제가 생겼다. 그것을 사려고 단골이 장치 얘기를 친구들에게 하자, 그들은 그 장치에게 어떤 결함이 있다고 말하였던 것이다. 그래서 그는 터무니없는 물건에 속아넘어갔다고 생각하고, 그 장치가 너무 넓다든가 짧다든가, 이러쿵저러쿵 온갖 불평을 해댔다. 그리고 끝내는 제작 중인 주문품을 받아들일 수가 없다고 말하였다.

마하니 씨는 그 때의 상황을 다음과 같이 자세하게 말하였다.

우리들의 논의는 대개
의 경우, 자기 자신의
신념을 고집하기 위한
과정에 지나지 않는
경우가 많다.

나는 그 제품을 하나하나 재검토하여 틀림이 없다는 것을 확신하였다. 사는 사람이나 그 친구들의 이야기는 전혀 엉뚱한 것이었지만, 지금 그것을 당장 말해 버리면 만사가 끝장이 날 것이라고 생각하였다. 그래서 나는 그를 만나기 위해 롱 아일랜드로 찾아갔다. 그런데 그의 사무실로 들어서자마자 그는 몹시 험한 표정으로 냅다 소리쳤다. 상대방은 흥분한 나머지 당장이라도 덤벼들 듯했다.

실컷 화를 낸 뒤 그는,

"자, 이제 어떻게 하겠소?"

라고 불쑥 내뱉었다. 나는 조용히 말했다.

"그렇다면 당신이 말하는 대로 합시다. 돈을 당신이 지불하는 것이니 당연히 원하는 물건을 사야겠지요. 그러나 누군가가 이 책임을 지지 않으면 안 됩니다. 만약 당신이 옳다고 생각한다면 새로운 설계도를 내놓아 주십시오. 지금까지 나는 2천 달러를 투자했는데, 나는 당신을 위해서 기꺼이 그 돈을 부담하겠습니다. 그러나 당신이 설계한 대로 했을 경우에 문제가 생기면 당연히 책임은 당신이 져야 합니다. 그러나 나의 설계대로 제작을 맡긴다면 계속해서 책임은 물론 내가 지겠습니다."

나의 말이 끝나자 그의 흥분은 어느 정도 가라앉아 있었다.

"좋습니다. 당신이 말한 대로 하시오. 그러나 만약 당신의 설계가 틀렸다면 손해 본다는 것을 각오하시오."

결국 그는 이렇게 말하였다. 그 후 나의 제작은 틀림이 없었고, 그 단골 손님은 계속해서 같은 장치를 2개

더 주문해 왔다.

그러나 그 때 내가 그 사람으로부터 받은 모욕은 엄청난 것이었다. 심지어 그는 나에게 풋내기라고 말했다. 시비하지 않기 위해서 참는 것은 힘든 일이다. 그러나 참았던 만큼의 보람은 있었다. 만약 그 때 내가 그와 똑같이 화를 냈더라면 어떻게 되었을까? 아마 소송으로 발전하여 괴로워하고 엄청난 손해를 입은 끝에 중요한 고객을 잃는 결과가 되었을 것이다. 나는 상대의 잘못을 따지는 것으로는 하등의 이익도 생기지 않는다는 것을 확신한다.

한 가지 다른 예를 더 들어 보자.

뉴욕의 가드너 W.테일러 목재회사의 세일즈맨 R.U.크로레는 몇 해 동안 거래처의 완고한 목재 검사자들을 상대로 시비를 하고, 그 때마다 상대를 윽박지르곤 하였다. 하지만 결코 좋은 결과는 얻어지지가 않았다. 크로레의 주장에 의하면 목재 검사자들은 야구의 심판관과 같아서 한번 결정을 내리면 결코 번복하지 않는다고 한다.

항상 그는 논쟁에는 이겼으나, 그 때문에 회사는 5천 달러의 손해를 입었다. 그러나 그는 나의 강습회에 참가한 뒤, 시비는 일체 하지 않기로 결심하였다. 그래서 어떤 결과가 얻어졌는가, 강습회에서 그가 말한 체험담을 들어 보자.

어느 날 아침, 사무실의 전화 벨소리가 요란스럽게 울렸다. 얼마 전에 발송한 한 트럭 분량의 재목은 품질이

나는 상대의 잘못을 따지는 것으로는 하등의 이익도 생기지 않는다는 것을 확신한다.

나빠서 도저히 받을 수 없다는 단골 거래처로부터 온 전화였다. 지금 짐을 내리던 일을 중단하고 있으니 빨리 인수하러 오라는 것이다. 약 4분의 1을 하차시키고 나서야 검사계원이 목재의 절반 이상이 불합격품이라고 보고했기 때문에 이러한 사태가 일어났다는 것이다.

나는 급히 그 거래처로 달려가면서 가장 적절한 방법을 생각하여 보았다. 평소 같으면 이러한 경우에 목재에 관해 해박한 지식으로 등급 판정 기준에 대한 검사계원의 잘못을 지적했을 것이다. 그러나 이번에는 강습회에서 배운 원칙을 응용하여 보려고 생각하였다.

그 거래처에 내가 도착하자 구입계와 검사계가 잔뜩 화가 나서 당장에라도 덤벼들 기세였다. 나는 현장에 가서 재목을 모두 달라고 부탁하였다. 그러고는 합격품과 불합격품을 골라 따로따로 놓아 달라고 부탁하였다.

나는 검사계가 선별하는 것을 한참 동안 바라보면서 그의 방식이 지나치게 엄격하여 판정 기준을 잘못 적용하고 있음을 알 수 있었다. 문제의 재목은 백송재였지만, 그의 지식은 견목재에 한정되어 있었으므로, 백송재의 검사계로는 낙제라는 것도 알게 되었다. 백송재는 바로 나의 전문이었다. 그러나 나는 그의 방식에 대해서 구태여 이의를 제기하지 않았다. 나는 한참 동안 잠자코 그대로 보고 있다가, 차차 조금씩 불합격된 이유를 물어보기 시작했다.

그러나 이전처럼 상대의 잘못을 지적하는 태도는 결코 취하지 않고, 어떤 물건을 보내면 만족하게 받아들일 수 있느냐고 물었다. 또한 상대가 하는 대로 맡겨두고 협조적인 친절한 태로로 물었다. 그 동안에 상대의 마음도 누그러지고, 지금까지의 험악한 공기도 사라졌다. 내가 이따금 던지는 주의 깊은 질문이 상대에게 반성의 기회를 주었던 것이다. 어쩌면 자기가 주문한 등급 이상의 기준을 적용하고 있는지도 모른다는 반성을 하게 된 것 같았다. 바로 나도 그 점을 지적하고 싶었지만, 그런 내색은 조금도 보이지 않았다.

결국 조금씩 그의 태도가 달라졌다. 마침내 그는 사실 백송재에 대해서는 별로 경험이 없다고 솔직히 내게 말하면서, 재목의 하나하나에 대해서 묻기 시작했다. 나는 그 재목이 모두 지정된 등급에 합격했다고 설명하고 싶었으나, 그쪽에서 마음에 들지 않는 것은 어떠한 구애도 받지 않고 다시 가져가겠다고 말하였다.

그는 결국 내가 돌아온 뒤, 다시 한 번 검사를 하고 나서 목재 전량의 대금을 수표로 지불하였다.

이와 같이 상대의 잘못을 지적하지 않는다는 마음가짐이 150달러의 수익을 올렸을 뿐만 아니라, 그 밖의 금전으로 바꿀 수 없는 신의도 서로 교환할 수 있었다.

이 장에서 다루었던 사항은 결코 기발한 것이 아니다.

2000년 전에 예수는 이렇게 가르쳤다.

"속히 그대의 적과 화해하라."

상대가 어느 누구이든 시비를 해서는 결코 안 된다. 상대의 잘못을 지적하여 화가 나도록 하지 말고, 외교적 수완을 다소 사용할 필요가 있다. 기원전 2200년에 이집트의 왕 아크토이는 자식들에게 이렇게 가르쳤다.

"남을 설득시키려면 외교적인 사람이 되라."

상대가 어느 누구이든 시비를 해서는 결코 안 된다. 상대의 잘못을 지적하여 화가 나도록 하지 말고. 외교적 수완을 다소 사용할 필요가 있다.

사람을 이해하고 설득하는 둘째 기술은 상대의 잘못을 곧바로 지적하지 않아야 한다. 상대를 설득하고 싶으면 상대가 눈치채지 않게 가르치지 않는 척하면서도 은근히 가르치고, 상대가 모르는 일은 깜빡 잊었을 것이라고 추켜준다. 이것이 바로 그 비결이다.

셋째 기술

# 자기의 잘못을 솔직히 시인하라

한때 나는 뉴욕 시의 중심가에 살고 있었다. 내가 살
고 있던 집 바로 옆에 원시림이 있었다. 이 숲 속에는
봄이 되면 검은 딸기가 자그마한 흰 꽃을 가득 피운다.
다람쥐가 그 일대에 집을 만들어 놓고 새끼를 키우고
있었으며, 잡초는 말의 키만큼이나 자라 있었다.

이 원시림을 포리스트 공원이라고 부르는데, 이 숲의
모습은 아마 콜럼버스가 아메리카를 발견하였을 때의
숲과 별로 다르지 않을 것이다. 나는 렉스라고 부르는
포스턴 불독을 데리고 이 공원으로 자주 산책을 간다.
렉스는 사람을 잘 따르기 때문에 쇠줄과 입가리개를
달지 않고 데리고 갔다.

어느 날, 이 공원 안에서 경찰을 만났다. 이 경찰은 자
기의 권위를 과시하고 싶어서 안달이 나 있었던 것 같
다.

"개를 입가리개를 달지 않고 놓아 주다니 안 될 일입

니다. 법률에 위반되는 것을 모릅니까?"
라고 경찰이 소리를 질러서 조용히 대답했다.

"예, 잘 알고 있습니다. 그렇지만 저 개는 사람에게 해를 끼치지 않기 때문에 괜찮을 거라고 생각했습니다."

"뭐요, 생각했다고? 생각했다는 것은 무슨 뜻이오? 그렇게 생각하면 법률이 바뀝니까? 그리고 당신의 개가 다람쥐나 아이들을 물지 않는다고 누가 보장해요. 하지만 오늘은 처음이라 그대로 놔두겠지만 다음에 또 이런 일이 있으면 재판소까지 가야 해요."

나는 앞으로 조심하겠다고 순순히 약속하였다. 그리고 나는 그 약속을 지켰다. 그러나 얼마 후에는 개가 재갈을 싫어하고, 나 역시 구태여 억지로 끼우고 싶지 않았기 때문에, 그대로 전과 같이 데리고 다녔다. 한동안 아무 일 없이 지나갔다.

그런데 하루는 기어이 올 일이 오고야 말았다. 나와 렉스가 비탈길을 뛰어올라가자 난데없이 앞길을 막아서는 엄숙한 법의 수호자가 밤색 말을 타고 나타났다. 나는 당황했으나 렉스는 아무것도 모르고 똑바로 경찰 쪽으로 달려갔다. 기어코 사건은 터졌다. 나는 모든 것을 단념하고 경찰이 먼저 말을 꺼내기 전에 이야기를 했다.

"기어코 현행범으로 잡히고 말았습니다. 제가 나빴습니다. 뭐라고 할 말이 없습니다. 지난 주에 다시 이런 일이 있으면 벌금을 물어야 한다고 주의를 받았는데도 말인입니다."

"아, 그래요? 그러나 주위에 사람이 없을 때는 이런 작은 개 정도는 그냥 데리고 다니고 싶은 것이 당연하지요."

그의 음성은 차분하였다.

"그래도 법률은 법률입니다."

"그건 그렇지만, 이런 작은 개가 누구에게 해를 끼치 겠소?"

오히려 그는 나에게 동정적인 말을 하였다.

"아닙니다. 다람쥐라도 물지 모릅니다."

"그것은 당신의 지나친 염려입니다. 그럼 이렇게 하면 어때요? 언덕의 저쪽으로 데리고 가서 놓아 주시오. 그 렇게 하면 내 눈에도 띄지 않을 테니까요."

경관도 역시 인간이다. 자기의 중요성이 필요했던 것 이다. 그의 권위 의식을 만족시켜 주는 유일한 방법은 자기의 잘못을 인정하는 솔직함이다. 만약 내가 구실을 달고 변명하였다면, 결국 경관과 시비를 벌이게 되었을 것은 뻔하다.

나는 경관과 시비하는 대신에, 먼저 그쪽이 절대로 옳 고 내쪽은 절대로 나쁘다는 것을 시인했다. 그러자 서 로 양보하는 마음이 생겨났던 것이다. 이렇게 내가 상 대방의 입장이 되어 얘기를 나누자, 사건은 흐뭇하게 해결되었다.

나를 위협했던 이 경찰이 1주일 후에 보여 준 부드러 운 태도에는 누구나 놀랄 것이다.

자기의 잘못을 알았으면 상대가 비난하기 전에 솔직 히 스스로가 자기를 꾸짖는 편이 훨씬 낫다. 왜냐 하면 다른 사람의 비난보다는 스스로의 비판이 훨씬 마음 편하기 때문이다.

자기의 잘못을 깨달았으면 상대가 말하기 전에 먼저

자기의 잘못을 깨달았
으면 상대가 말하기
전에 먼저 자기가 말
해 버리는 것도 하나
의 요령이다. 그렇게
하면 상대는 더 이상
할 말이 없어진다.

자기가 말해 버리는 것도 하나의 요령이다. 그렇게 하면 상대는 더 이상 할 말이 없어진다.

그뿐만이 아니다. 상대방은 관대해지고, 잘못을 용서하는 태도로 나오게 될 것이다. 나와 렉스를 용서한 경찰과 같이 말이다.

상업 미술가인 페르디난드 E.위렌이 이와 같은 방법을 사용해서 성미가 까다로운 고객의 환심을 산 일이 있다.

"광고나 출판용 그림은 면밀하고 정확해야 하는 것이 무엇보다도 중요하다."

이렇게 위렌 씨는 전제하고 다음의 이야기를 시작했다.

미술 편집부의 사람들은 자기들이 주문한 일을 무턱대고 독촉하는 버릇이 더러 있다. 그러한 경우에는 사소한 잘못이 생기게 마련이다. 내가 알고 있는 미술 감독 중에 항상 사소한 잘못을 찾아내어 기뻐하는 사람이 있다.

나는 이 사람의 비평이 아니고 비평 방법이 비위에 거슬렸다. 최근에 나는 서둘러 한 일을 그에게 전달했다. 얼마 후에 자기 사무실로 빨리 오라는 전화가 그로부터 걸려왔다. 골칫거리가 생겼다는 것이다.

내가 예상한 대로 그는 잔뜩 얼굴을 찌푸리고 있다가, 나를 보자마자 마구 혹평을 가하기 시작했다. 평소에 생각하고 있던 자기 비평 방법을 이용할 기회가 찾아온 셈인 것이다. 그래서 먼저 나는,

"당신이 말한 것이 사실이라면 내가 잘못한 것이 틀

림없습니다. 더 뭐라고 할 말이 없습니다. 당신 일을 여러 해 동안 하면서도 이런 실수를 저질러 참으로 부끄러울 뿐입니다."

그러자 그는 당장에 태도를 바꾸었다.

"그건 그렇지만 그 정도는 괜찮습니다. 조금 안 좋기는 하지만."

그렇게 나오자 나는 즉각 답변했다.

"어떤 잘못이라도 잘못은 잘못입니다."

그러자 그는 또 뭐라고 말을 하려 했으나 나는 여유를 주지 않았다. 나는 매우 유쾌해졌다. 자기 비판을 하는 일이 난생 처음 있는 일이었으나, 해 보니 여간 흥미로운 것이 아니었다.

자기 비판을 하는 일이 난생 처음 있는 일이었으나, 해 보니 여간 흥미로운 것이 아니었다.

나는 계속해서 이렇게 제의했다.

"좀더 신중을 기했어야 했는데, 지금까지 당신에게 많은 도움을 얻고 있는 처지 아닙니까. 처음부터 다시 시작해야겠습니다."

"그렇게까지 수고를 끼칠 생각은 없어요."

그는 조금만 고쳐 주면 좋겠다고 말하였다. 내가 저지른 잘못으로 손해가 생긴 것도 아니고, 사소한 문제이니 그렇게 속을 태울 것도 아니라는 것이었다.

내가 줄곧 자기 비판을 하니까 상대방의 콧대가 꺾이고 만 것이다. 결국 나는 그에게 점심 식사 대접을 하고 이 사건은 끝났다. 그리고 헤어지기 전에 그는 수표와 함께 다른 일거리를 맡겼다.

어떤 바보라도 잘못된 일의 핑계쯤은 댈 수가 있다. 사실 바보는 대개 그런 짓거리를 곧잘 한다. 자기의 과실을 인정하는 것은 상대의 가치를 올리고 스스로도 자기의 솔직함에 기쁨을 느낀다. 그 예로서 남북 전쟁 당시 남군 총사령관 로버트 E. 리 장군의 전기에 기록된 미담 한 가지를 소개하겠다.

게티즈버그 전투에서 부하인 피게트 장군이 행한 작전 실패의 책임을 리 장군이 혼자서 짊어진 일이 있다.

피케트 장군의 돌격 작전은 서양의 전쟁사에서도 그 예를 찾아 볼 수가 없을 만치 치열했다. 피케트 장군은 용맹스런 군인으로 붉은 갈색 머리칼을 어깨에 닿을 듯 길게 늘어뜨린 모습이었다. 이탈리아 전선에서의 나폴레옹과 같이 그는 매일 전장에서도 열렬한 사랑의 편지를 썼다.

운명의 날 오후, 그는 모자를 비스듬히 쓴 모습으로 말에 올라타 진격을 시작하니, 그를 신뢰하는 부하들은 갈채를 아끼지 않았다. 그들은 군기를 바람에 나부끼며 총검을 번쩍이면서 속속 장군의 뒤를 따랐다. 참으로 용맹스런 광경이었다. 이 당당한 진군을 바라보고 있던 적진에서도 탄성의 소리가 울려 퍼졌다. 피케트 부대는 산을 넘어 물밀 듯이 진격해 들어갔다.

세미터리 리치에 도착하였을 때, 돌연 돌담 뒤에서 북군이 나타나 피게트 부대를 향해 일제히 사격을 퍼부어 왔다. 세미터리 리치 언덕은 순간적으로 총화의 바다가 되어 수라장으로 변하였다. 얼마 후에 피케트 군대의 지휘관 중에서 살아남은 장교는 한 사람뿐이었으며, 5천 명의 군사는 순식간에 5분의 1로 줄어들었다.

어미스데드 대장이 남은 병사들을 이끌고 최후의 돌격을 감행하였다. 돌담에 걸터앉아서 총검 끝에 모자를 얹고 큰 소리로 돌격! 돌격! 하고 외쳤다.

돌담을 뛰어넘고 적진 속으로 뛰어들어간 남군은 마침내 그들의 깃발을 세미터리 리치에 꽂는 데 성공하였다. 그러나 그것은 남군 세력의 모닥불 같은 가련한 절정이었다.

피케트의 돌격 작전은 현명하여 치열하고 용감 무쌍했지만 작전에서는 실패했다. 북군에게 이길 가망은 끝내 사라지고 말았다.

남부 연맹의 운명은 결정되었다. 완전히 의기를 상실한 리 장군은 그 때의 남부 연맹 대통령 제퍼슨 데이비스에게 사표를 제출하고, 자기보다도 젊고 유능한 인물을 임명할 것을 건의하였다. 만약 리 장군이 피케트 돌격 작전의 실패의 책임을 다른 사람에게 전가하려고 했다면 얼마든지 변명의 길은 있었을 것이다.

휘하의 사령관 중에서 그의 명령을 어긴 사람도 있었다. 기병대도 돌격 시간에 늦었고, 그 밖의 여러 가지 이유를 들 수 있었을 것이다.

그러나 책임을 전가하기에 그는 너무나도 고결한 인물이었다. 패배한 피케트 부대의 병사를 혼자서 전선으로 마중을 나간 리 장군은 한결같이 자기를 책망하였다. 숭고하리만치 철저한 태도였다.

그는 병사들을 향해서 사죄했다.

"이번 일은 모두가 나의 잘못 때문이다. 책임은 나 한 사람에게 있다."

이러한 말을 할 수 있을 만한 용기와 인격을 구비한 장군은 동서 고금의 전사를 통해서도 쉽게 볼 수 없을 것이다.

알버트 하버드는 매우 독창적인 작가로서 그만큼 국

민의 감정을 자극한 작가는 드물다. 그의 신랄한 문장은 몇 번이나 여론의 맹렬한 반격을 받았다. 그러나 그는 사람을 잘 다룰 줄 알았기 때문에 적을 자기 편으로 만들어 버리는 일이 흔히 있었다. 가령 독자로부터 혹독한 항의가 들어올 경우 그는 다음과 같은 답장을 보냈다.

'실은 나 자신도 그 문제에 대해서 크게 의문을 느끼고 있습니다.

어제의 나의 의견이 반드시 오늘의 나의 의견일 수는 없습니다. 귀하의 의견을 듣고 나의 뜻과 같음을 알았습니다.'

이런 식으로 자기를 낮추면 대개의 사람들은 아무 말도 할 수가 없게 된다.

자기가 옳을 때는 상대를 친절하고 교묘하게 설득해 보라. 또 자기가 잘못되어 있을 때―잘 생각해 보면 자기가 틀릴 경우가 놀랄 만큼 많은 법이다 ―는 재빨리 자기의 잘못을 시인하도록 하라. 그러면 예상 밖의 효과가 있을 것이다. 게다가 괴로운 변명을 하기보다는 잘못을 시인하는 편이 훨씬 유쾌할 것이다.

속담에도 '지는 것이 곧 이기는 것'이라고 하지 않던가.

사람을 이해하고 설득하는 셋째 기술은 자기의 잘못을 솔직히 시인하는 일이다. 자기의 잘못을 알았으면 상대가 비난하기 전에 솔직히 스스로가 자기를 꾸짖는 편이 훨씬 낫다. 왜냐 하면 다른 사람의 비난보다는 스스로의 비판이 훨씬 마음 편하기 때문이다.

넷째 기술

## 상대에게 상냥하고 친절하게 대하라

흔히 우리는 화가 났을 때 상대에게 마음껏 공격하고
나면 가슴이 후련해질 것이다. 그러나 공격을 당한 상
대방 쪽은 어떨까? 과연 호되게 당하고 나서 기분 좋
게 공격자의 뜻대로 움직여 줄까? 윌슨 대통령은 이와
같이 말했다.

"상대가 만약 주먹을 움켜쥐고 달려들면 나도 지지
않고 주먹을 움켜쥐고 맞선다. 그러나 상대가, '앞으로
주의합시다. 그러나 서로 만약에 의견의 차이점이 있으
면 그 이유나 문제점을 밝혀봅시다'라고 차분하게 말
하면, 의견의 차이는 생각보다 쉽게 해결할 수 있을 것
이다."

이 말을 어느 누구보다 잘 이해하고 있었던 사람은
존 D. 록펠러 2세였다. 1915년, 록펠러는 콜로라도 사람
들로부터 몹시 미움을 사고 있었다.

미국 산업사상 유례가 없는 대파업 사태가 2년에 걸

쳐서 콜로라도 주를 온통 뒤흔들어 놓았다. 그 무렵 임금 인상을 요구하던 록펠러 회사의 종업원들은 극도로 신경이 날카로워져 있었다. 회사의 건물이 파괴되는 등 시위가 격렬해지자 군대가 출동해서 마침내는 유혈 사태가 벌어졌다.

이와 같은 대립 격화의 소용돌이 속에서 록펠러는 어떻게든 상대방을 설득하고 싶다고 생각하였다. 그리고 결국은 훌륭하게 이루어 냈다.

그는 오랜 시간에 걸쳐 화해의 공작을 꾸민 후에, 파업 측의 대표자들을 모아놓고 연설을 했다. 이 연설은 한 점의 티도 없는 훌륭한 것이었으며, 그것은 뜻밖의 성과를 거두었다.

록펠러를 둘러싸고 아우성을 치며 증오에 불타던 인파를 진정시켰을 뿐만 아니라, 다수를 자기 편으로 만들었다. 록펠러는 이 연설에서 우정이 넘치는 태도로 차근차근 설득해 나갔다. 그러자 노동자들은 임금 인상에 대해서는 아무 말도 하지 않고 각자의 직장으로 복귀하였다.

록펠러는 바로 조금 전까지만 해도 자신을 목매달아 놓아도 시원치 않다고 생각하고 있었던 사람들을 상대로 지극히 우호적이면서도 상냥한 어조로 조용하게 말을 시작했다. 자선 단체에 대해서 연설을 한다고 해도 이만큼 친절하고 조용한 태로로 할 수는 없을 것 같은 태도였다.

그 당시 연설의 첫머리 부분을 인용하여 보자. 그것이 얼마나 우정이 넘치는가 잘 음미해 보기를 바란다.

"오늘은 특히 나의 생애에서 기념할 만한 날입니다.

우리 회사의 종업원 대표 및 간부 사원 여러분을 만나 볼 수 있는 기회를 얻었다는 것은 일찍이 나에게 없었던 행운으로 생각합니다. 그리고 나는 이 자리에 나오게 된 것을 대단히 자랑스럽게 생각합니다. 이 회합은 언제까지나 나의 기억에 오래도록 남으리라고 확신합니다. 만약 이 연설을 2주일 전에 했더라면 어쩌면 나는 극히 소수의 분들을 제외하고는 대부분의 사람들과는 인사도 못 했으리라 생각합니다.

지난 주에 나는 남광구를 방문하여 부재중이었던 분을 제외하고는 거의 모든 대표자 여러분과 개별적으로 이야기를 나누고, 또 여러분의 가정을 방문하여 가족들도 만나뵈었기 때문에, 우리들은 이미 서로가 전혀 알지 못하는 타인이 아닙니다. 다시 말해 우리는 친구로 만나고 있는 것입니다. 이러한 우리들 상호의 우정에 입각하여 우리들의 공통의 관심사와 이해에 대해서 여러분과 이야기를 나누고자 합니다.

오늘 이 회합은 회사의 간부 사원들과 종업원 대표 여러분들께서 이끈 것으로 알고 있습니다. 하지만 간부 사원도 아니고 종업원 대표도 아닌 내가 오늘의 이 자리에 나오게 된 것은 오로지 여러분들의 호의에 의해서 이루어진 것으로 생각합니다. 나는 간부 사원도, 그렇다고 종업원 대표도 아닙니다만, 주주와 중역의 대표자라는 의미에서 여러분과 밀접한 관계가 있다고 생각합니다."

이 연설이야말로 적을 자기 편으로 만드는 기술의 훌륭한 본보기라고 할 수 있다.

록펠러가 만약 다른 방법을 택해서 토론을 벌이고 회

사람들을 강제로 자기의 의견에 따르게 할 수는 없다. 그러나 상냥하고 친절한 태도로 얘기를 주고받으면 상대의 마음도 바꿀 수가 있다.

사 실정을 앞세워 모든 잘못은 노동자 측에 있다고 말하면서 우격다짐으로 주장을 한다든가, 또는 그들의 잘못을 이론적으로 증명하려고 했다면 어떻게 되었을까? 그야말로 불에 기름을 붓는 결과가 되었을 것이 틀림없다.

상대의 감정이 반항심과 증오에 가득 차 있을 경우에는 아무리 옳은 이론을 들먹여도 설득할 수 없다. 아이들을 나무라는 부모, 권력을 행사하는 고용주나 남편, 바가지가 심한 아내 들은 모두 자기의 마음을 쉽게 바꾸기 싫어한다는 것을 분명히 알아야 한다. 사람들을 강제로 자기의 의견에 따르게 할 수는 없다. 그러나 상냥하고 친절한 태도로 얘기를 주고받으면 상대의 마음도 바꿀 수가 있다. 링컨은 다음과 같이 말하였다.

"'1갤런의 쓴 국물보다도 한 방울의 벌꿀을 사용하는 것이 더 많은 파리를 잡을 수 있다'라는 말은 어디에나 통하는 법이다. 만약 상대를 자기의 뜻에 따르도록 만들고 싶으면, 먼저 자신이 그의 편이라는 것을 행동으로써 보여 알게 해야 한다. 이야말로 사람의 마음을 포착하는 한 방울의 벌꿀이며, 상대의 이성에 호소하는 최선의 방법이다."

링컨의 말과 같이 파업자 측과 우호적으로 만나 무난히 분쟁을 해결한 또 하나의 사례가 있다.

화이트 모터 회사 2천5백 명의 종업원이 임금 인상과 유니언 숍(노동 협약에 의해 이미 노동 조합에 가입하였거나 고용된 후 일정한 기일 내에 조합에 가입해야 하는 공장·기업체) 제도의 채용을 요구하여 파업을 일으켰다.

사장인 로버트 F. 블랙은 그들에게 어떠한 문책도 하지 않고 거꾸로 〈클리브랜드〉신문 지상에 그들이 '평화적 태로로 파업에 들어간 것'을 오히려 칭찬했다. 또한 바리케이트를 치고 있는 사람들이 지쳐 있는 것을 보고, 그는 야구 장비를 사들여서 빈터를 이용하여 야구를 하도록 권유하였다. 볼링을 좋아하는 사람을 위해서는 볼링장을 빌려 주었다.

경영자 측이 취한 이 우호적인 태도는 충분히 효과가 있었다. 다시 말해 우정이 우정을 낳은 것이다. 노동자들은 청소 도구를 어디에선지 빌려와서 더럽혀져 있는 공장 주변을 청소하기 시작하였다. 한편으로는 임금 인상과 유니언 숍 제도 실시를 위하여 투쟁하면서도, 다른 한편으로는 공장의 주변을 청소하고 있다.

이야말로 바람직한 풍경이 아닌가. 일찍이 격렬한 파업으로 얼룩진 미국업계에서 볼 수 없었던 풍경이었다. 이 파업은 1주일이 채 못 되어 종결되었고, 쌍방은 어떠한 나쁜 감정도 갖지 않았다.

웹스터 웨버스타는 유능한 변호사였다. 그는 결론을 내릴 때, 고압적인 말투를 결코 쓰지 않았다. 거기다가 자기의 의견을 상대에게 강요하려고 하지 않으면서도 조용히 누그러진 태도를 보였다. 그것이 그의 성공을 크게 도왔다.

그에게 노동 쟁의 해결을 의뢰받거나 피고의 변호를 의뢰받는 일은 좀처럼 드물었지만, 집세나 땅값의 저렴한 가격을 원하는 사람은 얼마든지 있었다. 그러한 사람들에게 이 조용한 화술이 어떤 역할을 하는가 실례

만약 상대를 자기의 뜻에 따르도록 만들고 싶으면, 먼저 자신이 그의 편이라는 것을 행동으로써 보여 알게 해야 한다.

를 들어 살펴보기로 하자.

O. L. 스트로브는 집주인이 방값을 싸게 해 주기를 바라고 있었다. 그러나 집주인은 소문난 고집쟁이였다. 다음은 그가 나의 강습회에서 공개한 이야기이다.

나는 계약 기간이 끝나는 대로 아파트를 비우겠다고 집주인에게 통고했다. 그러나 실은 나가고 싶지 않았다. 집세를 현재의 수준으로 해 주기만 하면 그대로 그 집에 살고 싶었다. 그러나 상황은 매우 비관적이어서, 다른 세입자들도 모두가 실패했으며, 그 집주인만큼 다루기 힘든 사람도 없다는 것이 같은 생각이었다. 그러나 나는 이렇게 생각하였다.

'강습회에서 나는 사람을 다루는 방법을 배우고 있다. 한번 집주인에게 응용하여 그 효과를 시험해 보자.'

나는 곧바로 편지를 부쳤다. 나의 편지를 받고 난 뒤에 곧장 집주인은 비서를 데리고 나타났다. 나는 쾌활한 집주인을 맞이하여 진심으로 우러나는 호의를 보였지만, 집세가 비싸다는 말은 추호도 내비치지 않았다. 먼저 나는 이 아파트가 매우 마음에 든다고 서두를 꺼냈다. 집주인에게 아파트 관리에 대해서 칭찬하면서 한 1년쯤은 더 이 곳에 살고 싶지만 애석하게도 그럴 수가 없게 되었노라고 말했다.

아마 집주인은 지금까지 세든 사람들로부터 이러한 환대를 받은 일이 한 번도 없었던 모양이다. 그는 전혀 예기치 못했던 태도를 보였다.

집주인은 한참 후에 자기의 고충을 죽 늘어놓았다. 그 내용인즉, 단점만을 들먹이는 임대자 중에는 14통이나 항의 편지를 보내는 사람이 있는가 하면, 개중에는 매우 모욕적인 편지까지 보내는 사람도 있었다고 했다. 집주인의 책임이니 위층 입주자의 코 고는 소리를 멈추게 해 주지 않으면 계약을 파기하겠다고 위협하는 사람 등 이루다 말할 수가 없을 정도라는 것이다.

그러고는 나와 같이 얘기가 통하는 사람이 있어 참으로 반갑다고 집주인은 말하면서, 내가 말하기 전에 먼저 방세를 조금 내려 주겠다고 제의하였다. 나는 좀더 인하해 주기를 원했기 때문에, 분명히 내가 지불할 수 있는 금액을 말하니, 집주인은 그 자리에서 승낙하여 주었다. 게다가 그는,

"방 안의 장식을 바꾸어 드리고 싶습니다. 그리고 어디 달리 필요한 점이 있으면 말씀하십시오."

라고 말하고 돌아갔다. 내가 만약 다른 임대자들과 같은 방법으로 집세 인하 운동을 벌였다면, 역시 그들과 같이 실패했을 것임에 틀림없다. 우호적이며, 동정을 구하면서도 감사에 찬 태도가 이와 같은 성공을 가져오게 한 것이다.

또 다른 한 가지 예를 들어 보자. 롱 아일랜드의 가든 시티에 살고 있는, 사교계에서 유행한 드로시데이 부인의 이야기이다.

얼마 전에 간단한 오찬회를 개최한 일이 있었어요. 내게는 모두가 귀중한 손님들이었기 때문에 실수가 없도록 무척 신경을 썼습니다. 언제나 이러한 파티를 개최할 때는 에밀이라는 요리사에게 모든 것을 맡기곤 하였습니다. 그런데 그렇게 믿던 에밀이 사고를 내고 말

우호적이며, 동정을 구하면서도 감사에 찬 태도가 이와 같은 성공율 가져 오게 한 것이다.

왔습니다. 그가 아무 연락도 없이 나타나지 않았던 것입니다. 에밀은 끝내 오지 않고 급사 한 사람만을 보냈습니다. 하지만 그는 아주 서툴러서 전혀 쓸모가 없었습니다.

'어디 두고 보자. 에밀을 만나기만 하면 그냥 두지 않겠다.'

라고 나는 결심했습니다. 나는 오찬회가 있었던 그 다음날 밤, '인간 관계'에 대한 강연을 들으러 갔습니다. 듣고 있는 동안에 일방적으로 에밀을 책망하는 것은 부질없는 짓임을 깨달았습니다. 그를 화나게 하면 앞으로는 절대로 도와주지 않을 것이 분명했습니다. 그래서 나는 에밀의 입장에서 생각해 보기로 했습니다. 이번에 사들인 요리 재료나 요리 솜씨는 그와 상관 없는 급사의 잘못이라고 원만하게 생각했습니다. 나는 그를 책망하기보다는 조용히 대화를 나누어 보기로 하였습니다. 그리하여 이 방법은 훌륭한 결실을 맺었습니다. 그 다음날 에밀을 만나니, 예상대로 나를 경계하는 표정이 역력하고 화까지 한바탕 낼 기세였습니다.

"이보세요, 에밀. 당신은 내가 파티를 열 때는 꼭 있어야 할 사람이에요. 뉴욕에서도 당신은 일급 요리사가 아닙니까. 물론 재료의 구입이나 요리는 당신 책임이 아니니까. 지난 수요일과 같은 일이 있었던 것은 어쩔 수 없는 일이지요."

라고 말했습니다. 그러자 그의 험악한 얼굴빛은 금세 환히 웃는 얼굴로 변했습니다.

"그렇습니다, 마님. 요리 담당은 제가 아니므로 저의 잘못은 아닙니다."

라고 그는 말했습니다. 그래서 나는,

"에밀, 실은 파티를 다시 한 번 열려고 하는데, 아무래도 당신이 좀 도와주어야겠어요. 이번에도 그 요리사에게 시켜도 좋겠어요?"

라고 물었더니, 그는 이렇게 대답했습니다.

"물론 괜찮죠, 이번에는 그런 실수는 결코 없을 것입니다."

나는 그 다음 주에 또 오찬회를 열었습니다. 메뉴는 에밀과 상의하여 만들었습니다. 그전의 일은 일체 잊어버리고 그의 의견을 충분히 반영했습니다.

시간이 다 되어서 파티장으로 들어가 보니, 테이블은 아름다운 장미로 장식되었고, 에밀은 손님 접대를 빈틈없이 해 주었습니다. 설령 내가 여왕님을 초대하였다 하더라도 서비스는 완벽했고, 급사도 전과 달리 네 사람이나 와 있었습니다. 그리고 바쁠 때는 에밀도 스스로 요리를 날라다 주었습니다. 파티가 끝나자 그 날의 주빈이,

"저 요리사가 마술이라도 쓴 것이 아닙니까? 이렇게 빈틈없는 서비스는 정말 처음입니다."

라고 나에게 귀띔을 했습니다. 바로 그렇습니다. 조용한 태도로 나는 진심으로 칭찬하는 마술을 쓴 것입니다.

내가 미주리 주의 시골 어느 작은 학교에 다니던 어린 시절에 태양과 북풍이 힘자랑을 하는 이솝 이야기를 읽은 일이 있었다.

나는 그를 책망하기보다는 조용히 대화를 나누어 보기로 하였습니다. 그리하여 이 방법은 훌륭한 결실을 맺었습니다.

북풍이 이렇게 으스댔다.

"내가 강한 것은 말할 필요가 없어. 저기 코트를 입고 가는 노인이 보이는가? 내가 그대보다 먼저 저 노인에게서 코트를 벗길 테니, 똑똑히 봐라."

태양은 잠시 구름 뒤에 숨었다. 북풍은 기세 좋게 불어댔다. 그러나 북풍이 세차게 불면 불수록 노인은 코트 자락을 더욱 움켜쥐고 몸을 감쌌다.

마침내 북풍은 기진맥진하였다. 이번에는 태양이 구름을 헤치고 나와 얼굴을 내밀고 방글방글 웃는 모습을 노인에게 보이기 시작했다. 조금 뒤 노인은 이마의 땀을 닦고 코트를 벗었다.

태양의 부드럽고 친절한 행동은 거대한 힘으로 대결하는 방법보다도 훨씬 효과가 있음을 그 무렵 나는 깨달았다.

이 이솝 이야기를 읽었을 당시에 내가 아직 가보지 못한, 멀리 떨어져 있는 보스턴 마을에서 B씨라는 의사에 의해 이 우화가 옳다는 것이 실증되었다. 그리고 20년 후, B씨가 나의 강습회에 참가하여 당시의 이야기를 해 주었다.

그 때 보스턴 신문에는 이상 야릇한 광고가 요란하게 게재되었다. 즉, 돌팔이 의사들이 광고를 이용하여 환자의 공포심을 조장하고, 엉터리 치료를 하고 있었던 것이다. 그리고 수많은 희생자가 나왔으나, 처벌을 받은 의사는 한 사람도 없었다. 대부분의 의사들은 약간의 벌금으로 사건을 흐지부지 만들고, 또한 정치적 압력을 이용하여 무마시켰다.

이 해괴한 사건에 보스턴 시민은 분개했다. 목사는 연단을 두드리면서 신문을 비난했고, 그 광고 게재를 중지하도록 주장했다. 각종 민간 단체·실업가·부인회·교회·청년 단체 등 모두가 들고일어났지만 아무런 효과가 없었다.

이러한 신문 광고를 둘러싸고 주의회에서는 치열한 논쟁이 벌어졌으나, 결국 금력에 의해 관계자의 매수와 정치적 압력에 의하여 그만 흐지부지되고 말았다.

B씨는 그 당시 보스턴 시 그리스도교 연합회 회장이었다. 연합회도 전력을 다 해서 싸웠으나 역시 아무런 소용이 없었다. 마침내 이 의료 범죄에 대한 싸움은 절망적인 것 같았다.

B씨는 어느 날, 지금까지 보스턴에서 아무도 생각하지 못했던 방법을 착안해 냈다. 말하자면 친절과 동정과 감사의 마음으로 설득하여 신문 발행자들이 자발적으로 중지하도록 하는 심리 작전을 펴는 것이었다.

그는 직접 〈보스턴 헤럴드〉지 사장에게 편지를 보내 그 신문을 진심으로 찬양했다. 이를테면 자기는 평소부터 그 신문의 애독자인데, 뉴스는 정확하고 선동적인 냄새가 없으며, 사설도 뛰어나다고 하였다. 또한 일류급에 속하는 가정 신문이라고 칭찬해 주었다. 그런 뒤 다음과 같은 글을 덧붙였다.

나의 친구가 얘기하기를, 어느 날 자기 딸이 귀사 신문의 낙태 광고를 읽고, 그 속에 나오는 말의 의미를 그에게 질문하였는데, 그 친구는 당황하여 뭐라고 대답할 말을 찾지 못하였다고 합니다. 귀사의 신문은 보스

태양의 부드럽고 친절
한 행동은 거대한 힘
으로 대결하는 방법보
다도 훨씬 효과가 있
음을 그 무렵 나는 깨
달았다.

턴의 상류 사회에서 읽혀지고 있습니다. 이런 사태가
이곳 저곳의 가정에서 생겨나지 않으리라는 보장은 없
습니다. 귀하에게 딸이 있으시다면 그러한 신문을 읽히
고 싶으시겠습니까? 딸이 그러한 질문을 하게 되면 귀
하께서는 어떻게 대답하시겠습니까?

귀사와 같은 일류 신문에 부모로서 자식에게 읽히고
싶지 않은 곳이 한 군데라도 있다는 것은 참으로 유감
된 일입니다. 귀신문를 애독하는 수천 명의 사람들도
필경 나와 같은 느낌을 가지고 있을 것입니다.

이틀 후, B씨에게 〈보스턴 헤럴드〉지의 사장으로부터
회답이 왔다. 그 답장을 B씨는 20년 동안이나 보관하고
있다가, 나의 강습회에 참가하였을 때 보여 주었다.

B씨, 보십시오.

친절한 편지는 매우 감사하게 받아 보았습니다. 제가
부임한 이래 이 문제 때문에 계속 괴로움을 느껴 왔었
는데, 이제서야 결단을 내리게 되었습니다. 그것은 오
로지 귀하의 편지 덕분이라 생각하고 있습니다.

돌아오는 월요일 이후부터는 〈보스턴 헤럴드〉지상에
서 수상쩍은 광고는 일체 삭제하도록 노력을 다 하겠
습니다. 또한 검증되지 않은 광고는 일체 게재하지 않
겠습니다. 또 부득이 게재할 의료 광고에 대해서는 절
대로 독자에게 지장이 없도록 확인을 거쳐 만반의 주
의를 다 하겠습니다. 다시 한 번 감사드립니다.

이솝은 크리사스 왕궁에 있던 그리스의 노예의 신분

이었다. 그는 예수가 태어나기 600년 전에 불후의 명작인 《이솝 이야기》를 썼고, 그 교훈은 2,500년 전에 아테네에 있어서나 혹은 현대의 보스턴에서도 불변의 진리로 받아들여지고 있다.

태양은 바람보다도 빠르게 코트를 벗게 할 수가 있다. 하지만 그보다 친절과 우애와 감사는 세상의 그 어떤 노여움보다도 쉽게 사람의 마음을 바꿀 수가 있다.

"1갤런의 쓴 국물보다도 한 방울의 벌꿀을 사용하는 것이 더 많은 파리를 잡을 수가 있다."

라는 링컨의 명언을, 이 책을 읽는 독자들은 마음에 깊이 새겨두기 바란다.

사람을 이해하고 설득하는 넷째 기술은 상대방에게 상냥하고 친절하게 대하는 일이다. 만약 상대를 자기의 뜻에 따르도록 만들고 싶으면 먼저 그의 편이라는 것을 행동으로써 보여 알게 해야 한다. 이야말로 사람의 마음을 포착하는 한 방울의 벌꿀이며, 상대의 이성에 호소하는 최선의 방법이다.

태양은 바람보다도 빠르게 코트를 벗게 할 수가 있다. 하지만 그보다 친절과 우애와 감사는 세상의 그 어떤 노여움보다도 쉽게 사람의 마음을 바꿀 수가 있다.

## 다섯째 기술

# 상대가 긍정적으로
# 대답할 수 있는 문제를 선택하라

상대와 이야기를 할 때에는 처음부터 의견이 서로 충돌되는 문제를 끄집어내서는 안 된다. 먼저 서로가 의견이 일치하는 문제부터 시작하여, 그 점을 항상 강조하면서 이야기를 진행해 나가야 한다. 또한 서로가 동일한 목적을 향해 노력하고 있음을 상대에게 이해시키고, 차이점은 다만 그 방법에 있다는 것을 강조해야 한다.

처음에는 상대에게 '예'라고 긍정적으로 말할 수 있는 문제만을 말하고, 될 수 있는 대로 '아니오'라고 말하지 않게 한다.

오버스트리트 교수는 다음과 같이 지적하고 있다.

"일단 상대에게 '아니오'라고 말하게 만들어 버리면, 그것을 '예'로 바꾸게 하는 것은 여간 어려운 일이 아니다. 왜냐 하면 '아니오'라고 말한 이상 그것을 번복하는 것은 자존심이 허락하지 않기 때문이다. 사람들은 대개 일단 말을 꺼낸 이상 어디까지나 그것을 고집한다. 그러니까 처음부터 '예'하고 말하도록 해야 한다. 그러면 상대의 심리는 그 때부터 긍정적인 방향으로 움직이기 시작한다. 이것은 마치 흘러가는 물줄기의 방향을 인위적으로 바꾸려면 상당한 힘이 필요하고, 더구나 반대 방향으로 되돌아가게 하려면 어떤 물리적인 장치를 써야 하므로 훨씬 더 많은 힘이 필요한 것과 같은 이치이다. 이러한 부정적인 심리의 움직임은 단순히 그 말을 입으로 내뱉는 것뿐만 아니라, 동시에 온갖 행동으로 표현된다.

이를테면 신체의 각종 분비선·신경·근육 따위의 모든 조직이 일제히 거부 태세를 굳히게 된다. 그리고 뚜렷이 알 수 있을 정도의 큰 동작으로 나타나기도 한다.

다시 말하면, 신경과 근육 등의 모든 조직이 거부 태세를 취한다. 그런데 '예'라고 말할 경우, 이러한 현상은 전혀 일어나지 않는다. 신체의 조직이 무엇인가를 받아들이려는 태세를 갖춘다. 그러므로 처음에 '예'라는 말을 많이 하게 하면 할수록 상대를 자신의 생각대로 이끌 수 있다.

다른 사람에게서 '예'라는 대답을 이끄는 기술은 지극히 간단하다. 그러면서도 사람들은 이 간단한 기술을 별로 이용하지 않고 있다. 미리부터 상대방의 의견에 반대함으로써 자기의 중요성을 강조하는 듯이 생각하는 사람이 더러 있다.

급진파가 보수파와 이야기를 나누게 되면 즉시 상대를 화나게 만들고 만다. 도대체 그렇게 해서 무슨 소용이 있다는 말인가? 단순히 일종의 쾌감을 맛보기 위한 것이라면, 그것만으로 만족할지는 모른다. 그러나 어떤 성과를 기대한다면, 이 사람은 인간의 심리에 관한 한 멍청이가 아니면 바보이다.

처음에 상대에게 '아니오'라는 대답이 튀어나온다면 그것을 '예'라는 긍정적인 말로 바꾸어 놓기에는 상당한 지혜와 인내가 필요하다. 예컨대 뉴욕의 그리니치 은행의 출납계원인 제임스 에버슨은 '예'라고 말하게 만드는 테크닉을 이용하여 놓칠 뻔한 손님을 다시 잡을 수가 있었다.

에버슨 씨의 이야기를 소개하면 다음과 같다.

예금 구좌를 개설하기 위해서 손님이 찾아왔다. 나는 기록해야만 할 필요가 있는 사항을 물었다. 손님은 대개의 질문은 자진해서 대답해 주었지만, 어떤 질문에는 도무지 대답을 하지 않았다.

내가 만약 인간 관계에 대해 공부를 하지 않았을 때 상대가 이런 태도를 보였다면 나도 당연히 구좌를 개설해 줄 수 없다고 한 마디로 거절했을 것이다. 부끄러운 얘기이지만, 사실 나는 그 때까지만 해도 그렇게 행동해 왔다. 그렇게 상대를 몰아세우는 것은 확실히 통쾌한 일이다. 은행의 규칙을 방패 삼아 자기의 우위를 상대에게 보여 줄 수 있는 것이다. 그러나 이렇게 고자세의 태도는 손님에게 결코 호감을 줄 수 없다.

나는 은행 측이 아닌 손님의 희망에 관해서 이야기하면서 손님이 처음부터 '예'라고 긍정적으로 말하도록 시도했다. 그 첫번째 단계로 마음에 들지 않는 질문에는 구태여 대답할 필요가 없다고 말했다. 그리고 다음과 같이 덧붙였다.

"그러나 예금을 하신 후에 당신에게 만약 사고가 일어났다면 어떻게 하겠습니까? 법적으로 당신의 가장 가까운 친척을 찾을 수 있도록 해야겠지요?"

이에 대해서 그는 "예"라고 대답했다.

"그런 경우를 대비해서 정확하고 신속하게 수속을 밟을 수 있도록 당신과 가까운 친척의 이름을 우리들이 알아두는 것이 좋다고 생각하지 않습니까?"

그는 또 '예'라고 대답했다.

우리 은행이 아닌 정녕 그를 위한 질문임을 알자, 그의 태도가 갑자기 바뀌었다. 그는 마침내 그 자신에 관해서 낱낱이 얘기했을 뿐만 아니라, 나의 권유에 따라 자신의 어머니를 수취인으로 만들어 신탁 구좌를 개설하였다. 그리고 어머니에 관한 질문에도 기꺼이 응답해 주었다.

나는 처음과는 달리 그가 나의 말대로 움직이게 된 것은 처음부터 그에게 '예'라고 대답하게 했기 때문이라고 생각한다.

다음의 이야기는 웨스팅 하우스 사의 세일즈맨인 조셉 앨리슨의 이야기이다.

우리 회사 제품을 내 담당 구역에 꼭 팔고 싶은 상대가 있었다. 나의 전임자는 10년간 그를 쫓아다녔으나 아무 소용이 없었다. 나도 이 구역을 맡고부터 3년간 그의 꽁무니를 쫓아다녔는데, 만날 수조차 없었다. 마침내 10번째 만났을 때에야 겨우 그에게 서너 대의 모

처음부터 '예'하고 말하도록 해야 한다. 그러면 상대의 심리는 그 때부터 긍정적인 방향으로 움직이기 시작한다.

터를 팔 수 있게 되었다. 나는 그 때 만약 그 모터의 성능이 좋으면 그 후부터는 반드시 수백 대의 주문을 받을 수 있으리라고 기대하고 있었다. 제품의 성능은 믿을 만했다. 나는 3주일 후에 의기 양양하게 그의 사무소로 찾아갔다.

그런데 기술 감독이 이렇게 말하는 것이었다.

"앨리슨, 자네 회사의 모터는 이제 질색이야."

나는 깜짝 놀라면서 물었다.

"도대체 무슨 이유 때문입니까?"

"자네 회사의 모터는 너무 열이 나서 섣불리 손을 댈 수가 없단 말이야."

이러한 경우에 나는 화를 내서는 절대 안 됨을 오랜 경험으로 잘 알고 있었다. 그래서 나는 상대방이 '예'라고 대답할 만한 질문을 던지기 시작했다.

"감독님, 감독님의 말은 너무나 지당합니다. 그 모터를 더 사라는 것은 무리한 요구겠지요. 협회가 정해 놓은 기준보다 열이 나지 않는 제품을 고르는 것은 당연합니다. 그렇지 않습니까?"

그는 그렇다고 대답했다. 첫번째의 긍정적인 대답을 얻은 셈이었다.

"협회의 기준에는 모터의 온도가 실내 온도보다 화씨 72도(섭씨 40도)까지 높이 올라가는 것은 인정되지 않지요?"

나의 질문에 그는 또 그렇다고 대답했다.

나는 계속 물었다.

"공장 내의 온도는 몇 도쯤 되겠습니까?"

그는 화씨 75도쯤 될 거라고 했다.

"공장 내의 온도를 75도라고 한다면, 거기에 72도를 더 가산하면 147도가 됩니다. 147도의 뜨거운 물에 손을 넣으면 상처를 입게 되겠지요?"

그는 역시 그렇다고 대답했다.

"그렇게 되면 모터에 손을 댔을 때 상처를 입겠지요?"

"하긴 그렇구먼. 자네 말이 옳아."

그는 마침내 승복하고 말았다. 그는 다음날 약 3,500달러의 물건을 주문하였다.

이렇게 하나하나 긍정으로 이끌어가는 태도는 시시비비를 가리는 것보다 오히려 흥미가 있고, 더구나 막대한 이익을 얻을 수가 있다. 나는 매우 오랫동안 시시비비를 가리는 행동 때문에 막대한 손해를 보아 왔던 것이다.

인류의 사상에 일대 변혁을 가져다 준 아테네의 철학자 소크라테스는 사람을 설득하는 요령에 있어서 고금을 통해서 제1인자라고 할 수 있다. 그는 상대의 잘못을 지적하는 일 따위는 절대 하지 않았다. 소위 '소크라테스식 문답법'을 이용하여 상대로부터 '예'라는 대답을 이끌어내는 것을 주안점으로 삼고 있었다.

우선 그는 상대자가 '네'라고 대답할 수밖에 없는 질문을 던진다. 그 다음 질문도 역시 앞에서와 같이 '예'라고 말하게 하고, 계속 거듭 되풀이한다. 상대가 그것을 이해했을 때는 최초에 부정하고 있었던 문제에 대해서 어느 사이에 '예'라고 대답하는 것을 들을 수 있을 것이다.

상대방의 잘못을 지적하고 싶으면 소크라테스의 얘기

를 생각하고, 상대방에게 '예'라고 말하도록 유도하는 것이 좋다.

"부드러움이 능히 강한 것을 꺾는다."

이는 중국의 격언이다. 5천 년의 역사를 가진 민족에게 이 얼마나 어울리는 명언인가.

사람을 이해하고 설득하는 다섯째 기술은 상대가 긍정적으로 대답할 수 있는 문제를 선택하는 일이다. 다른 사람에게서 '예'라는 대답을 이끄는 기술은 지극히 간단하다. 그러면서도 사람들은 이 간단한 기술을 이용하지 않고 있다.

상대방이 말하는 중에
이의를 주장하고 싶어
도 참지 않으면 안 된
다. 넓은 마음으로 참
을성 있게 성의를 가
지고 들어 주어야 한
다.

여섯째 기술

# 상대방이 충분하게 말하도록 만들어라

자기 혼자서 상대를 설득시키려고 쉴새없이 말하는
사람이 있다. 특히 세일즈맨 중에 이러한 잘못을 저지
르는 사람이 많다. 그러나 상대방이 충분하게 말하도록
만드는 것이 좋다. 상대방에 관한 한 그 자신이 가장
잘 알고 있는 법이다. 그러므로 되도록이면 그 당사자
가 말하도록 이끌어가는 것이 좋다.

그런데 상대방이 말하는 중에 이의를 주장하고 싶어
도 참지 않으면 안 된다. 넓은 마음으로 참을성 있게
성의를 가지고 들어 주어야 한다. 그리고 그의 말이 끝
났을 때 거리낌없이 말하도록 한다.

이 방법을 세일즈에 이용하면 어떻게 되겠는가.

미국 굴지의 자동차 회사가 수년 전에 차내 장식용
직물류 1년분을 구입하려고 했다. 그러자 세 군데의 회
사에서 견본을 제출했다. 자동차 회사의 중역들은 그
견본들을 세밀히 검토한 뒤에 최종적인 설명을 들은

후 결정할 테니 지정된 날짜에 찾아와 달라고 각 회사에 통보했다.

그 중 한 회사의 대표자 R씨는 몹시 악화된 후두염을 앓고 있었음에도 불구하고 지정된 날자에 찾아갔다.

다음은 그 R씨가 실제로 겪었던 이야기이다.

내가 설명할 차례가 돌아왔다. 우리 회사의 입장을 밝혀야 하는 데도 나는 목소리가 나올 것 같지 않았다. 나는 어떤 방으로 안내되었는데, 그 방 안에는 사장을 비롯해서 각 부분의 책임자가 쭉 둘러앉아 있었다. 나는 일어서서 말을 하려고 했으나 쉰 소리만 나올 뿐이었다. 그래서 나는 종이쪽지에 이렇게 적었다.

"지금 저는 후두염을 앓고 있어서 소리가 나오지 않습니다."

그것을 읽어본 사장이 말했다.

"그럼 내가 당신을 대신해서 말해 주겠소."

그러고는 우리 회사에서 제출한 견본을 펼치더니 그 장점을 늘어놓기 시작했다. 그러자 각 책임자로부터 활발한 의견이 오고가게 되었다. 그 입장에서 사장은 나의 대역을 맡고 있는 형편이 되었기 때문에 부득이 나의 편을 들게 되었다. 다만 나는 미소를 짓거나, 머리를 끄덕거렸지만 그 몸짓만으로도 만족했다.

그 결과, 나는 50만 야드의 천을 주문받는 데 성공했다. 이를 금액으로 계산해 보면 160만 달러이다. 내게 있어서는 난생 처음의 엄청난 큰 거래였다.

만약 그 당시 내가 후두염을 앓지 않았더라면, 도저히 그 주문은 수주할 수 없었을 것이다. 돌이켜 생각건대 나는 그 때까지 세일즈 방식에 대해서 잘못된 생각을 가지고 있었다.

그 때까지만 해도 자기 편에서 화제를 주도하기보다 상대에게 기회를 양보하는 것이 더 이익이 된다는 점을 알지 못했다.

필라델피아 전기 회사의 조셉 S. 웹도 이 점을 깨달았다. 어느 날 웹 씨는 펜실베이니아 주에서 부유한 네덜란드 인들이 모여 사는 농업 지대를 시찰한 적이 있었다. 깨끗하게 손질이 잘 되어 있는 농가의 앞을 지나면서,

"이 부근의 농가는 어째서 전기를 사용하지 않는가?" 라고 그 지구 담당자에게 물어 보았다.

"몹시 인색한 사람들이 모여 살고 있기 때문에 아무리 권해도 말을 듣지 않습니다. 게다가 회사에 반감까지 가지고 있답니다. 그리고 지금까지 몇 번이나 권유해 보았으나 도무지 얘기가 되질 않습니다"
그래서 웹 씨는 한번 직접 맞부딪쳐 볼 생각으로 그 중 한 농가를 찾아갔다. 문이 비스듬히 열리고 드라겐블러 노부인이 얼굴을 내밀었다. 다음은 웹 씨의 얘기이다.

그 부인은 우리가 전기 회사 사람인 것을 알자 문을 닫아 버렸다. 나는 몇 번이나 노크를 했다. 그러자 마지못해 다시 문은 열렸으나 이번에는 험악한 기세로 우리들에게 욕을 퍼붓기 시작했다. 그래서 나는 간곡히 말했다.

"드라겐블러 아주머님, 소란을 피워서 정말 죄송합니다. 실은 저는 전기 문제로 온 것이 아니고 다만 달걀

그 때까지만 해도 자기 편에서 화제를 주도하기보다 상대에게 기회를 양보하는 것이 더 이익이 된다는 점을 알지 못했다.

을 나누어 주십사고 찾아왔습니다."

이 말에 부인은 의심쩍은 얼굴로 나를 쳐다보며 문을 좀더 열어 주었다.

"댁의 닭은 참 훌륭합니다. 도미니크 종 같습니다. 달걀을 한 꾸러미쯤 파실 수 있겠습니까?"

그랬더니 문이 조금 더 열리더니 다소 호기심이 생긴 모양으로 내게 물었다.

"어떻게 도미니크 종이라는 걸 알았어요?"

"나 역시 닭을 치고 있습니다만, 이렇게 훌륭한 닭은 본 적이 없습니다."

"그러시다면 댁의 달걀을 쓰시면 될 것 아녜요?"
라고 말하며 아직도 미심쩍은 눈치였다.

"하지만 우리 집에서 기르고 있는 것은 레그혼 종이기 때문에 흰 달걀밖에 낳지 않습니다. 부인께서는 직접 요리를 하시니 아시리라 생각됩니다만, 과자를 만들려면 흰 달걀보다도 노란 달걀이 훨씬 좋은 게 아닙니까. 우리 집사람은 과자 굽는 것이 일품입니다."

이렇게 얘기를 조고받자 그녀의 마음도 퍽 누그러지고 말씨도 달라져 있었다. 그 동안 나는 주위를 살펴보고 이 농장의 낙농 설비가 갖추어져 있는 것을 알았다. 나는 계속해서 물었다.

"부인께서 기르고 있는 닭이 젖소의 우유보다 훨씬 이익이 있다고 생각이 됩니다만, 맞습니까?"

이 물음은 멋지게 적중한 것이다. 이야말로 그녀가 다른 사람에게 얘기를 하고 싶어 못 견디는 문제였다. 그녀의 완고한 남편은 방금 내가 지적한 사실을 전혀 인정하려고 하지 않는다는 것이다.

그녀는 우리를 닭장으로 안내했다. 그 곳을 돌아보는 동안에 나는 그 부인이 만들었다고 생각되는 여러 장치를 발견하고 진심으로 그것을 극구 칭찬했다. 나는 그녀로부터 사료는 어떤 것이 좋다든가, 온도는 몇 도 정도가 적당하니 그렇게 하라고 권하는 한편, 양계에 대한 온갖 얘기를 들었다.

결국 우리는 서로의 벽을 허물고 즐겁게 서로의 경험담을 얘기하면서 시간을 보냈다. 그러자 그녀는 내게 닭장에 전등을 켜서 좋은 실적을 올리는 농가가 이웃에 있는데, 정말 그것이 유리한지 어떤지 솔직한 얘기를 들려 달라고 말했다.

2주일 후, 밝은 전등 아래에서 드라블러 부인의 닭들은 만족스럽게 모이를 쪼고 있었다. 그리하여 나는 전기 공사의 주문을 맡았고, 그녀는 그 전기 공사 덕으로 보다 많은 달걀을 얻을 수 있었다.

그런데 여기서 가장 중요한 점은, 만약 내가 그녀에게 대화를 하도록 만들지 않았다면 나는 어떤 주문도 받지 못하고 실패하였을 것이다. 그러므로 억지로 팔려고 하지 말고, 상대가 스스로 사도록 마음을 돌리게 하는 것이 요령이다.

최근에 〈뉴욕 헤럴드 트리뷴〉지의 경제란에 '경험이 있는 우수한 인물'을 구하는 구인 광고가 실려 있는 것을 보고 찰스 T. 큐베리스라는 사람이 응모를 했다. 수일 후에 그의 앞으로 면접 통지서가 왔다. 그는 면접에 앞서 월 가로 찾아가 그 회사의 설립자에 대한 자세한 조사를 해 두었다. 면접할 때 그는 사장에게 이렇게 물었다.

억지로 팔려고 하지 말고, 상대가 스스로 사도록 마음을 돌리게 하는 것이 요령이다.

"이렇게 훌륭한 회사에서 일하는 것이 저의 소망이었습니다. 저가 듣기에 28년 전에 거의 무일푼으로 이 회사를 시작하셨다고 하는데, 그것이 사실입니까?"

성공한 대부분의 사람들은 젊었을 때 자신이 걸어온 가시밭길 같은 어려운 때를 회상하는 것을 좋아한다. 이 사장도 예외는 아니었다. 그래서 겨우 450달러의 자금과 독자적인 아이디어만으로 시작한 당시의 고충을 길게 늘어놓기 시작했다. 일요일과 공휴일도 쉬지 않고 일하면서 모든 장애를 극복했고, 마침내 현재의 지위를 쌓아올렸으며, 지금은 월 가의 일류 인사들이 오히려 그의 의견을 구하러 오게 되었다고 사장은 자랑하였다.

확실하게 그는 자기 자랑을 할 만한 가치가 있을 정도의 성공을 거둔 인물로서, 그 얘기를 들려주는 것이 무척이나 즐거운 것 같았다. 그는 이야기가 끝나자, 큐베리스의 이력에 관해서 간단히 질문을 한 후에 부사장을 불러서,

"이 사람을 채용하는 것이 좋겠소."

라고 말했다. 상대방의 업적을 조사한 약간의 수고가 상대에게 자신의 자랑스런 이야기를 하게 만듦으로써 좋은 인상을 준 것이다.

대부분의 사람들은 친구나 동료 사이라 할지라도 상대방의 말을 듣는 것보다 자기의 공훈담을 이야기하고 싶어한다. 프랑스의 철학자 라 로슈푸코는 이런 말을 했다.

"적을 만들고 싶으면 친구에게 이기는 것이 좋다. 그러나 자기 편을 만들고 싶으면 친구가 이기도록 해 주는 것이 좋다."

그 이유는 사람이란 누구나 친구보다 자신이 뛰어날 경우에는 중요성을 갖는 데 반해, 그 반대의 경우에는 열등감으로 선망과 동시에 질투를 일으키기 때문이다. 독일의 속담에 이런 것이 있다.

"다른 사람의 실패에 대한 기쁨, 그 이상의 기쁨은 없다."

분명히 우리들의 주위 사람들 중에는 우리들의 성공보다도 실패를 기뻐하는 사람이 있을 것이다. 그러니까 자기의 성공은 될 수 있으면 비밀스럽게 이야기하는 것이 좋다.

아빈 컵이라는 사람은 이 대처 요령을 잘 알고 있었다.

"당신은 일류 작가라고 듣고 있습니다만 정말입니까?"

라고 누가 물으면 그는,

"그저 운이 좋았을 뿐입니다."

라고 대답했다고 한다. 사람들은 일반적으로 그렇게 자랑할 만큼 대단한 존재는 아니므로 무엇보다 겸손한 태도를 취하는 것이 상책이다. 채 백 년도 못 되어 우리들은 모두 죽거나 세상에서 잊혀지고 만다. 인생은 짧다. 부질없는 자랑거리를 다른 사람에게 들려줄 여가는 없다. 다른 사람이 얘기하도록 만들면 된다.

우리들이 백치가 되지 않고 살고 있는 것은 갑상선에 아주 소량의 옥소가 있기 때문이다. 그 정도의 옥소는 5센트만 지불하면 살 수가 있다. 어느 누구이든 간에 갑상선에서 그 옥소를 제거하고 나면 인간은 백치가 된다. 겨우 5센트의 옥소가 우리와 정신 병원을 떼어놓고 있다. 따라서 인간은 제아무리 뽐내 봐야 별것도 아니다.

　사람을 이해하고 설득하는 여섯째 기술은 상대방이 충분하게 말하도록 만드는 일이다. 대부분의 사람들은, 친구나 동료 사이라 할지라도 상대방의 말을 듣는 것보다도 자기의 공훈담을 이야기하고 싶어한다. "적을 만들고 싶으면 친구에게 이기는 것이 좋다. 그러나 자기 편을 만들고 싶으면 친구가 이기도록 해 주는 것이 좋다" 라고 말한 라 로슈푸코의 말을 명심하자.

일곱째 기술

## 자기 스스로 구상하게 하라

인간은 누구나 다른 사람으로부터 강요된 의견보다는 자기 스스로 구상한 의견을 훨씬 중요하게 여긴다. 그러므로 다른 사람에게 자기의 의견을 강요하려는 것은 처음부터 잘못된 것이라고 할 수 있다. 이쪽은 단순히 힌트만 주고 결론은 상대가 내리게 하는 것이 훨씬 현명한 방법이다.

나의 강습회에 참가하고 있던 필라델피아 출신 아드룹 젤스 씨는 자동차 판매의 부진으로 부하 세일즈맨들이 모두 기가 죽어 있는 것을 보고 그들을 격려할 필요를 느꼈다. 그래서 그는 판매 회의를 열어서 그들의 요구를 기탄 없이 발표하도록 권유하고는,

그들의 요구 사항을 칠판에 적은 후, 그는 부하들에게 다음과 같이 말하였다.

"나는 여러분의 의견은 모두 들어 주기로 하겠다. 그 대신 나에게도 요구 사항이 있다. 나의 요구를 여러분

이 어떻게 받아들여 줄 것인가, 그것을 말해 주기 바란다."

즉시 그들은 대답했다. 충성을 맹세하는 사람이 있는가 하면, 정직·적극성·낙천주의·협동심을 약속하는 사람도 있었고, 하루 8시간의 노동을 제시하는 사람, 개중에는 또 14시간 노동을 약속하는 사람도 나왔다. 그날의 회의는 대성공적으로 끝났다. 그 후 판매 실적은 놀라울 만큼 향상했다고 한다.

젤스 씨는 이에 대해서 다음과 같이 말하고 있다.

"나와 세일즈맨들은 일종의 도의적인 계약을 맺었다. 내가 스스로 그 계약에 따라서 행동하는 한 그들도 역시 나와 같이 행동하려고 결심한 것 같다. 그들의 희망이나 의견을 들어 준 것이 기사 회생의 묘약이 된 것이다."

다른 사람으로부터 강요를 당하고 있다든가, 명령을 받고 있다는 느낌은 누구나 싫어한다. 그렇지만 자주적으로 행동하는 것, 남의 의견을 들어주는 것을 기뻐한다.

다음은 유진 웨슨이라는 사람의 예를 인용해서 생각해 보자. 그는 이 진리를 납득하기까지 수천 달러의 수수료를 손해 보았다.

웨슨 씨는 직물 제조업자에게 아이디어를 공급하는 스튜디오에서 밑그림(본을 뜨는 사본 그림)을 제공하는 일을 했다. 그는 그 당시에 뉴욕의 일류 디자이너 중 한 사람을 3년간 매주 방문하고 있던 중이었다.

"그 디자이너는 언제나 만나 주기는 하지만 결코 내 그림을 사 주지는 않는다. 나의 스케치를 천천히 들여다보고는 언제나 '안 되겠군요, 웨슨 씨, 역시 마음에 들지 않아요'라고 말한다."

무려 150회의 실패를 거듭한 후에 웨슨 씨는 방법을 바꿀 필요가 있다고 생각하였다. 그래서 그는 사람을 다루는 요령에 관한 강습회에 참석할 결심을 했다. 그리하여 그는 새로운 방식을 배우고 다시금 도전을 했다.

웨슨 씨는 새롭게 배운 그 방식을 실험하기 위해서 미완성의 그림 몇 장을 가지고 디자이너 사무소로 갔다.

"여기에 미완성의 스케치를 가져왔습니다만, 이것을 어떻게 완성시키면 귀하에게 쓸모가 있겠습니까? 지장이 없으시다면 저에게 가르쳐 주셨으면 합니다."

그가 이렇게 부탁을 하자, 디자이너는 말없이 스케치를 쳐다보고 있다가 이윽고 말을 꺼냈다.

"웨슨 씨, 2,3일 정도 연구해 볼 테니 한 번 더 와주시오."

3일 후에 웨슨 씨는 다시금 디자이너를 찾아가서 여러 가지 의견을 들은 다음에 주문대로 스케치를 완성하였고, 디자이너는 이것을 모두 샀다.

그 이후에 이 디자이너가 웨슨 씨에게 수많은 스케치를 주문한 것은 말할 것도 없다.

그것들은 모두 디자이너의 아이디어에 의하여 그려진 것이기 때문에, 결국 웨슨 씨는 1,900달러 이상의 그림 제작 수수료를 벌어들일 수 있었다.

"그 때 나는 몇 해 동안의 실패가 당연하다는 것을 알았다. 여태껏 나는 나의 생각을 억압하고 있었다. 지

금은 거꾸로 상대에게 의견을 말하게 하고 있다. 상대
방은 자기가 디자인을 창작하고 있는 셈이다. 그러므로
이쪽에서 억지로 강매할 필요 없이 상대가 스스로 사
게 되는 것이다."
라고 웨슨 씨는 말하고 있다.

시어도어 루스벨트가 뉴욕 주지사를 하고 있을 무렵,
놀라운 곡예를 연출해 보인 일이 있다. 그는 정치계 보
스들과 친근하게 지내면서 그들이 반대하고 있는 정치
개혁을 강행했다. 그 당시에 취한 방법을 소개하면 다
음과 같다. 중요한 직위를 보충할 때는 대표급 인사들
을 초청하여 후보자를 추천토록 했다. 루스벨트는 그것
을 이렇게 설명하고 있다.

대개 정치인들이 처음 추천하는 인물들은 자기의 정
당에서 뒤를 돌봐주어야 할 그런 대단치도 않은 인물
들이다. 나는 그러한 인물들은 시민들이 찬성하지 않을
것이라고 일러준다.

그 다음에 추천하는 인물은 기껏해야 자기 정당의 끄
나풀로서 아무런 장점도 단점도 없는 고참 관리에 불
과하다. 나는 그들에게 좀더 시민들이 납득할 수 있는
적임자를 물색해서 천거해 달라고 부탁을 한다.

세 번째에도 나는 한 번만 더 생각해 봐 달라고 부탁
한다. 그러면 네 번째에 비로소 내 생각과 일치하는 사
람을 만날 수 있다. 그 때서야 나는 그들에게 감사하고
그 사람을 임명한다. 말하자면 그 정치 인들에게 꽃다
발을 안겨주는 셈이다. 마지막으로 나는 그들을 향해서
말한다.

"나는 당신들에게 기쁨을 안겨주기 위해서 이 사람을 임명합니다마는, 다음은 여러분이 나를 기쁘게 해 주어야 할 차례가 될 것입니다."

그들은 사실 루스벨트를 기쁘게 해 주었다. 그들은 문관 근무 법안이라든가, 독점세 법안 따위와 같은 개혁안을 지지했다.

이를테면 루스벨트의 처리 요령은 상대방과 교섭하면서 될 수 있는 대로 그쪽 의견을 받아들여, 그것이 마치 그 자신들의 발언이라고 생각하도록 만들어 놓고 협력을 구하는 것이다.

롱 아일랜드의 어느 자동차 판매업자가 이와 같은 방법을 사용해서 스코틀랜드 출신 부부에게 중고 자동차를 팔았다.

그는 그 부부에게 차례차례로 차를 구경시켰는데, 그들은 그 때마다 트집을 잡았다. 즉, 어울리지 않는다, 쿠션이 나쁘다, 값이 너무 비싸다는 등 말이 많았다. 특히 값에 대해서는 어느 차이건 간에 모두 비싸다고 했다. 때마침 이 판매업자는 내 강습회 수강자였는데, 마침내 이 문제를 강습회에 들고 나와서 우리들의 의견을 구했다

우리들 모두는 한결같이 그에게 굳이 팔려고 서둘지 말고 상대방이 사고 싶도록 만드는 것이 중요하다고 충고하였다. 말하자면 사는 사람을 이쪽이 시키는 대로 만들려고 하지 말고, 거꾸로 사는 사람의 마음이 되어 줌으로써 상대의 의견으로 이쪽이 움직이고 있다고 생각하게 만들라는 것이었다.

될 수 있는 대로 그쪽 의견을 받아들여, 그것이 마치 그 자신들의 발언이라고 생각하도록 만들어 놓고 협력을 구하는 것이다.

그래서 그는 이 방법을 사용하여 보리라 결심했다. 수일 후에 그에게 어떤 고객으로부터 중고차를 팔고 새 차를 사고 싶다는 신청이 들어왔다. 그는 이 중고차가 그 부부의 마음에 들 것임에 틀림없다고 생각하였다. 즉각 전화로 그 부부에게 도움을 구할 일이 있으니 와 주십사 얘기했다. 그들이 찾아왔을 때 그는 난처한 듯 이렇게 부탁했다.

"자동차를 보는 당신들의 안목은 우리들 장사꾼도 당할 수가 없습니다. 이 차를 얼마에 사들여야 좋을지 적당한 가격을 가르쳐 주실 수 있겠습니까?"

이 말에 그들은 기분이 썩 좋아 보였다. 그들은 시험 삼아 그 차를 몰고 자메이카에서 퀴즈 대로를 달려 포리스트 힐까지 드라이브를 하고 돌아오더니, 다음과 같이 말했다.

"300달러가 적정선일 것 같습니다."

"그렇다면 이 차주가 300달러로 내놓는다면 당신은 이것을 사들이겠습니까?"

300달러, 그것은 그들이 매긴 가격이다. 물론 흥정은 그 자리에서 이루어졌다.

어느 X선 장치 제조업자는 이와 같은 심리를 응용하여 브루클린의 병원에 자기 회사의 제품을 팔아넘겼다.

이 병원은 증축 중이었는데, 미국에서 최고의 X선과를 창설하려는 계획을 가지고 있었다. 따라서 업자들이 저마다 자사 제품에 대한 안내서를 내놓고 로비를 하고 있었기 때문에 X선 담당인 Y박사는 그야말로 골머리를 앓고 있었다.

그 중에서 아주 뛰어난 한 업자가 있었다. 그는 다른 업자들과 비교가 안 될 만큼 교묘하게 사람의 심리를 포착하였다. 그는 다음과 같은 편지를 L박사에게 보냈다.

최근 우리 회사에서는 X선 장치의 최신형 모델을 완성하였습니다. 지금 마침 첫번째 제품이 사무소에 도착하였습니다. 물론 이번의 제품이 완전한 것이라고는 결코 생각하지 않습니다. 그래서 더 한층 좋은 제품을 만들려고 노력하고 있습니다. 그런데 한번 선생님의 평가를 받고, 또한 조언을 들을 수 있다면 더없는 영광으로 생각하겠습니다. 선생님께서 허락하시겠다는 희답을 주시면 저희 차를 보내 드리겠습니다.

나의 강습회에서 L박사가 이 때의 이야기를 해 주었다.
"이 편지는 너무 뜻밖이었다. 의외인 동시에 기쁘기도 하였다. 나는 그 때까지 X선 장치 제조업자로부터 조언을 요구받는 일은 한 번도 없었다. 이 편지는 내게 중요성을 심어 주었다. 그 무렵 그 주에는 매일 약속이 있었으나, 그 장치를 평가하기 위해서 나는 약속 하나를 취소해야 했다. 그 장치를 보면 볼수록 나의 마음에 들었다.
결코 나는 그것의 구매를 강요당한 것이 아니다. 병원을 위해서 그 장치를 사고자 하는 자발적인 나의 뜻으로 산 것이다. 나는 그 장치의 우수함에 반해서 그 즉시 계약을 맺었다."

윌슨 대통령 재임 중에 에드워드 W. 하우드 대령은 국내 및 외교의 문제에 막강한 영향력을 행사하고 있었다. 그리고 윌슨은 토론 상대로 하우드 대령을 각료 이상으로 신뢰하고 있었다.

그렇다면 대령은 어떤 방법으로 대통령의 신뢰를 획득할 수가 있었는가? 대령은 아더 D. 하우든 스미스에게 그 방법을 밝혔고, 또한 스미스는 〈새터데이 이브닝 포스터〉지에 그것을 게재하였다. 하우드 대령은 대통령에 대해서 다음과 같이 말하고 있다.

"나는 대통령을 알게 된 후부터 그를 어떤 문제로 이끌어내기 위해서는, 슬쩍 그것을 아무것도 아닌 것처럼 그의 마음에 새기게 하여 관심을 갖도록 하는 것이 최상의 방법임을 알게 되었다. 다시 말해 그가 자주적으로 그것을 생각하게 된 것처럼 꾸미는 것이다. 나는 처음에 엉뚱한 일로 그 사실을 알게 되었다. 어느 날 대통령을 방문하여 어떤 문제에 대해서 논의를 하였다. 그런데 그는 나의 의견에 반대되는 입장을 취하는 것 같았다. 하지만 얼마 후 만찬 석상에서 그가 발표한 의견은 앞서 내가 그에게 이야기한 것과 똑같았다. 나는 그 때 매우 놀라지 않을 수 없었다."

그 당시 하우드 대령은 어떻게 행동했는가?

"그것은 대통령의 의견이 아니지 않습니까? 본래 저의 의견이었습니다."

라고 반박했는가? 물론 대령은 결코 그렇게 말하지 않았다. 대령은 명분보다도 실리를 추구했다. 그 의견은 어디까지나 대통령의 것이라는 것과 대통령 자신에게도, 또한 다른 사람에게도 그렇게 생각하도록 하여 주었다. 따라서 그는 대통령에게 꽃을 안겨다 준 셈이다.

우리들의 교섭 상대는 모두 이 이야기의 윌슨과 같은 인간임을 염두에 두고, 하우드 대령과 같은 방법을 이용하는 것이 좋다. 수년 전에 뉴 브런즈위크에 사는 사람이 이 방법을 사용하여 나를 단골 손님으로 만들어 버렸다.

나는 낚시와 뱃놀이를 겸해서 뉴 브런즈위크에 갈 계획을 세우고 교통 공사에 문의 편지를 보냈었다. 그랬더니 아마 리스트에 나의 주소와 이름을 적어 놓은 모양이었다. 곧이어 관광 안내소에서 숱한 안내서와 팜플렛이 날아들었다. 그러나 나는 도대체 어느 것이 좋은지 알 수가 없었다.

그런데 그 안내서 속에 '산의 집'에서 온 안내장에 기발한 아이디어가 있었다. 그 안내서에는 일찍이 뉴욕 거주자로서 '산의 집'에 숙박한 적이 있는 사람들의 이름과 전화 번호가 나란히 적혀 있었다. 그 중에는 내가 아는 사람의 이름도 있었다. 당장에 나는 그에게 전화를 걸어서 물어 보았다. 그리고 편안한 마음으로 '산의 집'에 예약을 신청하였다.

다른 곳은 나에게 강요성을 띠었으나 '산의 집'은 내게 가고 싶은 마음을 일으키게 하였다. 이것이 승리의 열쇠였다.

사람을 이해하고 설득하는 일곱째 기술은 자기 스스로 구상하게 하는 일이다. 인간은 누구나 다른 사람들로부터 강요된 의견보다는 자기 스스로 구상한 의견을

다른 곳은 나에게 강요성을 띠었으나 '산의 집'은 내게 가고 싶은 마음을 일으키게 하였다. 이것이 승리의 열쇠였다.

훨씬 중요하게 여긴다. 그러므로 다른 사람에게 자기의
의견을 강요하려는 것은 처음부터 잘못된 것이라고 할
수 있다.

### 여덟째 기술

## 상대방의 입장이 되라

어쨌든지 간에 상대는 자기 자신이 결코 잘못되어 있다고 생각하지 않는다. 이것이 사람의 습성이다. 그러므로 아무리 상대방을 비난한들 소용이 없다. 비난은 어떤 바보라도 할 수가 있다. 현명한 사람은 상대방을 이해하려고 노력한다.

상대의 말과 행동에는 제각기 이유가 있을 것이다. 그 이유를 찾아내도록 노력하여야 한다. 상대방의 입장이 되어 보면 상대의 행동으로 상대의 성격을 알아낼 수 있다.

내가 만약 상대 입장이라면 이 경우 어떻게 느끼고 어떻게 반응할 것인가?"
라고 항상 스스로 자신에게 물어본다.

이런 훈련을 평소 하면 화를 내어 시간을 낭비하는 것이 어리석게 여겨진다. 원인에 흥미를 가지면 결과에도 동정을 갖게 된다. 그뿐만 아니라, 사람을 다루는 요령이 한층 숙달된다.

자기 자신에 대한 강렬한 관심과 다른 사람에 대한 어중간한 관심을 비교한 다음, 그 점에 있어서 인간은 모두 비슷하다는 것을 고려하면 모든 직업에 필요한 원칙을 파악할 수 있다. 사람을 다루는 비결은 상대의 입장을 파악하고, 이를 잘 이해하여 소화하는 일이다.

케네스 M. 구드는 그의 저서에 다음과 같이 언급하고 있다.

나의 집 근처에는 공원이 있어서 언제나 기분 전환을 위해 그 곳으로 간다. 나는 평소부터 떡갈나무에 대해서 경건에 가까운 애정을 품고 있었다. 그런데 부주의로 인해서 그 어린 나무가 철마다 불태워지는 것을 볼 때마다 슬픈 생각을 억제할 수가 없었다.

그 화재의 주요 원인은 공원에 놀러온 소년들이 원시 생활을 동경하여 숲 속에서 소시지와 달걀을 요리한 뒤, 불기의 처리를 소홀히 했기 때문이었다. 때로는 큰 불로 번져 소방차가 동원되는 경우도 있었다.

'이 곳에 모닥불을 금함. 위반자는 처리함!'

이라는 게시판이 공원의 한 구석에 세워져 있지만, 사람의 눈에 띄지 않는 곳에 있기 때문에 그 효과는 기대할 수가 없었다. 또 경찰이 공원의 경계를 맡고 있어도 엄중하게 단속하지 않기 때문에 화재는 끊이지 않았다.

한번은 불이 난 것을 발견하고 나는 곧장 경찰에게 달려가서 소방서에 연락해 달라고 요청했다. 그런데 경찰은 자기 담당 구역이 아니기 때문에 할 수 없다는 냉담한 대답뿐이었다. 그 후부터 나는 말을 타고 공원을 산책할 때는 공원 보안관이 된 것처럼 행동했다. 하지만 처음에는 소년들의 입장에 대해서는 전혀 생각하지도 않고, 소년들에게로 뛰어가서 불을 피우면 처벌을 받으니까 그만두라고 노발대발했다. 그래도 듣지 않는 경우에는 경찰에게 체포케 하겠다고 위협을 했다.

그 결과, 그 아이들은 마음 속으로는 화가 나면서도 부득이 시키는 대로 하였다. 그러나 내가 그 곳을 떠나면 그들은 또다시 모닥불을 피웠던 것이다. 그들은 큰 불이 나서 공원이 모두 타 버렸으면 시원하겠다고 생각하였을지도 모른다.

나는 그 당시에 비하면 지금은 다소 인간 관계를 이해하게 되었으며, 아직도 부족하지만 상대의 입장에서 사물을 볼 수 있게 되었다. 요즘 같으면 나는 이와 같이 말할 것이다.

"애들아, 굉장히 재미있어 보이는구나? 맛좋은 게 많구나. 나도 너희들만 할 때 이렇게 친구들과 숲 속에서 요리하는 것을 좋아했지. 지금도 물론 좋아하지만. 그러나 너희들도 잘 알고 있겠지만 여기서 모닥불을 피우는 것은 위험한단다. 너희들이야 물론 불을 낼 염려는 없다고 믿겠지만, 다른 애들 중에는 조심성이 없는 친구가 있단다. 그래서 마른 잎에 불이 붙어서 큰 사고를 내는 일이 더러 있었지. 아주 조심하지 않으면 이 공원이 몽땅 타 버릴지도 몰라. 그리고 여기서 모닥불을 피우면 처벌을 받게 되어 있지만, 너희들이 재미있게 노는 모양을 보니 하지 말라고 할 수도 없구나. 더욱이 너희들이 즐겁게 노는 것을 보면 마음이 흐뭇하

사람을 다루는 비결은 상대의 입장을 파악하고, 이를 잘 이해하여 소화하는 일이다.

단다. 그 대신에 모닥불 가까이에 있는 낙엽은 전부 멀리 치워 버리도록 해라. 그리고 돌아갈 때는 잊지 말고 흙을 뿌려서 불을 완전히 꺼야 하고, 이 다음에 모닥불을 피울 때는 될 수 있으면 뒤쪽 언덕 너머의 모래땅에서 하면 안전하단다. 거기라면 불이 날 염려는 없으니까 말이야. 그럼 잘 놀다 가도록 해."

같은 말이라도 이런 식으로 타이르면 효과는 전혀 다르게 나타난다. 또한 소년들의 체면도 선다. 그러므로 상대의 입장을 생각해 줌으로써 서로가 기분 좋은 결과를 얻을 수가 있다.

다른 사람에게 무슨 일을 부탁하려고 할 때에는 먼저 눈을 감고 상대의 입장에서 '어떻게 하면 그것을 상대방이 하고 싶어질 것인가'를 생각해 보아야 한다. 이 방법은 귀찮기는 하겠지만, 그로 인해 보다 좋은 결과를 쉽게 얻을 수 있다.

하버드 대학의 도남 교수는 다음과 같이 말하고 있다.

"나는 다른 사람을 방문할 때 미리 내가 말할 것을 충분히 생각하고 난 뒤, 상대방이 어떻게 대답할 것인지 윤곽이 뚜렷이 잡힐 때까지 그의 집에 들어가지 않는다."

당신은 상대방의 입장이 되어서 세상 일을 깊이 판단할 줄 아는 요령을 터득한다면, 이미 성공의 문턱에 들어선 것이다.

사람을 이해하고 설득하는 여덟째 기술은 다른 사람의 입장이 되는 일이다. 상대의 말과 행동에는 제각기 이유가 있을 것이다. 따라서 그 이유를 찾아내도록 노력하여야 한다. 상대방의 입장이 되어 보면 상대의 행동으로 성격을 알아낼 수 있다.

아홉째 기술

## 상대에 대해 동정심을 가져라

시비나 악감정을 없애고, 상대방에게 선의의 마음을
갖게 함으로써 당신의 말을 조용히 듣도록 하는 마법
의 문구는 다음과 같다.

"당신이 그렇게 생각하는 것은 당연하다고 봅니다. 만
약 내가 당신이라도 그렇게 생각했을 것입니다."

아무리 심술이 많은 인간이라도 이렇게 서두를 꺼내
면 대개는 얌전해진다. 더욱이 상대의 입장이 되면 상
대와 같은 생각을 가지게 될 것이고, 또한 그만큼의 성
의가 담겨져 있을 것이다. 이를테면 우리가 알 카포네
와 같은 정신과 육체를 가지고 태어나서 똑같은 환경
에서 자라고 똑같은 경험을 쌓았다면, 카포네와 똑같은
인간이 되고 똑같이 행동했을 것이다.

또한 우리가 뱀이 아닌 이유는 우리의 부모가 뱀이
아니기 때문이며, 우리가 소에게 키스를 하거나 뱀을
신성시하지 않는 이유는 우리가 힌두교도의 집에서 태

어나지 않았기 때문이다.

아무리 마음에 안 드는 상대가 잘못을 했을지라도 그가 그렇게 된 데는 그럴 만한 **충분할 이유가** 있다. 그러므로 그에 대해 동정심을 가져야 한다. 상대방을 위로하는 마음이 무엇보다 필요하다. 존 B.가프는 주정꾼을 보면 이렇게 말했다.

"나에게 하느님의 은혜가 없으면 나 역시 저렇게 될 것이다."

우리도 이러한 심정으로 다른 사람을 대할 필요가 있다. 우리들이 교제하는 대부분의 상대는 모두 동정심에 굶주려 있다. 그러므로 그것을 베풀면 베푼 만큼 상대에게 호감을 사는 것은 당연하다.

나는 《청춘 인생》의 작가 루이자 메이 올코트의 이야기를 라디오에서 방송한 일이 있었다. 하지만 나는 불멸의 소설을 쓴 것은 알고는 있었는데 실수로 뉴 햄프셔 주의 콩코드라고 그만 잘못 말해 버렸다. 한 번도 아니고 두 번이나 그랬으니 청취자들이 가만 있을 리가 없었다. 당장 신랄한 비난의 편지와 전보가 날아들었다. 특히 매사추세츠의 콩코드에서 자라 필라델피아에서 살고 있는 보수주의자인 한 여성은 분개하고 있었다.

내가 설령 내가 올코트 여사가 식인종이라고 말했더라도 그녀처럼 노여워할 수는 없었을 것이다. 그런데 나는 그녀의 편지를 읽으면서 안도의 한숨을 쉬었다.

"하느님, 정말 감사합니다. 저가 이런 여성과 결혼하지 않은 것이 얼마나 다행인지 모르겠습니다."

오직 나는 지리상의 착오를 범했을 뿐이었지만, 그녀

자신은 예의상 큰 실수를 범하고 있다는 내용의 글을 써서 답장으로 보내 주고 싶었다. 그러나 곧 그것은 어리석은 짓임을 깨닫게 되었다. 나는 바보가 되고 싶지 않았다. 그래서 나는 그녀의 저의를 호의로 바꾸어 보기로 결심하였다. 나는 스스로 다음과 같이 말하여 보았다.

"내가 만약 그녀였다면, 나 역시 그렇게 느꼈을지도 모른다."

그러고는 그녀, 즉 상대의 입장을 이해하려고 노력하였다. 그 후 기회가 찾아와 필라델피아로 갔을 때 그녀에게 전화를 걸어서 다음과 같이 말했다.

"지난번에 일부러 편지를 주셔서 참으로 고마웠습니다. 실례를 무릅쓰고 이렇게 전화로 감사의 말씀을 드립니다."

그녀는 똑똑하고 품위 있는 목소리로,

"실례지만 누구시죠?"

"저와 직접 만난 일은 없습니다만 데일 카네기라는 사람입니다. 전에 제가 올코트 여사에 관해 방송하였을 때 그만 매사추세츠와 뉴 햄프셔를 뒤바꾼 터무니없는 실수를 한 것을 알고 계시겠지요? 그래서 사과를 드리려고 이렇게 전화를 드렸습니다. 일부러 친절하게 편지까지 보내 주셔서 뭐라고 감사의 말씀을 드려야 할지 모르겠습니다."

"어머, 그러세요. 실례했습니다. 저야말로 너무 심한 편지를 드려서 죄송합니다. 그 땐 제가 좀 흥분했던 모양입니다. 사과는 오히려 제가 드려야죠."

"무슨 말씀을. 부인이 사과할 필요는 조금도 없습니

다. 초등학생도 알고 있는 일을 제가 실수를 했으니까요. 그 다음 일요일의 방송에서 시정과 사과를 드렸습니다만, 부인께는 직접 사과를 드리고 싶었습니다."

"저는 매사추세츠의 콩코드에서 태어났습니다. 저의 집은 무척 자랑으로 생각하고 있습니다. 그래서 선생님의 방송을 듣고 성급하게 그런 편지를 쓰게 되었던 거예요. 참으로 부끄럽습니다."

"그 무슨 말씀을, 부끄러운 것은 저올시다. 제가 틀렸다고 해서 매사추세츠의 명예가 손상되는 것은 아닐 테지만, 그래도 무척 죄송했습니다. 정말 잘 알려 주셨습니다. 이후에도 아무쪼록 지도 편달하여 주시기 바라겠습니다.

"저가 그렇게 무례한 편지를 드렸는데도 이렇게 화를 내지 않으시니, 선생님께서는 참으로 훌륭한 분이십니다. 저야말로 잘 부탁하겠어요."

그녀에게 사과를 하고 그녀의 입장에서 이해하게 되니, 그녀 쪽에서도 이렇게 내게 사과를 하고 내 입장에 동정하여 주었다. 나는 한때의 노여움을 참았던 보람이 있다고 생각하고 상대의 호감을 사는 것이 더욱 보람 있고 유쾌한 일임을 알게 되었다.

대체로 대통령들은 거의 매일 귀찮은 대인 관계의 문제에 직면한다. 태프트 대통령도 예외는 아니었다. 그는 자신의 경험에 의해서 나쁜 감정을 중화하는 데는 동정이 절대적인 힘을 가지고 있음을 알았다. 그리고 자신의 저서인 《봉사의 윤리학》 속에서 흥미 있는 실례를 들어가면서, 어떻게 다른 사람의 반감을 유화시켰는지 서술하고 있다. 여기에 그 한 대목을 소개한다.

워싱턴에 있는 어떤 부인이 그녀의 아들을 정부의 무슨 직위에 앉히려고 6주간 이상이나 매일같이 나를 찾아왔다. 그녀의 남편은 정계에서도 다소 이름이 알려진 사람이었다.

그녀는 수많은 상하 양원을 자기 편으로 끌어들여서 맹렬한 운동을 벌였다. 그러나 아들에게 필요한 그 직위는 전문적인 기술을 필요했기 때문에, 나는 그 부처의 책임자의 추천에 따라서 다른 사람을 임명하였다.

얼마 후 그녀로부터 원한에 사무친 편지가 왔다. 내가 마음만 있다면 쉽사리 그녀를 기쁘게 해 줄 수 있었을 터인데, 그렇게 하지 않았다는 것은 은혜를 모르는 사람이라고 말했다. 그녀는 내가 특히 관심을 가지고 있었던 법안을 통과시키기 위해서 지역구 출신의 국회의원 모두를 설득해서 그 법안을 무사히 처리하게 했음에도 불구하고 은혜를 원수로 갚았다는 것이다.

눈앞에 이러한 편지를 보게 되면 누구나 참고 견딜 수가 없어서 그 무례함을 응징해 주고 싶을 것이다. 그래서 당장에 반박의 편지를 쓴다. 그러나 현명한 사람은 비록 편지는 썼지만 그것을 부치지 않는다. 책상 서랍에 넣어 두었다가 2~3일이 지나서 다시 꺼낸다. 냉각 기간을 둔 뒤 새로 읽어보면 발송할 생각이 나지 않는다. 나는 그녀에게 될 수 있는 대로 친절하게 편지를 썼다. 부인의 실망은 충분히 이해하겠지만, 그 인사 문제는 나의 뜻만으로는 할 수 없고, 전문적인 기술을 가진 사람이 아니면 안 되었기 때문에 부득이 국장의 추천에 따를 수밖에 없었으므로 양해해 달라고 하였다.

그리고 부인의 아들은 현재의 직위에 그냥 있어도 부인의 기대에 어긋나지 않을 것이니 아무 걱정하지 말라는 점을 강조하였다.

그녀는 이 회답으로 마음이 풀어져서 일전에 너무 실례되는 편지를 보내서 미안하다고 사과했다.

그런데 내가 임명하기로 정해 놓은 사람의 발령이 다소 시간을 끌었다. 그 사이에 이번에는 그녀의 남편으로부터 편지가 왔다. 자세히 보니까 이전의 편지와 필적이 같았다. 그 편지에는 그 이후 아내는 타격을 받아 신경쇠약에 걸렸고, 거기에다 위암 증상이 나타나 빈사 상태에 있는데, 지금 아들을 임명해 주면 아내의 병은 나을 것이라고 했다. 그러나 그럴 수는 없었다.

그래서 나는 다시 한 번 편지를 하지 않으면 안 되었다. 이번에는 그녀의 남편 앞으로 보냈다. 부인의 건강이 속히 완쾌되기를 빈다고 말한 뒤 인사 문제는 변경할 수가 없다고 못박았다. 또한 그 때는 사령장이 이미 나온 뒤였다. 그가 편지를 받은 이틀 후에 나는 백악관에서 음악회를 개최했다. 그런데 첫번째로 우리 부부에게 인사를 한 커플은 바로 이 부부였다. 그 부인은 2,3일 전만 하여도 사활을 다투는 병석에 있었을 터인데도 말이다.

S. 휴럭은 미국 음악계에서 일류급 매니저이다. 그는 20년간에 걸쳐서 리어편, 이사도라 덩컨, 바브로부아같이 세계적으로 알려진 예술가들과 교제를 가졌다.

내가 그로부터 직접 들은 바에 의하면, 성미가 까다로운 예술가들을 움직이기 위해서는 그들의 유달리 뛰어

아이들은 상처를 보이고 싶어한다. 때로는 관심과 동정을 구하고 싶어서 자기 스스로 상처를 만드는 일도 있다.

난 개성에 대한 이해심이 철두철미 필요하며, 그 점을 그는 무엇보다도 먼저 배웠다고 했다.

그는 샬리아핀의 매니저로 3년 동안 일했는데, 이 가수의 괴상스러운 성격 때문에 골머리를 앓았다.

"기분이 나쁘다. 목의 컨디션이 좋지 않아서 오늘밤은 노래를 할 수 없다."

라고 말하여 흔히 밤무대 스케줄을 어기는 일이 있었다. 휴럭 씨는 그녀의 그런 버릇을 이미 알고 있었기 때문에 결코 화를 내지 않았다. 왜냐 하면 매니저와 예술가 사이에는 시비가 하등 소용 없다는 것을 너무나 잘 인식하고 있었기 때문이다. 그래서 샬리아핀의 호텔로 급히 달려가서 열심히 사정을 했다.

"이것 참, 안됐습니다. 오늘 밤은 노래하지 않는 편이 나을 것 같습니다. 취소하도록 하겠습니다. 왜냐 하면 무리하게 노래를 해서 평판이 떨어지는 것보다는 2천 달러의 계약을 취소하는 것이 당신에게 훨씬 유리할 것이기 때문입니다."

그러자 샬리아핀은 한숨을 지으며 말했다.

"그럼 좀더 있다가 다시 한 번 와주시지 않겠어요? 5시쯤에는 출연할 수 있을지 어떨지 알 수 있겠어요."

그는 5시가 되어 다시 호텔로 달려가서 앞에서와 같은 식으로 동정심을 보이고 무리를 하지 말도록 권유하였다.

"좀더 있으면 잘 될지도 모르겠습니다. 한 번 더 와주시지 않겠습니까?"

그녀는 다시 말했다. 7시 30분. 개장 직전에 그녀는 겨우 출연할 것을 승낙했다. 청중들에게 감기로 음성이

상해 있다는 양해를 미리 구해 놓았다는 전제 조건을 달았다. 이러한 요령을 휴력 씨는 경험으로 터득하고 있었기 때문에 청중에게 그대로 전달되었다고 샬리아 핀을 속여서 무대에 서게 했던 것이다.

아더 I. 게이스 박사의 유명한 저서인 《교육 심리학》에는 다음과 같은 말이 씌어져 있다.

"일반적으로 인간은 동정심을 원한다. 더욱이 아이들은 상처를 보이고 싶어한다. 때로는 관심과 동정을 구하고 싶어서 자기 스스로 상처를 만드는 일도 있다. 이러한 행동은 어른도 마찬가지이다. 상처를 보이고 재난이나 병 이야기를 한다. 특히 수술을 받았을 때의 이야기는 더 자세하게 얘기하고 싶어한다. 불행한 자신에게 자기 연민의 정을 느끼고 싶어하는 마음은 정도의 차이는 있겠지만 누구에게나 있는 법이다."

사람을 이해하고 설득하는 아홉째 기술은 상대에 대해 동정심을 갖는 일이다. 우리들이 교제하는 대부분의 상대는 모두 동정심에 굶주려 있다. 그러므로 그것을 베풀면 베푼 만큼 상대에게 호감을 사는 것은 당연하다.

열째 기술

# 상대의 마음에 호소하라

나는 미주리 주에서 자랐는데, 우리 집 근처에는 유명
한 도둑이었던 제시 제임스가 살고 있었던 농장이 있
었다. 그 농장에는 제시의 아들이 지금도 살고 있다.

나는 그 아들의 부인으로부터 제시가 열차나 은행을
습격하였을 때의 상황을 비롯해, 훔친 돈을 이웃의 가
난한 농부들에게 나누어 준 이야기를 자주 들었다. 그
런데 제시 제임스도 쌍권총잡이 크로레나 알 카포네
등과 마찬가지로 자기 스스로는 이상주의자라고 생각
하였던 모양이다.

이와 같이 모든 인간들은 자기 자신을 희생심이 강한
훌륭한 인물이라고 생각하기를 좋아한다. 은행가이면서
도 미술품 수집가로 유명한 J. P. 몰간은 다음과 같이
말했다.

"인간의 행동에는 두 가지 이유가 있다. 그 한 가지는
그럴 듯하게 꾸며낸 이유이고, 또 다른 한 가지는 진실

한 이유이다."

그 진실한 이유는 다른 사람이 구태여 이러쿵저러쿵 말하지 않아도 자기 자신만은 알 수 있을 것이다. 인간은 어느 누구든 이상주의적인 경향을 가지고 있으며, 자기의 행위에 대해서는 아름답게 꾸며낸 이유를 만들고 싶어한다.

그러므로 상대방의 생각을 바꾸게 하기 위해서는 아름다운 이유를 꾸미고 싶어하는 마음에 호소하는 것이 좋다. 그런데 이것을 사업에 응용하면 어떨까? 펜실베이니아 주의 구래놀덴에서 아파트를 경영하고 있는 해밀턴 J. 파렐 씨의 경험을 들어보자.

파렐 씨의 아파트에는 아직도 계약 기한이 4개월이나 남아 있는데도 결단코 이사를 가겠다는 사람이 있었다. 그 아파트는 월 55달러의 셋방이었다.

다음은 파렐 씨가 나의 강습회에서 한 얘기이다.

나의 아파트에서 이 가족은 한겨울을 넘겼다. 겨울은 1년 중 경비가 가장 많이 드는 시기이다. 문제는 가을이 되기까지는 새로운 입주자를 구하기가 어려운 데 있었다. 말하자면 나로서는 220달러가 공중에 붕 떠 버리는 것이다. 나는 화가 났다. 보통때 같으면 계약서를 들이대고 무리하게 꼭 이사를 가겠다면, 아직 남은 계약 기간의 모든 방세를 지불하라고 다그쳤을 것이다. 그러나 한편, 그러한 소란을 떨지 않고 조용히 해결할 방법을 생각해 본 끝에 다음과 같이 말하여 보았다.

"당신의 사정은 잘 알았습니다만, 내가 볼 때는 아무래도 당신은 이사를 가리라고 생각되지 않습니다. 여러

인간의 행동에는 두 가지 이유가 있다. 그 한 가지는 그럴 듯하게 꾸며낸 이유이고, 또 다른 한 가지는 진실한 이유이다.

해 동안 집세를 받아 사는 저에게는 사람을 보는 눈이 발달되어 있습니다. 따라서 당신은 약속을 어길 그러한 사람이 아니라는 것을 알고 있습니다. 이것만은 내기를 해도 좋다고 생각합니다."

나는 계속해서 말했다.

"한 가지 부탁을 드리겠는데, 이 문제는 2,3일 후 다시 저와 상의하시지 않겠습니까? 그래도 여전히 마음이 변하지 않는다면 당신의 생각대로 이사를 가도 좋습니다. 그 때는 나의 판단이 사람을 잘못 보았다고 생각하고 단념하는 수밖에 없습니다. 아무튼 당신은 약속을 어길 사람은 아니라고 나는 굳게 믿고 있습니다. 그러나 오판일 수도 있겠지요."

며칠 후 그는 자기가 직접 집세를 치르러 왔다. 그는 아내와 상의한 결과 이사 가는 것을 취소하기로 한 모양이었다. 왜냐 하면 계약을 실행하는 것은 매우 중요한 것임을 인식하였기 때문이라고 했다.

영국의 신문 발행인 노크리프 경은 공개하고 싶지 않은 자기의 사진이 신문에 실려 있는 것을 보고 편집장 앞으로 한 통의 편지를 썼다. 그러나 '나의 마음에 들지 않으니 그 사진은 신문에 발표하지 말아 달라'고는 쓰지 않았다. 그는 편집장 앞으로 좀더 마음에 호소했다. 누구나 품고 있는 어머님에 대한 존경과 애정을 들먹이며,

"그 사진은 신문에 발표하지 말아 주기를 바랍니다. 어머님이 무척 싫어하시는 사진이기 때문입니다."

라고 적었다고 한다. 록펠러 2세도 아이들의 사진이 신

문에 발표되는 것을 방지하기 위해서,

"신문에 아이들의 사진을 발표하는 것은 찬성할 수 없다."

라고 말하지 않고, 어린 자식들을 사랑하는 부모의 공통된 심정에 호소했다.

"여러분들 중에 아이를 가진 분들이 있으면 잘 이해하리라고 생각합니다만, 너무 세상에서 떠들어 대는 것은 아이의 장래를 위해서 불행할 결과를 초래할지도 모릅니다."

사일러스 H. K. 커티스는 세상에 널리 알려진 〈새터데이 이브닝 포스트〉지와 〈레리디스 홈스 저널〉지의 창설자로서, 메인 주의 빈민가 출신인 입지전적 인물이다. 초창기에 그는 다른 잡지사와 같은 수준의 원고료를 지불할 능력이 없었다. 특히 일류급 작가의 고액의 원고료는 도저히 지불 할수가 없었기 때문에, 상대방의 아름다운 마음에 호소하기로 했다. 당시의 유명 작가인 올코트 여사에게 원고를 써달라고 부탁을 하고, 100달러짜리 수표를 그녀에게 건네주는 대신, 그녀가 열심히 지지하는 자선 단체에 보내어 성공하였다.

그렇다면 이 책의 독자들 중에는 이런 의문을 갖는 사람이 있을지 모른다.

'그런 수법은 센티멘털한 토크리프나 록펠러 등의 작가에게는 잘 들어맞을지 모르지만, 까다로운 작가들게도 과연 통용될 수 있겠는가?'

물론 상대에 따라서는 통용되지 않을지도 모른다.만약 당신이 이 이상의 방법을 알고 있기 때문에 그 결과에 만족하고 있다면 구태여 이러한 방법을 쓸 필요는 없다. 그러나 그렇지 않다면 이 방법을 한 번 시험해 보라. 다음의 이야기는 제임스 토머스라는 사람이 나의 강습회에서 발표한 너무나 흥미 있는 체험담이다.

어느 자동차 회사의 손님 여섯이 그 금액의 일부가 부당하다면서 자동차 수리 대금을 지불하지 않았다. 회사 측은 수리를 할 때마다 사인을 받아 놓고 있기 때문에 절대 틀림없으리라 믿으며 손님을 설득하였다. 그러나 그 설득 방법에 문제가 있었다. 즉, 수금을 맡은 직원은 다음과 같이 미불금의 징수를 하였던 것이다. 그 직원은 직접 찾아가서 이번 달에는 꼭 지불해 줘야 한다고 정면으로 대들었다. 청구서는 절대로 틀릴 수 없으므로 잘못된 것은 고객 쪽이라고 분명히 말한다. 자동차 손님보다 회사 쪽이 훨씬 더 잘 알고 있다. 그러므로 더 이상 논쟁의 여지는 없다고 설명했다. 그 결과는 치열한 시비로 번졌다.

이러한 징수 방법은 결코 성공할 수가 없다. 수금원은 마침내 법적인 수단에 호소하려고 하였는데, 때마침 지배인이 이 사실을 알게 되었다.

지배인이 조사를 한 결과, 문제의 손님은 평소 대금 지불 성적이 우수했다는 것을 알았다. 그렇다면 문제는 손님 쪽에 있는 것이 아니라, 수금 징수의 방법에 근본적인 실책이 있을 것 같았다. 지배인은 토머스를 불러 이 문제를 해결하도록 지시했다.

그래서 토머스 씨가 취한 방법은 다음과 같다.

그는 미납된 수리 대금에는 한마디 언급도 하지 않고, 다만 지금까지의 서비스 실태를 조사하고 싶어서 방문

했다고 말했다. 그러고 나서 상대방의 얘기를 모두 들어보지 않고서는 어떻게 생각해야 좋을지 모르겠다고 말한 뒤, 어쩌면 회사 측에 실수가 있을지도 모른다고 하였다.

상대방의 신뢰도가 분명치 않을 때는 일단 그를 훌륭한 신사로 여기고 거래를 진행하면 틀림없이 성공한다.

내가 여기서 알고 싶은 것은 상대 차에 대한 것이며, 그 차에 대해서는 차주가 누구보다도 잘 알고 있으며, 최고의 권위자라고 말하였다. 상대방이 말하게 만들고, 상대방이 기대하는 대로 동정심과 흥미를 가지고 그 말을 귀담아들었다. 마지막으로 얼마 동안 그대로 있다가 상대의 흥분이 가라앉았을 때, 그의 공정한 판단에 호소하였다. 다시 말해 그의 아름다운 마음에 호소한 것이다. 이를테면 이렇게 말하였다.

"우리들이 부족해서 귀하에게 폐를 끼치게 되어 참으로 죄송합니다. 수금원의 태도에 매우 기분이 상하셨을 줄 압니다. 정말 죄송합니다. 회사의 대표로서 깊이 사과를 드립니다. 이렇게 직접 만나뵈니 귀하의 공정하고 관대한 인격에 아주 감탄했습니다. 그런데 한 가지 청이 있습니다만, 이 일은 귀하가 아니면 할 수 없습니다. 그리고 귀하가 잘 알고 있는 일입니다. 다름이 아니오라 이 청구서 말입니다. 이것을 귀하께서 정정해 주신다면 저도 안심할 수 있겠습니다. 귀하가 우리 회사의 사장이라는 생각으로 정정해 주십시오. 만사를 귀하께 일임하고 그 정정대로 처리하겠습니다."

이 방법은 멋지게 적중하였다. 여섯 사람의 고객 중에서 한 사람만이 끝까지 회사 측이 잘못되었다고 버티었고, 일부분의 대금을 지불하지 않았다. 그러나 다른 다섯 명의 손님은 모두가 기분 좋게 전액 지불하였다.

여기서 특히 재미있는 것은, 그 후 2년 뒤에 이 여섯 명의 고객으로부터 새 차를 다시 주문받은 사실이다. 이에 대해서 토머스 씨는 다음과 같이 말하였다.

"상대방의 신뢰도가 분명치 않을 때는 일단 그를 훌륭한 신사로 여기고 거래를 진행하면 틀림없이 성공한다. 사람은 누구나 정직하게 살고자 한다. 이에 대한 예외는 별로 많지 않다. 상대를 기만하기를 일삼는 인간도 상대방으로부터 진심으로 신뢰를 받으면, 정직하고 공정한 인물로서 취급되면 부정한 일을 할 수가 없다."

사람을 이해하고 설득하는 열째 기술은 상대의 마음에 호소하는 일이다. 인간은 어느 누구든 이상주의적인 경향을 가지고 있으며, 자기의 행위에 대해서는 아름답게 꾸며낸 이유를 만들고 싶어한다. 그러므로 상대방의 생각을 바꾸게 하기 위해서는 아름다운 이유를 꾸미고 싶어하는 마음에 호소하는 것이 좋다.

열한째 기술

# 연출의 효과를 최대한 노려라

몇 해 전, 〈필라델피아 이브닝 블루틴〉신문사에 아주 중대한 문제가 발생했다. 요컨대 악성 루머가 유포되기 시작한 것이다. 그 악성 루머란, 이 신문은 대부분 광고로 메워지고 있고 기사가 아주 적기 때문에, 독자들은 흥미를 상실하고 있으며, 광고를 게재해도 효과가 희박하다는 것이 그 골자였다. 이에 대해 이 신문사는 시급히 대책을 세워서 소문을 뿌리 뽑는 것이 급선무였다. 그래서 다음과 같은 방법을 취하기로 결정했다.

이를테면 〈블루틴〉지는 평상시의 하루치 지면의 기사를 따로따로 분류해서 한 권의 책자로 꾸며 출판을 했다. 《하루》라는 제목의 이 책은 307페이지의 분량이었으나 불과 2센트에 팔았다.

그 결과 이 책자는 〈블루틴〉지에 재미있는 읽을 거리가 많이 게재되어 있다는 사실을 효과적으로 알려주었다. 참으로 기발한 연출 솜씨라고 말하지 않을 수가 없현대는 연출의 시대이다. 단순히 사실을 말하는 것만으로는 충분하지 않다. 최대한 연출의 흥행적인 수법을 사용할 필요가 있다.

다. 그냥 단순하게 숫자를 나열하거나, 이야기로 변명해서는 좀처럼 해결하기 힘든 일을 단번에 해치운 셈이다.

뉴욕 대학의 리처드 버튼 교수와 알반 비스 교수는 1만 5천 건의 상담을 분석하여 《논쟁에 이기는 법》이라는 제목의 책을 저술하고, 〈판매의 여섯 가지 원칙〉이라는 제목으로 강연을 하였으며, 나중에는 영화로 만들어 세일즈맨들에게 보여 주었다.

그들은 연구 결과를 실례를 들어가며, 청중 앞에서 실제로 판매의 올바른 방법과 그릇된 방법을 가르쳐 준 것이다.

현대는 연출의 시대이다. 단순히 사실을 말하는 것만으로는 충분하지 않다. 최대한 연출의 흥행적인 수법을 사용할 필요가 있다. 영화나 라디오·텔레비전 등은 모두 이러한 방식을 취하는 것이 무엇보다도 유효하고 적절하다.

쇼윈도의 장식을 전문으로 하는 직업인은 연출의 효과를 충분히 알고 있을 것이다. 가령 새로운 상품을 만든 제조 회사가 소매점의 쇼윈도에 그 상품에 가장 걸맞은 이미지를 사용하여 장식을 꾸몄더니 판매고가 보통 때의 5배나 증가한 경우가 그 좋은 예이다.

〈아메리칸 위클리〉지에 제임스 B. 보인턴 씨는 방대한 시장 조사 보고서를 제출해야 했다. 일류급 콜드 크림 회사에서 제품의 가격을 내려야 할 것인가, 내리지 말아야 할 것인가를 결정하기 위해서 급히 자료가 필요하다는 요청을 해 온 것이다. 그래서 조사의 결과를 작성하여 그것을 의뢰한 사람에게 전달하러 갔다. 그런데 그 의뢰인은 업계의 거물로서 정평이 난 잔소리 많은 인물이었다.

그 때의 이야기를 보인트 씨로부터 들어보자.

"나의 조사 방법에 대해서 처음에는 실로 아무런 실속도 없는 논쟁을 하였다. 나는 논쟁 끝에 그를 승복시키고 울분을 풀었다. 그러나 유감스럽게도 장사에는 조금도 도움을 얻지 못했다.

두 번째 갔을 때는 숫자표나 자료 따위에 구애됨이 없이 조사한 사실을 극적으로 연출하여 보였다. 그 연출은 이렇다. 내가 그의 방으로 들어갔을 때, 그는 전화를 걸고 있었다. 그 사이에 나는 가방 속에서 3개의 콜드 크림 용기를 꺼내어 그의 책상 위에 나란히 놓았다.

그가 알고 있는 모든 제품, 이를테면 그의 경쟁 회사의 제품 전부를 내보인 것이다. 각 용기에는 나의 조사 결과를 기입한 표가 붙어 있었는데, 그 표에는 그 크림의 판매 상태가 적혀 있었다.

그 효과는 눈부실 정도였다. 지난번과 같은 논쟁이 일어날 여지는 전혀 없었다. 그는 하나하나 용기를 집어들고는 그것에 붙은 표를 읽었다.

비로소 그와 나 사이의 대화는 화해의 무드에서 교환되었으며, 또한 극히 가벼운 질문이 오고갔을 뿐이다. 그는 상당한 흥미를 느낀 모양이었다. 10분의 회담 약속이 20분이 넘고, 40분을 지나서 1시간이 되어도 끝날 줄을 몰랐다.

단지 나는 전과 같은 사실을 제공하였으나, 최대한 연출의 효과를 노린 점이 달랐다. 흥행적인 수법에 이런

쇼윈도에 그 상품에 가장 걸맞은 이미지를 사용하여 장식을 꾸몄더니 판매고가 보통 때의 5배나 증가한 경우가 그 좋은 예이다.

효과가 있으리라고는 생각하지 못했다."

사람을 이해하고 설득하는 열한째 기술은 최대한 연출의 효과를 노리는 일이다. 현대는 연출의 시대이다. 단순히 사실을 말하는 것만으로는 충분하지 않다. 최대한 연출의 흥행적인 수법을 사용할 필요가 있다.

열두째 기술

# 경쟁심을 자극하라

찰스 슈와프라는 사람이 담당하고 있는 공장 중에서 실적이 오르지 않는 공장이 있었다. 슈와프는 공장장을 불러 다음과 같이 물어보았다.

"당신은 상당한 수완이 있는 사람으로 생각했었는데, 의외로 실적이 오르지 않으니 웬일이오?"

"그 이유를 저도 알 수가 없습니다. 어르고 달래고 추켜올려주고, 아무튼 모든 수단을 강구하는 데도 별 효과가 없습니다."

그 때는 마침 주간과 야간 근무의 교대 시간이었다. 슈와프는 분필을 손에 쥐고 주간 직공을 불러서 물어보았다.

"오늘 자네 근무반에서는 몇 번이나 주물을 흘러 보냈는가?"

"여섯 번입니다."

슈와프는 아무 말도 하지 않고 공장 바닥에 '6'이라

일에는 경쟁심이 가장
중요하다. 악착스러운
돈벌이의 경쟁심이 아
니고, 다른 사람들보다
뛰어나겠다는 그 경쟁
심을 자극하여 이용하
여야 한다.

는 글자를 써놓고 나가 버렸다. 이윽고 야간반이 들어
와서 그 숫자를 보고 그 의미를 주간 직공에게 물어보
았다.

"보스가 방금 이 공장에 왔다가 갔네. 오늘 몇 번 주
물을 흘렸는가라고 물어서 여섯 번이라고 대답하니까
이렇게 '6' 자를 써놓고 갔단 말일세, 알았는가?"

다음날 슈와프는 아침에 다시 찾아갔다. 그런데 야간
반이 '6'을 지우고 커다란 글자로 '7'이라고 써놓았다.
그 뒤 다시 주간반이 출근해서 보니 바닥 위에 '7'이라
고 크게 썩어 있었다. 야간반이 더 성적을 올린 셈이다.
그래서 주간반은 경쟁심이 생겨 퇴근 시에 '10'이라고
써놓고 갔다.

이렇게 해서 이 공장의 능률은 자꾸 올라가게 되었다.
성적이 불량했던 이 공장은 얼마 안 가서 다른 공장을
누르고 생산율에 있어서 1위를 차지하기에 이르렀다.
이에 대해서 슈와프는 다음과 같이 말했다.

"일에는 경쟁심이 가장 중요하다. 악착스러운 돈벌이
의 경쟁심이 아니고, 다른 사람들보다 뛰어나겠다는 그
경쟁심을 자극하여 이용하여야 한다."

우위를 점유하고 싶다는 욕구와 경쟁 의식, 불굴의 투
지, 굳센 용기에 호소하는 것도 하나의 방법이다. 불굴
의 투지가 자극되지 않았다면 루스벨트도 대통령이 되
지 못했을지 모른다. 루스벨트는 전쟁에서 돌아오자마
자 뉴욕 주지사로 선출되었다. 그런데 반대파는 루스벨
트가 법적으로 그 지방의 거주인으로서 자격이 없다고
말하며 항의했다. 이 주장에 그는 사퇴하겠다고 말하기
까지 했다. 그러자 한 친구가 내뱉었다.

"자네가 그래도 산 주앙 힐 전선에서 싸운 용사인가? 이 비겁한 친구야!"

이 말을 듣자 그제야 루스벨트는 사퇴 의의를 번복하고 싸울 결심을 하였다. 그 다음 얘기는 역사에 나타난 그대로이다.

루스벨트의 불굴의 투혼을 자극한 이 한 마디는 그의 생애를 완전히 바꾸어 놓았을 뿐만 아니라, 미합중국의 역사에도 중요한 영향을 끼쳤다.

알 스미스가 뉴욕 주지사로 있을 때, 싱싱 형무소는 소장이 없어서 전전긍긍하고 있었다. 따라서 형무소 내의 질서가 문란해지고 분위기가 좋지 않았기 때문에 싱싱을 지배하기에는 강력한 인물이 필요했다. 인선을 한 결과, 뉴 햄프턴의 루이스 로즈가 적임자로 추천되었다. 스미스는 로즈를 불러 이렇게 말하였다.

"어떠시오. 당신이 싱싱의 일을 봐 주었으면 하는데. 상당한 경험이 있는 인물이 아니면 곤란하오."

로즈는 좀 난처했다. 왜냐 하면 싱싱의 소장이 된다는 것은 어느 모로 보나 달갑지 않았기 때문이다. 또한 정치 판도에 따라 어떻게 될지 모르는 지위이기도 했기 때문에 소장은 항상 교체되고 있었다. 임기가 불과 3개월이라는 말도 있었다. 자칫 잘못해선 위험하다고 로즈는 생각하였다. 그가 주저하고 있는 것을 보고 스미스는 몸을 젖히고 웃으면서 다음과 같이 말하였다.

"힘든 일이기 때문에 마음이 내키지 않는 것도 무리는 아니겠지요. 여간한 사람이 아니면 근무하지 못할 것이오."

상대방의 오기를 돋우게 하는 말이었다. 로즈는 웬만

모든 성공자는 게임을 좋아한다. 자기 표현의 기회가 주어졌기 때문이다.

한 인물 같아서는 감당할 수 없는 일을 해 보고 싶은 마음이 생겼다.

즉시 로즈는 부임하여 열심히 분발했다. 그리고 명소장으로서 그의 이름을 모르는 사람이 없을 정도였다. 그의 저서 《싱싱의 그 만년》이라는 책은 수십만 부가 팔렸고, 라디오에도 나왔다. 그뿐만 아니라 그의 저서를 소재로 몇 편의 영화가 제작되기도 하였다. 그리고 그의 〈수감자 대우 개선론〉은 형무소에서 기적적인 개혁을 초래했다.

파이어스턴 고무 회사의 창설자 하버드 S. 파이어스턴은 이렇게 말했다.

"제대로 급료만 주면 사람이 모이고 인재가 확보된다고 생각하면 착오이다. 게임의 정신을 도입하는 것이 필요하다."

모든 성공자는 게임을 좋아한다. 자기 표현의 기회가 주어졌기 때문이다. 정정당당하게 경쟁하여 상대에게 이기는 기회, 이것이 여러 가지 경주와 경기를 성립시킨다. 우위를 접하고 싶은 욕구와 중요감을 얻고 싶은 소망을 자극하는 것이다.

사람을 이해하고 설득하는 열두째 기술은 경쟁심을 자극하는 일이다. "일에는 경쟁심이 가장 중요하다. 악착스러운 돈벌이의 경쟁심이 아니고, 다른 사람들보다 뛰어나겠다는 그 경쟁심을 자극하여 이용하여야 한다" 라고 찰스 슈와프는 말하고 있다.

제4부

사람을 바르게 이끌고
충고하는 기술

첫째 기술

## 상대를 먼저 칭찬하라

나의 친구 중 한 사람은 쿨리지 대통령의 초대로 백
악관에서 주말을 보낸 적이 있다. 그가 대통령의 집무
실에 안내되어 들어갔을 때 마침 대통령은 그의 여비
서에게 다음과 같이 말하고 있었다.

"옷이 잘 어울리는데! 정말 당신은 미인이오."

말수가 적은 쿨리지가 이런 찬사를 하는 것은 드문
일이었다. 갑작스런 칭찬에 그 아가씨는 당황하여 볼을
빨갛게 물들이며 수줍어했다.

"그렇게 부끄러워할 것 없어요. 그런데 좀전에 작성했
던 문장은 되도록 차분하게 구두점에 주의해 주기를
바라오."

그녀에게 대통령은 친근하게 일러주었다. 조금 노골적
이기는 하지만, 이러한 대인 관계는 인간 심리를 잘 이
해하고 있다는 점에서 칭찬해 줄 만하다. 그런데 누구
라도 칭찬을 받은 후에는 잔소리까지 고맙고 가볍게

생각되는 것이 보통이다.

이발사는 면도날을 대기 전에 먼저 비누 거품을 바른다. 매킨리가 대통령 선거에 입후보했을 때 바로 이발소의 이러한 격식을 그대로 따라 연설문을 작성하게 한 일이 있었다.

같은 공화당 소속인 어떤 유명한 당원이 연설의 초고를 써서 스스로 명연설이라고 자부하고 의기 양양해하며 매킨리에게 읽어 주었다. 들어보니 잘 된 곳도 있었지만 전체적으로 쓸모가 없었다. 그러나 그의 자존심을 상하게 하고 싶지 않았으며, 또한 그 열성은 존중해 주어야 했다. 이 일은 쉽지 않았으나 그는 보기 좋게 해치웠다.

"매우 잘 되었습니다. 정말 훌륭합니다. 적당한 경우에 사용하면 100퍼센트 효과가 있을 것입니다. 그러나 이번 경우에는 적절하지 않다고 생각합니다. 물론 귀하의 입장에서 본다면 이만큼 훌륭한 것은 없겠지만 나는 당의 입장에서 생각해야 하기 때문입니다. 마치 이발사가 이발을 할 때의 순서대로 써보면 어떻겠습니까? 한 번 더 써주시지 않겠습니까? 완성되면 내게 보내 주십시오."

이 칭찬이 깔린 말에 상대방은 아무 거리낌없이 매킨리가 말하는 대로 다시 써왔다. 그리고 유능한 찬조 연사로 크게 활약을 했다.

다음의 예는 에이브러햄 링컨의 편지 중에서 두 번째로 유명한 것을 소개해 본다(가장 유명한 것은 백스비 부인에게 보낸 것으로, 그녀의 다섯 아들의 전사를 애도하는 편지이다).

이 편지는 남북 전쟁에서 북군이 가장 열악한 상태에 빠져 있을 때에 씌어진 것이다. 북군은 무려 18개월 간이나 작전에 실패하여 사상자의 수만 늘어가고 국민은 실망을 하였다. 특히 탈주병이 수천 명에 달해서 공화당의 상원의원조차도 링컨을 퇴진시키려고 하였다.

"우리들의 운명은 이제 사멸의 위기에 처해 있다. 한 가닥 희망의 빛조차도 찾아볼 수가 없다."

이렇게 링컨이 절망의 밑바닥에 있던 시기에 이 글은 씌어졌다. 이 편지는 국가의 운명이 한 장군의 어깨에 걸려 있는 위급한 시기에, 링컨이 어떻게 해서 이 완고한 장군의 생각을 바꿀 수 있었는가를 보여 주고 있다. 그 장군은 바로 후커였다.

그는 후커 장군의 중대한 과실을 책망하기 이전에 먼저 그를 칭찬부터 했다. 그리고 꾸짖을 것은 될 수 있는 대로 신중하고 부드럽게, 우회적으로 표현하고 있다. 다음은 후커 장군에게 보낸 편지이다.

나는 귀관을 믿는 마음으로 포토맥 전선의 지휘관으로 임명하였습니다. 그러나 누구나 완전할 수 없듯이 귀관에게도 약간의 불미스러운 점이 있어서 이렇게 글을 씁니다.

물론 나는 귀관이 용맹스럽고 뛰어난 군인이라는 것을 믿고 있습니다. 또한 나는 그러한 군인이 좋습니다. 그리고 귀관은 정치와 군사를 혼동하지 않는 인물이라고 확신합니다. 이는 매우 올바른 태도입니다. 귀관은 자신을 가지고 있습니다. 이것은 크게 존중해야 할 점이라고 생각합니다.

귀관에게는 야망이 있습니다. 도를 넘지 않는다면 필요한 것입니다. 그러나 귀관이 반사이드 장군의 지휘하에 있었을 때 그만 공로에 너무 치중한 나머지, 명령을 어기고 제멋대로 행동을 해서 국가와 명예에 중대한 과실을 범했던 적이 있었습니다.

귀관은 정치 및 군사에 대해서 독재의 필요성을 역설하곤 했는데, 나는 그것을 알면서도 귀관을 임명한 이유는 결코 귀관의 의견에 동의했기 때문은 아닙니다. 독재 정권의 필요를 인정하기 위해서는 그것에 의한 성공이 보장되지 않으면 안 됩니다. 귀관에게 내가 바라는 것은 우선 군사적으로 성공해 보라는 것입니다.

그 이후에는 정부가 모든 힘을 기울여서 다른 지휘관과 같이 귀관을 원조 하겠습니다. 귀관의 언행에 영향을 받아 군대 내에서 상관을 비난하는 풍조가 생기면 그 영향은 반드시 귀관 자신에게로 되돌아오게 되어 있습니다. 될 수 있는 대로 귀관에게 협조하여 그런 사태의 발생을 방지하고 싶습니다.

만약 그러한 경향이 나타나면 귀관, 아니 나폴레옹이라 할지라도 우수한 군대를 만드는 것은 불가능할 것입니다. 그러므로 경솔한 행동을 조심하고 최후의 승리를 얻도록 전력을 다 해 주십시오.

이번에는 필라델피아의 워크 건설 회사의 고우 씨 예를 들어보자. 고우 씨는 필라델피아에서 열렸던 나의 강습회의 한 사람이었다.

워크 회사에서는 어떤 건축 회사의 건물을 지정된 기

꾸짖을 것은 될 수 있
는 대로 신중하고 부
드럽게, 우회적으로 표
현하고 있다.

일까지 완성하려고 공사를 서두르고 있었다. 만사가 잘
진행되고 있는데, 준공 직전에 건물의 외부 장식에 사
용하는 청동 세공 하청업자로부터 기일 내에 납품할
수가 없다는 통지가 왔다. 정말 딱한 일이 아닐 수 없
었다.

손해를 얼마만큼 입을지 알 수도 없고, 한 사람의 업
자 때문에 공사 전체가 중지되어 큰 손해를 볼 수밖에
없는 상황에 처했다. 장거리 전화를 걸어서 도움을 청
했으나 신통한 해결책이 나지 않았다. 그리하여 고우
씨는 해결사의 역할을 떠맡고 뉴욕으로 향하게 되었다.
이윽고 고우 씨는 그 청동 세공 회사의 사장실로 찾아
가서 다음과 같이 말하였다.

"귀하와 같은 성을 가진 분은 브루클린에서는 한 사
람도 없더군요."

"그렇습니까? 저도 몰랐습니다."

사장이 놀란 표정을 짓고 있는 것을 보고 고우 씨는
차근히 설명을 했다.

"오늘 아침 이 곳에 도착하자마자 귀하의 주소를 알
아보기 위해 전화 번호부를 찾아보았어요. 그런데 브루
클린의 전화 번호에는 귀하와 같은 성씨를 가진 분은
한 사람도 찾아볼 수가 없었습니다."

"아, 그래요? 지금까지는 저도 모르고 있었습니다."

사장은 이렇게 말하고 열심히 전화 번호부를 들여다
보았다.

"그렇군요. 희귀한 성이기 때문이죠. 나의 조상은 200
년 전에 네덜란드에서 이 뉴욕으로 이민 왔습니다."

그는 자랑스럽게 자기의 가족과 조상의 얘기를 늘어

놓았다. 그 얘기가 끝나자 고우 씨는 상대방의 공장의 규모와 설비를 칭찬하기 시작했다.

"참으로 훌륭한 공장입니다. 잘 정돈되어 있으며 청동 공장으로서는 일류입니다."

"이 사업에 나는 일생을 걸어왔습니다. 나 자신도 조금은 자만해도 좋다고 생각합니다. 어떻습니까. 공장을 한번 둘러 보시지 않겠습니까?"

그래서 공장을 견학하며 고우 씨는 그 시설이나 제도를 진심으로 칭찬하였다. 다른 곳에서는 볼 수 없는 진귀한 기계를 보고 감탄하였다. 사장은 그 기계는 자기가 직접 발명한 것이라고 말하며, 신이 나서 상당한 시간에 걸쳐서 그 기계를 조작해 보였다. 나중에는 점심 식사를 함께 하자고 정중히 청했다.

여기서 독자는 그 때까지 고우 씨가 찾아온 용건을 한 마디도 언급하지 않았다는 것에 유의하여 주기 바란다. 점심이 끝나자 사장은 다음과 같이 말을 꺼냈다.

"그럼 지금부터 장사 이야기를 시작해 봅시다. 물론 당신이 오신 목적을 충분히 알고 있습니다. 이처럼 즐거운 이야기를 당신과 함께 나누리라고는 예상치 못했습니다. 다른 주문을 늦추더라도 당신의 주문은 약속대로 해 드리겠으니 안심하고 돌아가 주십시오."

고우 씨 쪽에서 한마디 부탁을 하지 않았는 데도 이와 같이 목적은 완전히 달성된 것이다.

바로 그 다음 날, 주문한 물건이 약속대로 도착하여서 건물은 예정된 시일에 완성할 수가 있었다.

만약 고우 씨가 대부분의 사람들처럼 강경책을 취하였더라면 과연 어떤 결과가 되었을까?

독재 정권의 필요를 인정하기 위해서는 그 것에 의한 성공이 보장되지 않으면 안 됩니다.

사람을 바르게 이끌고 충고하는 첫째 기술은 상대를 먼저 칭찬하는 일이다. 누구라도 칭찬을 받은 후에는 칭찬한 상대의 잔소리까지 고맙고 가볍게 생각되는 것이 보통이다. 중대한 과실을 책망하기 이전에 상대를 먼저 칭찬부터 하라. 그리고 꾸짖는 것은 될 수 있는 대로 신중하고 부드럽게, 우회적으로 표현해야 한다.

둘째 기술

# 상대를 간접적으로 충고하라

찰스 슈와프는 어느 날 점심 시간에 공장 안을 돌아보면서 서너 명의 종업원이 모여 담배를 피우고 있는 것을 보았다. 그들의 머리 위에는 '금연'이라고 씌어 있었다. 슈와프가 그 게시판을 가리키며,

"당신들은 저 글을 읽을 줄 모르는가?"

라고 말했을까? 슈와프는 결코 그렇게 말하지 않았다. 종업원들 곁으로 가서 한 사람 한 사람에게 담배를 나눠 주면서 말하였다.

"자, 여러분. 밖으로 나가서 피우시지요."

물론 슈와프는 그들이 '금연'의 규칙을 알고 있음에도 담배를 피운다는 것을 눈치채고 있었으나, 그것은 언급하지 않고 오히려 담배를 주면서 체면을 세워주었으니, 그를 따르게 되는 것은 당연한 귀결이다.

이와 같은 방법을 존 워너매이커도 취했다. 워너매이커는 하루에 한 번씩 그 점포를 돌아보는데, 어느 날

설교문으로서는 문장이 너무 딱딱하고 재미나 멋이 없어 많은 수정을 필요로 했다. 그런데 그의 아내는 뭐라고 말했을까?

고객 한 사람이 카운터 앞에서 기다리고 있는 것을 발견했다. 그 부인에게 아무도 관심을 보이지 않았다.

점원들은 한 구석에 모여서 한창 재미있게 잡담하고 있었다. 그는 아무 말도 하지 않고 가만히 매장 안으로 들어가서 그 손님에게 주문을 받아 물건의 포장을 점원에게 의뢰하고 그대로 밖으로 나왔다.

설교로써 세계적으로 명성을 날린 헨리 워드비처 목사가 죽은 것은 1887년 3월 8일이다. 그 다음 일요일에는 워드비처 목사의 후임자인 라이만아보트가 교회로 초청되어 처음으로 설교를 하게 되어 있었다. 그는 열심히 설교의 초고를 쓰고 세심한 주의를 기울여서 퇴고를 거듭하여, 그것이 완성되자 먼저 아내게게 읽어주었다. 그러나 그것은 설교문으로서는 문장이 너무 딱딱하고 재미나 멋이 없어 많은 수정을 필요로 했다. 그런데 그의 아내는 뭐라고 말했을까?

"재미가 없어요. 이래가지고는 듣고 있는 사람들이 졸겠어요. 마치 백과 사전을 읽고 있는 것 같아요. 여러 해 동안 설교를 해 왔으면 그만한 것은 알 것 아녜요. 좀더 인간미 있고 자연스럽게 말할 수 없을까요? 그런 식으로 설교하면 창피만 당할 거예요."

이런 식으로 말했을까? 아니다.

"이 원고는 《북미 평론》 잡지에 실리면 훌륭하겠어요."

그의 아내는 이렇게 말했을 뿐이다. 이를테면 칭찬과 아울러 연설에는 적합치 않다는 자신의 생각을 우회적으로 교묘하게 내비쳤던 것이다. 그도 아내의 말의 의미는 알 수 있었다.

그는 숱한 고생 끝에 완성한 초고를 찢어 버리고, 또 메모조차도 사용하지 않은 채 평소의 실력대로 훌륭한 설교를 했다.

그의 아내는 이렇게 말했을 뿐이다. 이를테면 칭찬과 아울러 연설에는 적합치 않다는 자신의 생각을 우회적으로 교묘하게 내비쳤던 것이다.

사람을 바르게 이끌고 충고하는 둘째 기술은 상대를 간접적으로 충고하는 일다. 직접적으로 상대를 충고하면 곧바로 상대는 반발심이나 적개심을 가지기 쉽지만, 간접적 충고로써 상대의 체면을 세워주면, 충고한 사람을 따르게 되는 것은 당연한 귀결이다.

셋째 기술

## 상대방에게 자기의 잘못을 말하라

오래 전에 나의 조카인 조세핀 카네기가 캔자스 시에 거주하는 양친 슬하를 떠나 나의 비서로 일하기 위해 뉴욕으로 찾아왔다. 그녀는 지방의 고등학교를 마치고 온 19세의 처녀로서 회사의 근무 경험은 전혀 없었다. 물론 지금은 훌륭한 비서로 성장했지만, 처음에는 실수 투성이었다.

내가 하루는 그녀에게 잔소리를 하려다가 그만두고 나 자신에게 다음과 같이 타일렀다.

"조금만 기다려 봐. 데일, 너는 조카인 조세핀보다 인생 경험도 많고, 게다가 일의 경험도 훨씬 많아. 그녀에게 너와 같은 능력을 기대하는 것은 애당초 무리야. 하기는 너의 능력도 그렇게 대단한 것은 아니지만. 한 가지 물어보겠는데, 너 자신은 열아홉 살 때 어땠지? 항상 실수만 저지르고 있었지 않았는가 말이야."

정직하고 공정하게 나를 돌이켜보니, 그 당시의 나보

다는 그녀 쪽이 야구 용어로 말하면 타율이 높다는 결론에 도달했다.

그 이후 나는 그녀에게 잔소리를 할 때는 다음과 같은 말을 하기로 하였다.

"조세핀, 그건 안 돼. 그러나 그것은 내가 지금까지 한 실수에 비하면 그리 대단한 것은 아니야. 처음에는 틀리는 것이 당연하겠지. 앞으로 경험을 쌓으면 비로소 실수도 없어질 거야. 예전의 나에 비하면 지금의 네가 훨씬 나은 편이야. 처음엔 나도 많은 실수를 했지. 너의 잘못을 꾸짖고 싶은 생각은 없단다. 어떨까, 이렇게 해 보면?"

다른 사람에게 잔소리나 꾸지람을 할 경우에는 겸허한 태도로, "나 또한 결코 완전하지 않고, 간혹 실수를 하지만……" 하는 식으로 자신의 잘못을 먼저 말 한 다음, 상대의 잘못을 충고해 주면 상대는 심한 불쾌감을 갖지 않는다.

오만하고 독선적인 독일 제국 최후의 황제, 빌헬름 2세 밑에서 수상을 지냈던 블로 공은 이 방법의 필요성을 뼈저리게 느꼈다. 그 당시의 빌헬름 황제는 막강한 육·해군을 거느렸으며, 그 치하의 독일을 천하 무적으로 자랑하고 있었다.

그런데 그만 사건이 발생하였다. 황제가 영국 방문 중에 대단한 폭언을 하여, 그것이 〈데일리 텔레그래프〉지에 게재되었던 것이다. 곧바로 영국의 정계와 국민이 분개했고, 독일 본국의 정치가들도 황제의 안하무인격인 태도에 아연해하고 말았다.

자신의 잘못을 먼저
말 한 다음. 상대의 잘
못을 충고해 주면 상
대는 심한 불쾌감을
갖지 않는다.

"나는 영국에 호의를 가지는 유일한 독일인이다. 그리고 일본의 위협 때문에 대해군을 건설하였다. 영국이 러시아와 프랑스의 공격을 받지 않고 안심하게 살 수 있는 것은 모두 내 덕분이다. 보불 전쟁 때 영국의 러버스 경이 승리를 거둔 것도 바로 나 때문이다."

그는 이렇게 말하였던 것이다. 이 한마디 말로 인해 문제는 걷잡을 수 없이 커졌기 때문에 황제 자신도 무척 당황했다. 그리고 편 블로에게 책임을 전가하려고 애썼다. 황제는 편 블로가 시키는 대로 말했으므로 책임은 편 블로에게 있다고 말했다. 그러자 편 블로가 말했다.

"폐하, 제가 폐하를 움직여서 그와 같은 엄청난 말을 하게 할 힘이 있다고 믿는 사람은 영국에도 독일에도 세상 어디에도 없다고 생각합니다."

편 블로는 그렇게 말한 순간 '아차' 하고 곧 후회하였다. 황제는 열화와 같이 노하기 시작했다.

"그대는 나를 바보 취급하는가! 그대 같으면 결코 하지 않는 실수를 내가 했다는 말인가!"

편 블로는 따지기에 앞서 칭찬하지 않으면 안 된다고 생각해 오던 터였지만, 일은 이미 벌어지고 난 뒤였다. 그는 차선의 방책을 강구하고는 재빨리 칭찬의 말로 바꾸었다. 그런데 그것이 기적을 낳았다.

그는 다음과 같이 공손한 어조로 말하였다.

"폐하 저는 결코 그런 의미에서 말씀을 드린 것은 아닙니다. 폐하는 현명하시고 저 같은 사람과는 비교될 수도 없습니다. 육·해군의 일은 말할 것도 없고, 자연 과학에 관한 조예도 대단히 깊으신 것으로 압니다. 폐하께서는 자주 청우계나, 무선 전신이나, X선 등을 설명하여 주셨는데, 저는 그 때마다 그냥 탄복할 뿐이었습니다. 저는 그 방면은 부끄러울 만큼 아무것도 모릅니다. 제 실력은 단순한 자연 현상조차 설명할 수 없을 정도입니다. 오로지 역사 지식과 정치, 특히 외교에 도움이 되는 지식만을 조금 가지고 있을 뿐입니다."

이에 황제의 굳은 표정은 풀렸다. 그것은 펀 블로가 적극적으로 자신을 낮추고 황제를 칭찬했기 때문이다. 다시 말해 펀 블로는 황제는 추켜세우고 자기를 깎아내린 것이다. 이렇게 되면 황제는 어떠한 일이라도 용서해 줄 것이 틀림없다.

"내가 늘 말하듯이 서로의 협력이 필요하네, 함께 잘해 봐."

황제의 분노는 완전히 누그러졌다. 황제는 펀 블로의 손을 몇 번이나 굳게 쥐었다. 이윽고는,

"펀 블로를 욕하는 사람은 내가 가만있지 않겠다."
라고까지 하였다.

위태로운 고비에서 펀 블로는 살아났다. 빈틈이 없는 외교관도 이 같은 실수를 한다. 그는 무엇보다 자기의 단점과 황제의 장점을 말하며 풀어나갔어야 했는데, 거꾸로 황제를 처음부터 바보로 다루었던 것이다.

우리들의 일상 생활에서 겸손과 칭찬은 교제에 커다란 효과를 발휘할 수 있다. 이를 올바르게 응용하면 인간 관계에서 기적을 낳을 수도 있다.

사람을 바르게 이끌고 충고하는 셋째 기술은 상대방에게 자기의 잘못을 말하는 일이다. 다른 사람에게 잔

우리들의 일상 생활에서 겸손과 칭찬은 교제에 커다란 효과를 발휘할 수 있다. 이를 올바르게 응용하면 인간 관계에서 기적을 낳을 수도 있다.

소리나 꾸지람을 할 경우에는 겸허한 태도로, "나 또한 결코 완전하지 않고, 간혹 실수를 하지만……" 하는 식으로 자신의 잘못을 말한 다음, 상대의 잘못을 충고해 주면 상대는 그렇게 큰 불쾌감을 갖지 않는다.

## 넷째 기술

# 상대에게 명령하지 마라

언젠가 나는 유명한 전기 작가인 아이다 터벳 여사와 함께 식사를 한 적이 있다. 그 무렵 나는 《사람을 다루는 법》을 집필하고 있었기 때문에 화제는 자연스레 인간 관계의 여러 문제에 관한 것이었다.

그녀가 오엔 D양의 전기를 쓰고 있을 당시에, D양과 3년 동안 같은 사무실에서 일했다는 사람을 만나 그녀의 이야기를 들었는데, D양은 누구에게도 결코 명령적인 어투로 말하지 않았다고 한다. 그녀는 명령이 아닌 암시를 주었다는 것이다.

"저것을 하라!"

"그래서는 안 된다."

라는 식으로 결코 말하지 않았다.

"이렇게 생각하면 어떨까?"

하는 식으로 상대의 의견을 구하였다. 편지를 구술시키고 난 후에는,

여기에 이렇게 표현하
면 좀더 좋아질 것 같
은데 어떻게 생각하세
요?"
그렇게 하면 상대는
곧 자발적으로 일을
하였던 것이다.

"이것을 어떻게 생각해요?"

라고 물어 보았다. 그리고 그의 비서가 받아쓴 편지를
읽어 보고는 조심스럽게 말하였다.

"여기에 이렇게 표현하면 좀더 좋아질 것 같은데 어
떻게 생각하세요?"

그렇게 하면 상대는 곧 자발적으로 일을 하였던 것이
다. 명령은 결코 하지 않았고, 주로 실패를 교훈의 본보
기로 삼는 태도를 취했다.

이러한 방법을 취하면 상대방은 스스로 잘못을 깨닫
고 시정하게 된다. 또한 상대의 자존심을 상하지 않고
중요성을 주게 되어 반감 대신에 더욱더 협력할 마음
을 일으키게 된다.

사람을 바르게 이끌고 충고하는 넷째 기술은 상대에
게 명령하지 않는 일이다. 상대에게 결코 명령적인 어
투로 말하지 않고, "이렇게 생각하면 어떨까?" 하는 식
으로 의견을 구하면, 상대는 협력할 마음을 일으키게
된다.

상대의 체면을 세워
주는 것은 대단히 중
요한 일이다. 그러나
과연 그것의 중요함을
이해하고 있는 사람은
몇 명이나 될까?

## 다섯째 기술

# 상대의 체면을 세워 주어라

미국의 제너럴 일렉트릭 사는 찰스 스타인메츠 부장의 인사 문제로 고민하고 있었다. 사타인메츠 부장은 전기를 다루는 데 있어서는 일류급이었지만, 기획부장으로서는 적임자가 못 되었다. 그리고 회사로선 그의 감정을 상하게 하고 싶지 않았다.

그런데 그는 유능한 반면, 대단히 신경질적인 사람이었다. 그래서 회사는 새로운 일자리를 만들어서 그를 그 자리에 임명하였다. 바로 '제너럴 일렉트릭 고문 기사'가 그에게 내린 직함이었다. 하지만 일은 별 다른 것이 없었다. 그리고 기획부장직에는 다른 사람을 발령했다.

이에 스타인메츠도 기뻐했다. 중역들도 기뻐했다. 그처럼 다루기 힘든 사람의 체면을 세워 줌으로써 조용히 인사 문제를 매듭지을 수 있었던 것이다.

상대의 체면을 세워 주는 것은 대단히 중요한 일이다.

그러나 과연 그것의 중요함을 이해하고 있는 사람은 몇 명이나 될까?

자기의 주장을 관철시키기 위하여 대개는 다른 사람의 감정을 짓밟아 버린다. 상대의 자존심 따위는 전혀 생각하지 않는 것이다. 눈앞에서 고용자나 아이들을 윽박지른다. 그러나 좀더 신중하게 진심어린 말을 건네고 상대를 이해하여 체면을 세워주면, 그것으로 일은 훨씬 쉽게 풀릴 수 있을 것이다.

그러므로 고용인이나 부하 직원들을 해고시켜야 할 경우에는 특히 이 점을 명심해야 한다. 그럼 여기서 공인 회계사인 마샬 A. 그렌저로부터 온 편지의 한 대목을 소개하겠다.

어느 회사이던 간에 종업원을 해고하는 것은 결코 유쾌한 일이 아니다. 그리고 해고당하는 사람의 경우엔 더욱더 그러하다. 우리들의 작업은 계절에 따라 좌우되는 일이 많아 해마다 3월이 되면 대량의 해고자가 발생한다. 그래서 직원을 해고시키는 불유쾌한 일은 될 수 있으면 간단하게 처리하고 있다.

"스미스 씨, 거기 좀 앉으시오. 아시다시피 시즌도 끝났기 때문에 당신의 일도 끝났습니다."

이 말에 상대방은 큰 타격을 받는다. 한방 얻어맞은 기분일 것이다. 그리하여 그들은 대부분 이렇게 목을 자르는 회사에는 조금의 애정도 느끼지 않는다. 그래서 나는 임시 채용한 사람들을 해고할 경우에는 좀더 신중한 방법을 취했다. 먼저 나는 각자의 업무 실적을 조사한 후에 그들을 불러서 다음과 같이 말하였다.

"스미스 씨, 당신의 일하는 솜씨는 훌륭합니다. 뉴욕으로 출장을 가셨을 때는 애를 많이 먹은 걸로 알고 있습니다. 그러나 훌륭하게 처리해 주셔서 회사에 큰 도움이 되었습니다. 당신에게는 그만한 실력이 있으니까 어디로 가든지 괜찮을 것입니다. 우리들은 당신을 믿고 있습니다. 또 될 수 있으면 우리도 힘이 닿는 대로 도움을 주고자 합니다. 부디 이 사실을 잊지 말아 주십시오."

그 결과 상대방은 해고된 사실에 대하여 조금도 불쾌하게 여기지 않고 밝은 마음으로 회사를 떠나간다. 한마디로 내쫓긴 것 같지 않은 것이다. 그리고 회사에 일이 있기만 하면 또다시 고용할 것이 틀림이 없다고 생각한다. 또 실제로 회사가 재차 그들을 필요로 하였을 경우에는 기꺼이 청한다.

사람을 바르게 이끌고 충고하는 다섯째 기술은 상대의 체면을 세워 주는 일이다. 상대의 체면을 세워 주는 것은 대단히 중요한 일이다. 그러나 과연 그것의 중요함을 이해하고 있는 사람은 그렇게 많지 않다. 좀더 신중하게 진심어린 말을 건네고 상대를 이해하여 체면을 세워 주면, 그것으로 일은 훨씬 쉽게 풀린다.

여섯째 기술

## 상대의 사소한 일이라도 칭찬하라

나와 오래 전부터 친하게 지내오던 피트 바로라는 서
커스단 단장이 있었다. 그는 개나 조랑말을 데리고 여
러 지방을 순회하였다. 나는 그가 개에게 재주를 가르
치는 것이 매우 흥미있다고 생각하였다. 조금이라도 개
가 잘 하면 머리를 쓰다듬어 주거나 고기를 주어 칭찬
해 주었다.

이런 방식은 결코 새로운 것이 아니며, 옛날부터 이런
수법이 널리 쓰이고 있었다. 사람이든 동물이든 칭찬을
해 주면 좋아한다. 그리고 어떠한 일에도 더욱 큰 효과
를 낼 수가 있다. 그러나 대부분의 사람들은 칭찬보다
는 비난을 더 쉽게 한다.

싱싱 형무소 소장 루이스 E. 로즈는 상습범도 칭찬하
여 주면 기대 이상의 효과를 나타낸다고 했다. 이 책을
쓰는 중에 그로부터 편지를 받았는데, 다음과 같은 구
절이 씌어져 있었다.

"죄수들의 노력을 적당히 칭찬해 주면 그들은 마음을 바꾸려는 기색을 보인다. 잘못된 행동을 책망하는 것보다 훨씬 효과가 있다."

지금까지 내가 걸어온 길을 되돌아보면, 칭찬의 말이 나의 생애에 대전환을 가져온 기억이 있다. 나뿐만 아니라 누구에게나 그런 경험이 한 번쯤은 있었을 것이다.

"죄수들의 노력을 적당히 칭찬해 주면 그들은 마음을 바꾸려는 기색을 보인다. 잘못된 행동을 책망하는 것보다 훨씬 효과가 있다."

열 살쯤 되어 보이는 한 소년이 나폴리의 어느 공장에서 일하고 있었다. 이 소년은 장래 성악가가 되고 싶었다. 그러나 그의 선생님은 그를 실망시켰다.

"얘야 너에게는 어울리지 않는다. 너의 목소리는 마치 빗장문이 바람에 끼끼거리는 소리 같단 말야."

그러나 가난한 농부였던 그의 어머니는 아들을 껴안고 사랑스럽게 격려해 주었다.

"너는 반드시 훌륭한 성악가가 될 거야. 점점 향상되는 너의 노래 실력이 그것을 증명하고 있지 않니?"

그녀는 헌신적으로 일하면서 아들에게 음악 공부를 시켰다. 이 어머니의 칭찬과 격려가 마침내 소년의 생애를 바꿔 놓았다. 이 소년이 바로 그 유명한 세계적인 가수 카루소였다.

런던에 사는 소설가 지망생인 젊은 친구가 있었다. 그러나 그에게 좋은 조건이 어느 한 가지도 없었다. 학교는 4년밖에 다니지 않았으며, 아버지는 채무 관계로 형무소에 들어가 있었다.

더욱이 끼니도 거를 정도였다. 그러다가 그는 쥐의 소

굴과 같은 창고 속에서 구두닦이 약통에 상표를 붙이는 직업을 구했다. 밤에는 무시무시한 다락 골방에서 두 소년과 함께 잠을 잤다.

그 소년들은 빈민굴의 부랑아들이었다. 그는 비웃음이 두려워서 모두가 잠들어 버린 밤중에 가만히 침대를 빠져나와 글을 썼다. 이렇게 해서 쓴 처녀작을 어느 잡지사에 보냈다. 하지만 그는 계속 작품을 보냈으나 원고는 항상 되돌아왔다. 그러던 중 마침내 그에게 기념할 만한 행운의 날이 찾아왔다. 그의 작품이 채택된 것이었다.

그런데 이 작품에 대한 원고료는 한푼도 받을 수가 없었으나, 편집자로부터 칭찬을 받았다. 이를테면 그는 인정을 받은 것이다. 그는 감격한 나머지 흐르는 눈물도 닦지 않고 거리를 헤맸다. 자기가 쓴 작품이 활자가 되어 세상에 나왔다는 것이 그의 생애에 있어서 커다란 변혁을 가져왔다. 만약 그런 일이 없었다면 그는 한평생을 창고 속에서 살았을지도 모른다. 이 소년이 바로 그 유명한 영국의 작가 찰스 디킨스였다. 또 하나의 예를 들어 보자.

런던의 직물 상점에서 한 소년이 일하고 있었다. 새벽 5시부터 청소나 심부름으로 하루 14시간을 꼬박 시달렸다. 이러한 중노동에 그는 견딜 수 없을 만큼 심한 고통을 느꼈다.

그렇게 2년 동안은 참았으나 그 이상은 도저히 참을 수 없었다. 그래서 어느 날 아침 식사도 하지 않고 점포를 빠져나와 15마일의 길을 걸어서 가정부로 일하고 있는 어머니에게로 갔다.

그는 하늘이 무너져라 울면서 지금의 점포에서 일하느니보다는 차라리 죽어 버리는 게 낫다고 어머니에게 하소연했다. 그리고 그는 모교의 교장 앞으로 긴 편지를 보냈다. 교장 선생으로부터 곧 회답이 왔다. "자네는 보통 이상으로 두뇌가 명석하여 그러한 노동에는 적합치 않다. 좀더 지적인 일을 해야 한다"면서 그를 위해서 학교에 일자리를 마련해 주겠다고 했다.

교장 선생의 이 칭찬은 소년의 장래를 단번에 바꾸어 영국 문학사와 세계 문화에 불멸의 공적을 남기게 했다. 무려 77권의 저서를 펴내고 백만 달러 이상의 재산을 펜 하나로 일구어낸 이 사람은 바로 H. G. 웰스였다.

사람을 바르게 이끌고 충고하는 여섯째 기술은 상대의 사소한 일이라도 칭찬하는 일이다. 어머니의 칭찬과 격려로 세계적인 가수가 된 카루소, 비록 원고료는 받지 못했지만 편집자의 칭찬으로 유명한 작가가 된 찰스 디킨스, 좀더 지적인 일을 해야 한다면서 학교에 일자리를 만들어 준 교장 선생의 칭찬으로 세계 문학사에 불멸의 업적을 남긴 H.G. 웰스 등은 사소한 칭찬에서 삶을 혁신한 인물들이다.

일곱째 기술

# 상대방이 해야 할 일에 기대를 걸어라

뉴욕의 스커스델에 살고 있는 어네스트 젠트라는 부인은 가정부를 고용하여 월요일부터 일하도록 하였다. 이 부인은 이전의 고용주에게 전화를 걸어서 이 가정부에 대해 물어보니, 이 식모에게 다소의 결점이 있다는 말을 들었다.

약속한 날짜에 가정부가 찾아오자, 부인은 그녀에게 다음과 같이 말하였다.

"이봐요, 네리. 당신이 우리 집에 오기 전에 일했던 집주인에게 전화를 걸어 당신에 대해 물어보니 당신은 매우 정직하고 신용할 수 있으며, 요리 솜씨도 좋고, 친절하게 아이들 뒷바라지를 잘 한다고 하더군요. 그런데 청소에 있어서는 좀 부족한 점이 있다고 들었어요. 그러나 거짓말이겠지요. 나는 믿어지지 않는군요. 왜냐하면 당신이 입고 있는 옷가지가 깨끗하고 정결한 것만 보아도 알기 때문입니다. 당신은 반드시 그 몸가짐과 같이 집안 청소도 깨끗하게 해 주리라 믿고 있어요. 우리는 서로 잘 맞을 것 같군요."

정녕 이 두 사람은 서로 잘 해 나갔다. 네리는 부인이 자기에게 기대를 걸고 있기 때문에 그 말에 어긋나지 않도록 하기 위해서 열심히 일했다. 또한 집 안도 깨끗하게 청소가 되어 있었다.

볼도드 기차 제작 회사의 사뮤엘 버크젠 사장은 다음과 같이 말하였다.

"무엇인가 장점을 찾아서 그것에 대해서 경의를 표하거나 칭찬을 하면, 대부분 상대방은 자신의 생각대로 움직여 준다."

상대의 약점을 고쳐 주고 싶다면, 그 약점에 대해서 그가 다른 사람보다 뛰어나다고 말해 주는 것이 효과적이라는 말이다.

"덕이 없어도 있는 듯이 행세하라."

라고 셰익스피어는 말했다. 상대방에게 장점을 발휘하도록 하고 싶으면, 그의 장점을 공공연히 칭찬해 주는 것이 좋다. 그리고 좋은 평판을 해 주면 그 사람은 당신의 기대에 부응하려고 노력할 것이다.

헨리 클레 리스너는 프랑스에 체류 중인 미국 병사의 품행을 고치기 위하여 이 방법을 사용하였다. 리스너는 명장으로 이름 높은 제임스 G. 허버트 대장이 프랑스에 체류 중인 2백만의 미국 병사는 가장 청렴 결백하고 이상적인 군인이라고 말하는 것을 들은 적이 있었다.

듣기에 지나칠 정도로 칭찬한 것이지만 리너스는 이 말을 잘 이용하였다. 그는 다음과 같이 말했다.

상대방에게 장점을 발휘하도록 하고 싶으면, 그의 장점을 공공연히 칭찬해 주는 것이 좋다.

"나는 대장의 말을 적군에게 철저히 인식시켰다. 그것이 들어맞았는지 어떤지는 문제가 아니다. 비록 들어맞지 않았다고 해도 장군이 이와 같은 생각을 가지고 있다는 것을 아는 것만으로도 병사들은 감격하여 장군의 기대에 어긋나지 않도록 노력할 것이다."

"개를 죽이려고 생각하면 먼저 미친 개를 불러야 한다."

라는 속담이 있다. 한번 악평의 소문이 나면 좀처럼 재기하기 어렵다는 뜻이다. 그러나 반대로 한번 호평이 나게 되면 어떻게 될 것인가?

좋은 평판이 나면 누구든지 대개는 그 평판에 부끄럽지 않도록 노력하는 법이다.

"악인을 대면할 때는 오히려 그를 존경할 만한 신사로 간주하여 다루어야 한다. 그렇게 하는 것이 가장 효과적이다. 신사적인 대우를 받게 되면, 그는 신사로서 부끄럽지 않도록 노력을 아끼지 않는다. 그리고 다른 사람으로부터 신뢰받는 것을 큰 자랑으로 느낀다."

이것은 싱싱 형무소장의 경험에 의한 말이다.

사람을 바르게 이끌고 충고하는 일곱째 기술은 상대방이 해야 할 일에 기대를 거는 것이다. 대부분의 사람들은 상대방이 자기에게 기대를 걸고 있다는 사실을 알게 되면, 그것에 어긋나지 않도록 하기 위해서 열심히 일하는 법이다.

여덟째 기술

# 상대를 격려하라

내 친구 중에는 40대의 독신자가 있다. 최근에 그가 독신 생활을 청산하고 약혼을 했는데, 약혼녀가 그에게 댄스를 배우라고 권했다. 그는 그것에 대해서 내게 다음과 같이 말했다.

"젊었을 때 나는 댄스를 잠시 배운 것 외에 20년 동안 한 번도 배워 본 적이 없기 때문에 새로 배워 둘 필요가 있어 선생을 모시게 되었다. 처음에 방문한 교사는 나의 춤이 형편 없다고 하였다. 아마 진심으로 그렇게 말했을 것이다. 처음부터 다시 시작하지 않으면 안 된다고 말했는데도 나는 그만 싫증이 나서 배우는 것을 집어치워 버렸다."

그의 두 번째 이야기를 들어 보자.

"그 다음 댄스 교사는 다소 허풍을 떤다는 것은 알았지만, 나는 그 사람의 태도가 마음에 들었다. 그는 나의 댄스 솜씨는 다른 사람들에 비해 다소 뒤져 있으나

어느 누구든지 바보라
든가, 무능하다든가,
재간이 없다고 꾸짖는
것은 향상심의 싹을
잘라 버리는 것과 같
다.

기본이 확실하기 때문에 새로운 스텝을 쉽사리 익힐
수 있게 될 것이라고 말하였다. 첫번째 교사는 나의 결
점을 강조하여 나를 실망시켰으나, 이 교사는 그 반대
였다. 나의 장점만 강조했을 뿐 결점에 대해서는 별로
말하지 않았다. 더 나아가 리듬을 잘 소화하고 소질도
상당히 있다고 격려해 주었다. 이런 얘기를 들으니 나
는 서투른 것을 알고 있으면서도 착각을 하게 이르렀
다. 물론 수강료를 지불하고 배우면서 칭찬을 듣는 것
쯤은 예삿일이지만, 기분이 좋은 것은 어쩔 수 없었다.

그 후 나는 칭찬을 받은 덕분으로 댄스는 능숙해져
갔다. 교사의 말에 힘이 나고 희망이 생겼다. 향상심이
일어났던 것이다."

어느 누구든지 바보라든가, 무능하다든가, 재간이 없
다고 꾸짖는 것은 향상심의 싹을 잘라 버리는 것과 같
다. 그 반대로 조그만 장점이라도 격려해 주면 힘을 돋
우게 되고, 할 수 있다는 의욕을 불어넣어 주게 된다.
그리고 상대의 능력을 자신이 믿고 있다는 것을 알려
준다. 그렇게 하면 상대방은 자기의 우수함을 보이려고
열심히 노력하게 된다.

로엘 토머스는 이런 방법을 쓰고 있다. 그는 그 방법
에 있어서 명수였다. 사람을 분발시키고, 자신감을 부
여하며, 용기와 신념을 심어 주는 솜씨가 매우 뛰어난
사람이다. 한번은 이런 일이 있었다. 그 이야기는 이렇
다.

최근에 나는 토머스 부처와 함께 주말을 보낸 일이
있었는데, 그 토요일 밤에 불이 타고 있는 난로 옆에서

브리지(카드놀이)를 하자는 권유를 받았다. 그러나 나는 전혀 할 줄 몰랐다.

"데일, 브리지 같은 놀이가 뭐가 어렵다고그래. 별다른 비결은 아무것도 없고, 다만 기억력과 판단력만 있으면 된다네. 자네는 기억력에 관한 책도 낸 적이 있지 않은가. 자네에게는 꼭 안성맞춤인 게임이야."

그의 말에 자신감을 얻고 나는 태어나서 처음으로 브리지 테이블에 마주 앉았다. 모두가 추켜주는 바람에 별 어려움 없이 손쉽게 배울 수 있었다.

브리지라고 하면 유명한 애리 칼바트슨이 생각난다. 브리지를 할 줄 아는 사람이라면 누구나 그의 이름을 기억하고 있을 것이다. 그가 쓴 브리지에 관환 책은 몇 개 국어로 변역되어 백만 부 이상 팔려나갔다고 한다. 그런데 만약 그가 어떤 젊은 여성으로부터,

"당신에게는 굉장한 브리지 소질이 있다."
라는 말을 듣지 않았다면, 이 일로 밥을 먹고 살아가게 되지는 않았을 것이다.

칼바트슨은 1922년에 미국으로 건너와 처음에는 철학과 사회학 교사가 될 생각이었으나, 적당한 일자리가 없었다. 그래서 그는 석탄 판매를 하였지만 실패하였다. 다시 커피 판매를 했지만 그것도 잘 되지 않았다.

그렇다고 그 당시의 그에게 브리지 교사가 되려는 생각은 전혀 없었다. 트럼프 놀이는 서투를 뿐만 아니라, 함께 게임을 하는 사람들에게 폐만 끼쳤다. 왜냐 하면 그는 처음부터 끝까지 이것저것 물어보기 때문이다. 그리고 게임의 과정을 까다롭게 따지기 때문에 모두들 그와 함께 하는 것을 싫어하였다. 그러다가 그는 조세

상대의 능력을 자신이 믿고 있다는 것을 알려준다. 그렇게 하면 상대방은 자기의 우수함을 보이려고 열심히 노력하게 된다.

핀 데이론이라는 미모의 브리지 교사와 사귀게 되었는데, 그것이 연애로 발전하고, 마침내는 결혼하였다.

그녀는 그가 면밀하게 카드를 분석하고 생각하는 모습을 보고 그에게 트럼프 놀이에 대한 천성적인 소질이 있다고 칭찬과 격려를 아끼지 않았다. 바로 칼바트슨을 브리지의 권위자로 만든 것은 아내의 격려 때문이었다.

사람을 바르게 이끌고 충고하는 여덟째 기술은 상대를 격려하는 일이다. 어느 누구든지 간에 바보라든가, 무능하다든가, 재간이 없다고 꾸짖는 것은 향상심의 싹을 잘라 버리는 것과 같다. 그 반대로 조그만 장점이라도 격려해 주면 힘을 돋우게 되고, 할 수 있다는 의욕을 불어넣어 주게 된다.

아홉째 기술

# 상대가 스스로 협력하게 만들어라

  1915년, 그 당시 유럽은 제1차 세계 대전의 폭염 속에
휩싸여 있었는데, 미국도 그냥 보고 있을 수만은 없게
되었다. 그런데 과연 평화를 되찾을 수가 있을지 없을
지는 아무도 알 수 없는 상황이었다. 이 때 윌슨 대통
령은 이 어려운 국면을 타결하리라 결심하고 전쟁 당
사국의 지도자들과 협의하기 위해서 평화 사절단을 파
견하기로 하였다.

  그래서 평화주의자로 알려진 국무장관 윌리엄 제닝스
브라이언은 이 역할을 자신이 맡길 원하였다. 자기의
이름이 역사에 기록될 절호의 기회라고 생각한 것이다.
그러나 윌슨은 브라이언의 친구인 하우드 대령을 임명
하였다.

  그런데 그 일을 맡게 된 하우드 대령에게는 이 역할
이 곤란한 문제가 되었다. 브라이언의 감정을 상하지
않게 하면서 그에게 이 사실을 털어놓아야 했다. 당시

그 거절 방법은, 바쁘다고 자신의 사정을 늘어놓는 것이 아니고, 먼저 의뢰받은 일에 대해서 진심으로 감사의 뜻을 전한다.

의 사정을 하우드 대령은 다음과 같이 말하고 있다.

브라이언은 나에게서 그 말을 듣고는 뚜렷히 실망의 빛을 얼굴에 나타냈다. 그는 자기가 나 대신 가고 싶다고 말하였다. 그래서 나는,

"대통령께서는 이번의 평화 사절단의 파견을 공공연히 세상에 알리는 것은 좋지 않다고 생각하셨다. 그러므로 당신과 같은 거물급은 세상의 이목을 끌게 되므로 이번 일은 맡기시지 않았다."

라고 말했다. 이 말에 그는 충분히 만족하는 것 같았다.

일복이 많은 하우드 대령은 자신의 제안에 자진해서 협력케 하는 인간 관계의 중요한 법칙을 알고 있었다.

윌슨 대통령은 윌리엄 G. 맥카르도를 각료로 임명할 때도 이런한 방법을 취하였다. 각료는 누구에게나 명예로운 지위이다. 그 지위에 임명함에 있어서 윌슨은 상대의 중요성을 배가시키는 방법을 취하였다. 맥카르도 자신의 말을 빌려서 알아 보자.

"윌슨 대통령이 내게 재무장관을 맡아주면 고맙겠다고 말하였을 때, 이 명예로운 지위를 맡는 것만으로도 나는 누구에겐가 은혜를 입은 것과 같은 기분이 들었다."

그러나 윌슨 대통령은 불행하게도 항상 이러한 방법을 사용하진 않았다. 그가 이러한 방법을 계속해서 썼다면 아마 미국 역사는 바뀌어졌을 것이다. 이를테면 국제 연맹 가입에 있어서 그는 상원을 노하게 하고 공화당을 무시했다.

이러한 인간 관계를 생각하지 않는 방법은 그 자신에게 실각을 가져오게 하고, 또 그의 건강을 해쳐 수명을

단축시켰으며, 미국을 연맹 불참국으로 만들어 세계 역사의 진로를 바꾸어 놓게 하였다.

나폴레옹의 이러한 방법, 즉 김투나 권위를 주는 방법은 우리들도 쉽게 이용할 수 있다.

다블데 페지라는 유명한 출판사가 있다. 이 출판사는 항상 이 법칙을 실행하고 있다. 미국이 낳은 세계적인 단편 작가인 오 헨리는 자신의 저술을 다른 출판사가 출판을 허락하는 것보다 이 회사에서 거절당하는 것이 오히려 기분이 좋다고 한다. 왜냐 하면 너무나 친절하고 상냥하게 거절하기 때문이었다.

내 친구 중 한 명은 강연을 의뢰받았으나 부득이 거절해야 할 경우, 그 거절 방법이 훌륭해서 거절당한 측으로부터 크게 마음이 상해하지 않았다는 이야기를 듣는다.

그 거절 방법은, 바쁘다고 자신의 사정을 늘어놓는 것이 아니고, 먼저 의뢰받은 일에 대해서 진심으로 감사의 뜻을 전한다. 그리고 유감스럽게도 틈을 낼 수 없다고 말한 뒤, 그 대신에 다른 강연자를 추천한다. 말하자면 상대에게 실망을 느끼게 할 여유를 주지 않고, 다른 강연자를 배려하도록 만들어 버리는 것이다. 즉, 그는 이렇게 말했다.

"내 친구 중에 《브루클린 이글》의 편집장인 클리블랜드 로저스라는 사람이 있는데, 그에게 부탁하면 어떻겠습니까? 아니면 히코크도 괜찮고요. 그는 유럽 특파원으로 파리에 15년 동안 체류한 경험을 가지고 있으며, 놀랄 만큼 박학 박식합니다. 아니면, 인도에서 사냥을 한 경험이 있는 리빙스턴 에펠로는 어떻겠습니까?"

뉴욕에서 인쇄 회사를 경영하고 있는 J. A. 원트는 어느 기계공의 태도를 고쳐 주어야겠다고 생각하였다. 그러나 상대의 감정이 상하지 않도록 잘 배려해야 했다. 타자기와 기계를 수리하고 조절하는 일을 하고 있는 이 기계공은 일이 너무 많아서 항상 푸념을 했다. 그에게는 조수가 필요했다. 그러나 윈트는 조수도 쓰지 않고, 시간도 단축하지 않았으며, 일의 양도 줄이지 않으면서 그의 불만을 해결해 주었다. 그 해결이란 그에게 방 하나를 제공한 것이다. 그의 방문에는 그의 이름이 적혀 있었으며, 직함도 적혀 있었는데, 수리계장이 그의 직함이었다.

평직원이 아닌 수리계장이었다. 권위가 주어졌고, 또 다른 사람으로부터 인정을 받아 자기의 중요성이 충족된 것이다. 그는 지금까지의 불평을 잊어버리고 만족하게 일했다. 어쩌면 이러한 방법은 사탕발림의 술수라고 생각할지 모르지만 상당한 효과를 거둘 수 있는 것을 무시할 수 없다.

나폴레옹 1세도 같은 방법을 사용하였다. 그는 자기가 제정한 레종도뇌르 훈장을 1,500개나 수여하고, 18명의 대장에게 대원수의 칭호를 주었으며, 자신의 군대를 대육군이라고 부르곤 하였다. 전장의 군사를 장난감으로 속였다고 비난을 받자, 그는 다음과 같이 대답했다.

"인간은 장난감의 지배를 받는다."

나폴레옹의 이러한 방법, 즉 감투나 권위를 주는 방법은 우리들도 쉽게 이용할 수 있다. 그 한 예로 들자면 앞서 이 책에서 언급한 젠트 부인의 경우를 소개해 보겠다.

부인은 이웃 동네의 개구쟁이들에게 무척 괴로움을

당한 일이 있었다. 마당에 들어와 잔디를 못 쓰게 만들었던 것이다. 어르거나 달래 보아도 아무런 효과가 없었다. 그래서 그녀는 개구쟁이 대장에게 '탐정'이라는 감투를 주어서 권위를 갖게 해 주고는, 잔디 밭의 불법 침입자를 단속하는 임무를 부여하였다.

그 결과, 이 방법은 훌륭하게 적중했다. 탐정이 된 아이는 뒤뜰에서 모닥불을 피우고 철봉을 빨갛게 달구어서 그것을 마구 흔들며 불법 침입자들을 내쫓았던 것이다.

사람을 바르게 이끌고 충고하는 아홉째 기술은 상대가 스스로 협력하게 만드는 일이다. 이러한 방법은 사탕발림의 술수라고 생각할지 모르지만, 사람이 한평생 살아가면서 겪어야 할 온갖 시련에 대처해야 할 방법 중 하나이며, 또 상당한 효과를 거둘 수 있는 것을 무시할 수 없다.

열째 기술

# 자신에게 기적을 낳는 편지를 쓰라

기적을 낳은 편지, 이렇게 말하면 독자들에게는 뚱딴
지 같은 소리로 들릴지도 모르겠다. 나 역시도 15년 전
에 이런 제목을 보았다면 아마도 그렇게 생각했을 것
이다.

무슨 말을 해도 쉽사리 잘 믿지 않는 사람은, 그렇지
않은 사람보다 믿음직스럽고 장래성도 있다. 그런 사람
이 많을수록 세상은 진보한다. 그래서 지금부터 소개하
는 편지가 기적보다 더 큰 효과를 거두었다는 것은 조
금의 과장도 없는 사실이다.

존스 만빌 회사의 판매부장이었으며, 현재는 미국 전
체 광고협회의 회장이자 콜게이트 팜오일피트 회사 선
전부장으로 있는 켄 R. 다이크 씨가 쓴 편지가 바로 그
것이다.

다이크의 경험에 의하면, 업태 조사의 앙케이트에 대
한 회답은 5~8퍼센트가 보통이고 20퍼센트 정도는 기

적적인 성과라고 한다. 하지만 그가 시도했던 앙케이트 결과는 42.5퍼센트의 회답이 왔다고 한다. 이는 바로 기적의 두 배 이상에 해당하는 효과를 거둔 셈이다. 다이크 씨는 그 비결을 다음과 같이 말하고 있다.

"내가 이 편지를 쓴 것은 카네기 씨의 강습회에 출석한 직후의 일이었다. 나는 지금까지 해 온 방침이 잘못되었음을 깨닫고, 강습회에서 얻은 지식을 활용하여 보았다. 그 결과가 5~8배 정도의 회답의 증가로 나타났다."

이 편지는 상대방의 호의에 호소하는 내용으로써, 마치 선처를 바라는 것처럼 씀으로써 상대가 우월감을 가지도록 하였다. 괄호 안에 나의 평을 첨가해서 그 편지를 소개하겠다.

······전략······

제가 이번에 귀하의 도움을 얻을 일이 생겨서 실례를 무릅쓰고 편지를 드리게 되었습니다. 아무쪼록 널리 양해하시기를 바라 마지않습니다.

(만약 이 편지를 시골의 주점 주인이 받았다면 어떻게 될까 생각하여 보자. 뉴욕의 유력자인 사람이 서두에서부터 자신을 낮추고 도움을 청하고 있는 것이다. 틀림없이 받는 사람은 기분이 우쭐할 것이다. '흥, 이 친구, 무척 곤란한 모양이군. 도움을 청하니 모른 척할 수도 없고, 무엇 때문에 그러는지 어디 들어보기나 할까?' 이렇게 생각했을 것이다).

우리는 작년에 직접 수요자 앞으로 광고 편지를 발송하여 거래점의 판매 확장에 도움을 청하였던 적이 있

나는 지금까지 해 온 방침이 잘못되었음을 깨닫고, 강습회에서 얻은 지식을 활용하여 보았다. 그 결과가 5~8배 정도의 회답의 증가로 나타났다.

습니다.

　(거래점 주인은 이 글을 읽고 '그러한 서비스로 오는 이익의 대부분은 그쪽이 취하고 있지 않은가. 그런데 도대체 무엇이 곤란하다는 것인가?'라고 의아해할 것이다.)

　그 효과에 대해서 거래점 각각의 의견을 들은 바에 의하면, 대부분은 이 광고의 효과에 크게 도움을 받고 있었음이 확인되습니다. 우리는 이러한 결과에 근거하여 올해도 역시 이 방법에 의하여 거래점의 편의를 도모할 방침을 세웠습니다. 그런데 오늘 사장님께서 이 방법에 의하여 작년도에 거둔 효과의 구체적인 설명을 요청함에 따라, 저로서는 귀하의 호의에 의지하지 않을 수 없게 되었습니다.

　("저로서는 귀하의 호의에 의지하지 않을 수 없게 되었습니다." 정녕 좋은 문구이다. 뉴욕의 거물급이 지방의 거래점 주인에게 자기의 어려운 입장을 호소하며 도움을 청하고 있다. 더구나 다이크 씨는 자기 회사의 실력을 과시하는 그런 말을 전혀 내비치지 않았다. 상대의 호의에 오로지 의지하며, 상대의 조력 없이는 자신이 임무를 달성할 수가 없다고 호소하고 있다. 거래점 주인이 마음이 흡족한 것은 더 말할 나위도 없다.)

　그러므로 참으로 송구하오나 동봉한 엽서에 다음 사항을 기입하신 후에 반송하여 주시면 더없는 영광이겠습니다.

　1. 회사가 발송한 광고 편지에 의하면 작년에 어느 정도 판로가 확장되었다고 생각하시는지, 또한 증가하였다고 생각되시는 판매 건수를 알려주시기 바랍니다.

2. 될 수 있는 대로 그 증가분의 매상 총액을 정확하게 알려주시기 바랍니다.

대단히 바쁘심에도 불구하고 수고를 끼쳐서 죄송하기 그지없습니다.

아무쪼록 이상과 같이 부탁을 드리는 바입니다.
켄 R.다이크


상대의 중요성을 충분히 인정한 이 겸손한 태도는 충분히 주목할 가치가 있다. 너무도 간단한 편지이지만, 이 내용이 기적적인 효과를 거두었던 것이다. 결국 이 비결은 상대의 호의에 의지한다는 것뿐이며, 상대는 사사로운 은혜를 베푸는 것으로 자기의 중요성을 채우게 된다.

이 방법은 사업에만 국한되지 않고, 여러 방면에 있어서도 더 할 수 없는 효과가 있다. 그 하나의 예로써 나의 여행 중의 경험을 말해 보겠다.

젊었을 때 나는 친구와 함께 자동차로 프랑스의 지방을 여행하고 있었다. 어느 큰 시가지로 가는 도중, 차를 멈추고 농부들에게 길을 물었는데 뜻밖의 일이 생겼다. 이 농부들의 눈에는 미국인이 모두 큰 부자로 보이는 모양이었다. 그 무렵 그들은 자동차라는 것을 좀처럼 본 적도 없었다. 우리들이 자동차를 탄 미국인이므로 대단하게 생각하여 자동차왕 헨리 포드의 사촌 정도로 생각한 모양인 것 같았다.

그러한 거물 인사가 겸손하게 머리를 숙이고 길을 묻고 있는 것이 아닌가. 따라서 그들의 마음이 흐뭇한 것도 무리는 아니었다. 그들은 일제히 입을 열고 서로 다 상대의 중요성을 충분히 인정한 이 겸손한 태도는 충분히 주목할 가치가 있다.

투어서 길을 가르쳐 주었다. 그런데 누가 뭐라고 말하는지 나는 도무지 알아들을 수가 없었다. 이윽고 그들 중의 한 사람이 다른 사람들을 가로막고 대표로 자랑스럽게 나에게 길을 가르쳐 주었다.

역시 이 방법을 사용하여 벤자민 프랭클린도 자기의 적을 둘도 없는 친구로 만든 일이 있다. 그는 젊었을 때 인쇄소를 경영하면서 필라델피아 주의회의 사무관 일도 보고 있었다. 그래서 의회의 인쇄물을 맡아 막대한 이익을 거두고 있었다.

그런데 주의회 의원 중에는 프랭클린을 마음 속으로 은근히 달갑지 않게 여기는 한 유력 인사가 사사건건 그를 비난하였다. 그러나 그는 가볍게 이 문제를 해결했다.

그 때의 일을 프랭클린은 다음과 같이 말하고 있다.

"나는 그가 매우 희귀한 책을 가지고 있다는 것을 어떤 사람으로부터 들었다. 그래서 나는 그 책을 며칠간 빌리고 싶다고 그에게 편지로 부탁했다. 책은 곧 배달되어 왔다. 일주일 후에 나는 책을 되돌려 보내면서 그의 호의에 깊이 감사하는 편지도 함께 보냈다. 그런데 수일 후, 주의회에서 얼굴을 마주치자 그편에서 먼저 나에게 아는 척을 했다. 그 후 그는 나에게 매우 호의적이었으며, 나의 부탁은 무엇이든지 들어주게 되었다. 우리의 우정은 그가 죽을 때까지 계속되었다."

벤자민 프랭클린은 지금으로부터 백 년도 더 지난 사람이지만, 그가 이 때 사용한 방법은 아직도 효과를 잃지 않고 있다. 또한 나의 강습회의 수강자 알버트 B.

암젤은 이 방법으로 찬란한 성공을 거두었다.

암젤은 아연통 등의 난방 장치 자재를 판매하는 세일즈맨인데, 어떤 아연통 공사 청부업자에게 자재를 팔기 위해 여러 해 동안 노력을 계속하고 있었다. 이 업자는 사업을 폭넓게 벌여놓고 있어서 거래가 성립되면 크나큰 이익이 예상되었으나, 업자는 도무지 암젤을 상대해 주지 않았다. 뿐만 아니라 그는 난폭하고 입이 험했으며, 무뚝뚝했는데, 오히려 이것을 자랑으로 여겼다. 암젤이 방에 들어서자마자 그는 마구 고함을 질러댔다.

"아무것도 필요 없으니 썩 돌아가란말야!"

그는 이러한 봉변을 당한 뒤에 지금까지와는 전혀 다른 새로운 방법을 쓰기로 하였다. 이를테면 암젤의 회사는 청부업자의 집 근처에 지점을 개설할 계획을 세우고 있었기 때문에, 그는 그것을 미끼로 사용해 보았다.

"오늘은 납품건으로 찾아온 것이 아닙니다. 한 가지 각별하게 부탁하고 싶은 일이 있기 때문에 잠시 동안 시간을 내주십사 하고 왔습니다."

"뭐요? 그래 부탁이란 것은 도대체 뭐요! 얘기해 봐요."

"이번에 우리 회사에서는 귀댁의 근처에 새로 지점을 설치하려는 계획을 세우고 있습니다. 누구보다도 그쪽 사정은 사장님이 잘 알고 계시리라 믿습니다. 그러니 사장님의 의견을 들려주시기 바랍니다."

이 업자는 전혀 뜻밖의 일에 부닥친 것이다. 그는 지금까지 몇 해 동안이나 세일즈맨에게 입에 담지 못할 만큼 욕설을 퍼부음으로써 우월감을 느끼고 있었으나,

인간이란 누구라도 자신의 중요성을 가지고 싶어한다. 하지만 반면에 성의 없고 속이 들여다보이는 아첨에는 결코 속지 않는 법이다.

지금 상대하는 사람은 자기가 소속된 회사의 사업 방침에 대해서 그의 의견을 묻고 자신의 도움을 청하고 있는 것이 아닌가? 이렇게 되면 고함을 더 지를 필요를 못 느낀다.

"하여튼 여기 앉아서 찬찬히 얘기해 보시오."

업자는 암젤에게 의자를 권했다. 그로부터 1시간 이상이나 자세하게 그는 자기의 경험과 지식의 모든 것을 기울여서 토지 사정을 설명하고, 현재 지점을 설치하려는 회사의 방침에 대한 그의 의견을 물었다. 그리고 끝날 즈음에는 장사의 얘기를 떠나서 자기 가정의 고민까지도 털어놓았다. 암젤은 그 당시를 되새기면서 이렇게 말하고 있다.

"그 업자와 헤어져서 사무실을 나올 때 나의 호주머니에는 다량의 연통을 주문한 서류가 들어 있었다. 그날 이후부터 그는 나의 가장 가까운 단골이 되었으며, 골프도 함께 치러 가는 등 개인적으로도 친숙하게 되었다. 나의 얼굴만 보아도 고함을 지르던 그를 다른 사람같이 바꾸어 버릴 수 있었던 것은, 상대편의 사사로운 호의에 의존하면서 상대로 하여금 우월감을 갖도록 했기 때문이다."

지금도 나의 수중에 켄 다이크 씨의 편지가 또 한 장 있는데, 이것 역시 앞의 것과 같이 상대편의 호의에 의존하는 내용이다. 이 편지는 몇 해 전에 씌어진 것인데, 그 무렵 다이크 씨는 건축 청부업자에게 보낸 업태 조사 앙케이트의 회답이 제대로 오지 않아서 골머리를 썩이고 있었다.

대개 회답은 고작 1퍼센트 정도였으며, 2퍼센트만 되

어도 성공적이라고 할 수 있었고, 3퍼센트가 된다면 대성공이며, 만약 10퍼센트가 된다고 한다면 이것은 그야말로 기적이라고 할 만하였다.

그런데 그의 이 편지는 50퍼센트의 회답률을 기록하였으니 기적의 5배의 효과를 거둔 셈이다. 또한 이 편지는 앞의 경우와 같은 방법으로 씌어졌다. 수신인의 마음 속에 일어나는 반응을 잘 생각하면서 이 편지가 기적의 5배 효과를 낳은 이유를 독자들은 확실히 깨달아 주기를 바란다.

......전략......

이번에 필히 귀하의 뛰어난 의견이 필요한 용건이 생겨 이 글을 올리게 되었습니다.

작년에 우리는 제작 중에 건축 자재의 목록을 작성하여 건축업자의 편의를 도모할 수 있었습니다. 귀하에게 도움이 될까 하여 그 몇 부를 동봉하지만, 최근 이것을 재차 인쇄할 필요가 생겨서 사장님께 말씀을 드렸더니 목록의 효과를 구체적으로 설명하라고 하였습니다. 그래서 저로서는 귀하의 호의에 의존하는 외에 다른 방법이 없습니다.

덧붙여 말씀드린 것은 죄송스럽지만 이 편지의 뒷면에 있는 설문에 답하여 주시면 대단히 감사하겠습니다. 바라건대 회사의 목록에 대해서 무엇이든지 기탄 없는 의견을 들려주시기 바랍니다. 가능한 한 희망 사항을 받아들이도록 노력하겠습니다.

바쁘신 중에 수고를 끼쳐서 죄송하기 그지없습니다. 아무쪼록 잘 부탁 드립니다.

나는 이 책의 목적이 단순히 기계적인 요령만을 가르치는 것이 아니고, 새로운 삶의 방법을 가르치려는 것임을 독자들은 알아주기 바란다.

켄 R.다이크

그러나 위에서 언급한 방법이 진심을 곁들이지 않은 가식적인 것이라면 그 효과는 전혀 기대할 수 없는 것을 특별히 유념해야 한다.

인간이란 누구라도 자신의 중요성을 가지고 싶어한다. 하지만 반면에 성의 없고 속이 들여다보이는 아첨에는 결코 속지 않는 법이다.

이 책에서 서술하는 방법도 역시 성의가 있어야 비로소 그 효과를 낳을 수가 있다. 나는 이 책의 목적이 단순히 기계적인 요령만을 가르치는 것이 아니고, 새로운 삶의 방법을 가르치려는 것임을 독자들은 알아주기 바란다.

사람을 바르게 이끌고 충고하는 열째 기술은 자신에게 기적을 낳는 편지를 쓰는 일이다. 이 방법은 사업에만 국한되지 않고, 여러 방면에 있어서도 더 할 수 없는 효과가 있다. 그러나 진심이 곁들이지 않은 가식적인 것이라면 그 효과는 전혀 기대할 수 없는 것을 특별히 유념해야 할 것이다.

제5부

# 가정을 행복하고
# 올바르게 이끄는 기술

첫째 기술

# 배우자에게 잔소리를 하지 말라

나폴레옹 3세의 왕비인 마리 유주니는 절세의 미인으로 소문이 자자했다. 아마 나폴레옹 3세는 이 미모에 반하여 그녀를 왕비로 맞이했을 것이다. 황제의 주변에서는 고작 가난한 스페인 귀족의 딸이 아니냐고 반대하는 사람이 많았다. 그러나 그녀가 지니고 있는 우아함이나 매력, 그리고 무엇보다도 아름다움에 온통 마음이 사로잡혀 있던 황제에게는 다른 사람의 소리는 들리지 않았다.

나폴레옹 3세 부부는 건강과 재산, 권력과 명예, 또한 아름다움 및 애정 등 완전한 로맨스를 위해 필요한 모든 조건을 구비하고 있었다. 이와 같이 뜨거운 애정이 넘치는 부부는 아마 드물 것이다. 그런데 불행하게도 얼마 가지 않아서 그러한 애정도 빛을 잃게 되었고, 그 뒤에는 잿더미 같은 차가운 가정만 남게 되었다. 나폴레옹은 프랑스의 모든 것, 이를테면 그의 애정과 황제의 권력으로도 그녀의 잔소리만은 막을 수가 없었다.

정신병적인 질투와 시기에 사로잡힌 그녀는 황제가 말하는 것에는 전혀 관심 밖이었다. 심지어 그녀는 국정의 중요한 회의 도중에 뛰어들어와서 방해하기가 일쑤였다.

또 황제에게 애인이 생기는 것을 두려워해서 한시도 그에게서 눈을 떼지 않았다. 그러다가 황제의 누님에게로 달려가서는 남편의 욕을 하고 고함을 지르는 일이 한두 번이 아니었다. 그뿐 아니라, 황제의 서재로 느닷없이 뛰어들어와서는 입에 담지 못할 말로 욕설을 퍼붓곤 했다. 따라서 나폴레옹은 호화로운 궁전을 몇 채나 가지고 있으면서도 마음 편히 쉴 곳이 없었다.

그녀는 남편을 이렇게 책망한 결과 과연 무엇을 얻었을까? 한마디로 그녀는 세상에서 보기 드문 애정을 냉각시켜 스스로 불행을 초래했을 뿐, 아무것도 얻은 것이 없었다.

레오 톨스토이 백작 부인은 자신의 임종의 머리맡에 딸들을 불러 놓고 다음과 같이 고백하였다.

"너희들의 아버님이 돌아가신 것은 내 탓이었다."

그러자 딸들은 아무 말도 하지 않았다. 왜냐 하면 어머니의 고백은 사실이었기 때문이다. 끝없는 어머니의 불평과 비난, 말썽과 투정이 아버지를 죽음의 길로 몰고 간 것을 딸들은 잘 알고 있었다.

톨스토이 백작 부처는 많은 행복의 조건을 구비하고 있었다. 남편이 세계적 대문호였으므로 그를 사모하는 숭배자들은 밤낮을 가리지 않고 그에게 모여들었으며,

톨스토이의 생애는 불
행했다. 그것은 결혼
생활의 실패로부터 비
롯되었다. 그의 아내는
사치를 좋아했는데, 그
는 그것을 경멸하였다.

그의 입에서 흘러나오는 말은 사소한 것까지도 기술하
여 갔다.

"자아, 이제 그만 잡시다."

라는 말까지도 기술해 가는 판이었다.

톨스토이 부부는 재산이나 사회적 지위, 훌륭한 자식
들 등 행복의 조건을 두루 갖추고 있었다. 오히려 지나
치게 행복하기 때문에 불안하여, 이러한 행복이 언제까
지나 계속될 것을 항상 하느님에게 빌고 있었다.

그러나 톨스토이 자신의 생각과 인생관이 점차 변화
하기 시작하였다. 지금까지의 자기 저서를 모두 허망하
게 생각하고, 평화를 빌며, 전쟁과 가난을 이 세상에서
추방하기 위한 팜플렛을 자주 만들었다.

그가 젊었을 때는 온갖 죄악을 짓고 살인까지도 했지
만, 그리스도의 가르침에 순종하였다. 자기의 모든 토
지와 재산을 모두 가난한 사람에게 주어 버리고 스스
로 가난한 생활로 뛰어들었다. 하루 종일 들에서 일하
고, 나무를 베고 풀을 뽑는 일을 하였다. 구두는 손으로
만든 것을 신고, 자기 방은 자기가 청소하였다. 또한 나
무 그릇으로 식사를 하고, 그리스도의 말씀대로 이웃을
사랑하려고 애썼다.

톨스토이의 생애는 불행했다. 그것은 결혼 생활의 실
패로부터 비롯되었다. 그의 아내는 사치를 좋아했는데,
그는 그것을 경멸하였다. 그리고 그녀는 사회적인 명성
이나 칭송을 갈망하고 있었으나, 그에게는 하등의 의미
도 없었다. 또한 부인은 돈을 탐내고 있었지만, 그는 부
를 죄악시하였다.

더욱이 그는 저서의 인세조차도 받으려고 하지 않았

다. 이 일 때문에 부인은 성화를 부리다가 급기야는 울기까지 했다. 그러고는 남편에게 심한 잔소리를 퍼부었다. 자기 마음에 안 드는 일이 남편으로부터 일어나면 히스테리를 일으키고, 죽는다까지 협박을 하곤 했다.

1910년 10월 어느 눈오는 밤, 82세의 톨스토이는 가정의 불화를 견디다 못 해 정처없이 집을 나가, 11일 후 어느 시골 정거장에서 숨을 거두고 말았는데, 임종 순간에도 그는 아내를 절대로 자신의 곁으로 오지 못하게 하였다.

이것은 톨스토이 부인의 말썽과 잔소리와 히스테리가 빚은 참혹한 비극의 결말이다. 물론 여자로서 그녀가 불평을 터뜨릴 만한 이유는 있었을 것이다. 그렇지만 문제는 그 불평을 터뜨림으로써 얼마만한 이익을 얻었느냐는 것이다. 오히려 사태는 그 때문에 더욱더 악화되고 만 것이 아닌가?

에이브러햄 링컨의 생애를 비극적으로 만든 것도 역시 결혼이었다. 차라리 그가 암살된 것은 그의 결혼 생활에 비하면 비극이라고 할 만한 것도 못 된다. 링컨 부인은 무척이나 잔소리가 심한 여자로서 25년동안이나 링컨을 괴롭혔다. 그녀는 1년 내내 남편에게 불평과 비난을 퍼부었다. 그녀의 말대로라면 링컨에게는 좋은 점이라고는 한 가지도 없었다. 고양이처럼 굽은 어깨, 걷는 폼도 엉성했고, 꼭 인디언처럼 생긴 풍모, 귀의 모양, 얼굴의 생김새도 모두 마음에 들지 않았다. 링컨과 그의 부인은 여러 가지 점에서 대조적이었다. 출생을 비롯해 기질과 사고 방식, 취미 등 어느 한 가지도 공

문제는 그 불평을 터뜨림으로써 얼마만한 이익을 얻었느냐는 것이다. 오히려 사태는 그 때문에 더욱더 악화되고 만 것이 아닌가?

통된 점이 없었다.

링컨 연구의 권위자인 상원의원 알버트 비버리치는 다음과 같이 말하였다.

"앙칼진 부인의 목소리는 길 건너편까지 들렸으며, 쉴 새없이 사방에 울렸다. 더러는 난폭한 행동을 취할 때도 있었다."

한때 링컨 부부는 신혼 시절에 제이코프 아이리 부인의 집에 하숙한 적이 있었는데, 아이리 부인은 스프링필드에 살던 의사인 미망인으로서 남편과 사별하고 생계를 위해 하숙집을 운영하고 있었다.

어느 날 아침, 링컨 부부는 식당에서 식사를 하고 있었는데, 링컨 부인이 그만 화를 내기 시작하였다. 원인은 알 수가 없었지만, 어쨌든 그녀가 화가 치민 나머지 마시려고 들고 있던 뜨거운 커피를 남편의 얼굴에 끼얹었다. 다른 방 사람들이 모두 보고 있는데 그런 짓을 저지른 것이다.

아이리 부인이 급히 달려가서 물수건으로 링컨의 얼굴과 양복을 닦고 있는 동안, 그는 아무 말도 없이 그 치욕을 참고 있었다.

링컨 부인은 유별나게 질투심이 강하여 마침내 발광하고 말았다. 그 정도이니 본래부터 성격적인 결함이 있었으리라는 것이 주위 사람들의 추측이다.

불행한 결혼을 링컨 자신은 곧 후회하고, 될 수 있으면 그녀와 얼굴을 맞대지 않으려고 했다.

스프링필드에는 열한 명의 변호사가 있었는데, 그들은 스프링필드에 그냥 있어서는 돈벌이가 안 되기 때문에 디비트 데이비드라는 판사를 따라서 각지로 순회 법정을 열어 제8 재판 구역의 각 군청 소재지를 순차적으로 방문하였다. 다른 변호사들은 토요일이 되면 언제나 스프링필드로 돌아와서 가족과 즐거운 주말을 지내고 있었으나, 링컨만은 그럴 수가 없었다. 왜냐 하면 그는 집으로 돌아가는 것이 무서웠기 때문이다.

따라서 그는 봄의 3개월과 가을의 3개월은 순회 재판에 나가 스프링필드에 돌아오지 않았다. 이러한 상황이 몇 년이나 계속되어 링컨은 시골의 허름한 하숙집에서 궁핍한 생활을 보내야만 했다. 그러나 아무리 비참하여도 집에서 부인에게 잔소리를 듣거나, 말썽을 부리는 것을 참고 있는 것보다는 몇 배나 홀가분했을 것이다.

링컨 부인, 유주니 황후, 톨스토이 부인, 이 세 여인의 잔소리와 투정의 결과는 말할 것도 없이 그녀들 자신의 생애에 비극을 초래하였을 뿐이다. 이를테면 그녀들은 가장 중요한 것을 모두 파괴해 버린 것이다. 즉, 남편과 가정을 잃었을 뿐이다.

뉴욕의 가정 재판소에 11년 동안 근무하고 있던 베시 함버거가 수천 건의 이혼 소송을 조사한 결과, 남편이 집을 나가는 주요한 원인 중의 하나는 아내가 너무 극성맞기 때문이라고 나타났다. 그리고 〈보스턴 포스트〉지에는 다음과 같이 씌어 있다.

'세상의 아내들은 극성스러운 잔소리로 인해 결혼 생활에서 어두운 무덤을 파고 있다.'

가정을 행복하고 올바르게 이끄는 첫째 기술은 웬만해서는 배우자에게 잔소리를 하지 않는 일이다. 예컨대 링컨 부인은 무척이나 잔소리가 심한 여자로서 25년 동안이나 링컨을 괴롭혔는데, 차라리 그가 암살된 것은 그의 결혼 생활에 비하면 비극이라고 할 만한 것도 못 될 정도였다고 한다. 잔소리가 가져온 이 얼마나 불행한 이야기인가!

둘째 기술

# 배우자의 장점을 칭찬하라

"나는 일생 동안에 다른 바보 짓은 얼마든지 하겠지
만 연애 결혼만큼은 하지 않을 생각이다."

이 말은 디즈레일리 영국 수상이 한 것이다. 실제로
그는 그렇게 했다. 35세까지 독신으로 살다가 어느 돈
많은 미망인에게 구혼을 했다. 그녀는 15년이나 연상이
었으며, 이미 나이 쉰을 헤아리는, 머리칼에 막 서리가
내리는 여자를 택한 것이다.

물론 연애는 아니었다. 또한 그가 돈을 위한 구혼임을
그녀는 잘 알고 있었다. 그래서 그녀는 조건을 한 가지
제시했다. 그의 성격을 알기 위해서 1년 동안만 참아달
라고 했다. 그래서 그 기한이 되자 그녀는 결혼을 승낙
하게 되었다.

그 후, 두 사람의 결혼 생활은 보기 드물 정도로 행복
했다. 디즈레일리가 선택한 미망인은 젊지도 않거니와
더욱이 미인도 아니었다. 그렇다고 머리가 뛰어나게 좋

은 것도 아니었다. 문학이나 역사의 지식도 없었고, 가
끔 엉뚱한 발언으로 남의 웃음을 터뜨리게 하는 말을
곧잘 했다. 이를테면 그리스와 로마 시대 중 어느 쪽이
먼저인지도 모른다. 복장이나 가구류의 기호도 일정하
지가 않았다.

그렇지만 결혼 생활에서 가장 중요한 것을 그녀는 가
지고 있었다. 남편을 조종할 수 있는 기술을 그녀는 터
득하고 있었다. 그녀는 남편의 지성에 대항하려는 생각
은 추호도 하지 않았다. 재치 있는 여성들의 입담에 지
쳐서 돌아오는 디즈레일리에게는 아내의 구김살 없는
잔잔한 화술이 더없는 위로가 되었다. 부드러운 아내의
사랑에 싸인 가정은 그에게 있어서 다른 무엇과도 바
꿀 수 없는 마음의 휴식처였다.

그가 훗날 술회한 바에 의하면 인생의 행복을 느낄
때는 아내와 함께 있는 시간이었다고 했다. 그녀는 그
의 좋은 협력자였으며, 마음의 친구였고, 또 조언자였
다.

그 날의 문젯거리를 되도록 빨리 얘기하고 싶어서 항
상 회의가 끝나기 무섭게 집으로 달려가서 그녀에게
말하였다. 한편, 그녀는 남편의 일에 절대적인 신뢰를
하고 있었다.

오직 그녀는 30년 동안을 디즈레일리를 위해서만 살
았다. 그녀의 재산도 그를 위해서 쓰기 때문에 가치가
있다고 생각했을 정도였다. 또한 그녀는 디즈레일리의
둘도 없는 사람이 되었다. 그런데 그녀가 죽은 후에 디
즈레일리는 백작의 지위를 받았다.

그러나 그 이전에 자기가 아직 평민이었을 때, 빅토리

아 여왕에게 아내를 귀족의 서열에 올릴 것을 청해서,
이미 1565년에 그녀는 귀족의 서열에 올라 있었다.

그는 그녀가 사람들 앞에서 어떤 실수를 하여도 결코
그녀를 책망하거나 나무라는 일이 없었다. 만약 누군가
가 그녀를 비웃거나 비난하면 그는 마구 화를 내면서
아내를 비호했다. 물론 그녀는 완전한 아내는 되지 못
하였으나, 어쨌든 30년 동안을 하루같이 남편의 일을
옆에서 도와주었다. 그리고 남편을 자랑하고 칭찬했다.
그 결과,

"나는 결혼한 지 30년이 넘었지만, 나는 아직 권태기
라는 것을 모르고 산다."
라고 디즈레일리로 하여금 말하게 하였다. 그는 다른
사람들 앞에서, 아내는 자기의 생명보다 더 귀중한 존
재라고 실토했을 정도이다.

"남편이 너무나 사랑하고 소중히 생각해 주기 때문에
나의 인생은 행복의 연속입니다."
그녀는 항상 친구들에게 말했다.

두 사람 사이에는 흔히 다음과 같은 농담이 자주 교
환되었다.

"내가 당신과 함께 살게 된 것은 결국 당신 재산이
목적이었소."

"그래요. 그럼 한 번 더 결혼을 한다면 이번에는 사랑
을 목적으로 역시 나와 결혼하게 되겠죠."

디즈레일리는 그 말을 시인하였다. 이처럼 그녀는 완
전한 아내는 아니었으나 남편의 마음을 알고 있는 현
명한 여자였다. 그리고 디즈레일리는 그녀의 장점을 얼
마든지 발전시켜 줄 만한 현명함을 지니고 있었다.

그녀는 완전한 아내는 되지 못하였으나, 어쨌든 30년 동안을 하루 같이 남편의 일을 옆에서 도와주었다. 그리고 남편을 자랑하고 칭찬했다.

가정을 행복하고 올바르게 이끄는 둘째 기술은 배우자의 장점을 칭찬하는 일이다. 남편보다 15년이나 연상인 디즈레일리 부인은 그녀의 모든 재산과 마음을 바쳐 남편을 도와주면서 항상 남편의 자랑과 칭찬을 잊지 않았다. 그 결과, 디즈레일리는 영국의 수상까지 지낼 수 있었다.

셋째 기술

# 가능한 한 가족의 허물을 캐지 마라

디즈레일리에게 있어서 가장 막강한 정적은 바로 글래드스턴이었다. 따라서 이 두 사람은 사사건건 대립하여 치열한 충돌을 벌였다. 그러나 이 두 사람에게도 한 가지 공통점이 있었는데, 그것은 원만한 가정의 보금자리를 가지고 있다는 점이다.

윌리엄 글래드스턴과 그의 아내 캐서린은 59년 세월을 변함없는 애정으로 살아왔다. 얼굴에 엄숙한 표정을 짓는 영국의 수상 글래드스턴이 자기 부인의 손을 잡고,

건달 남편과 얌전한 아내가
손에 손을 잡고 가는 길에는
세상사 파도쯤이야 아무것도 아니네

이런 노래를 부르면서 난롯가에서 부부가 빙빙 춤을

추는 모습을 나는 얼마든지 상상할 수가 있다.

정적에게는 사자만큼 두려운 인물이었던 글래드스턴도 일단 가정에 발을 들여놓으면 절대로 잔소리 같은 것은 하지 않았다.

어느 땐가 그가 아침 식사를 하려고 아래층으로 내려왔을 때, 가족이 아직도 잠을 자고 있는 것을 알자, 그는 너무나 조심스러운 행동으로 항의를 하였다고 한다. 그 항의란, 큰 소리로 기묘한 노래를 부른 것이다. 그래서 영국에서 가장 바쁜 사람이 지금 아래층에서 아침 식사를 기다리고 있다는 것을 온 식구들에게 알렸다. 이와 같이 그는 가정에서 가족들의 잘못을 따지거나 캐묻지 않았다.

러시아의 캐서린 대제도 역시 그러했다. 그녀는 세계 최대의 제국을 지배한 여황제로서 수천만 국민의 생사의 권한을 쥐고 있었다. 정치적으로는 상당히 잔인한 일도 하였고, 전쟁을 일으켜 무수한 적을 살육하기도 하였다. 하지만 그녀의 요리사가 고기를 너무 바싹 구웠을 때는 한마디의 잔소리도 하지 않고 웃으며 먹었다. 이 점은 세상의 남편들이 잘 배워둘 필요가 있다.

이혼 문제 연구의 세계적 권위자인 드로시 딕스는 대부분의 결혼 생활이 실패로 끝나는 원인 중 한 가지는 부부가 서로 허물을 찾는 데 있다고 한다. 여기에 가족의 허물을 캐지 않는 것에 관계되는 한 편의 수필을 소개하겠다.

아래에 소개하는 미국 고전의 하나로 손꼽히고 있는, 제목이 〈아버지는 잊어버린다〉라는 수필인데, 처음에는 〈피플스 홈 저널〉지의 논설로 발표되었고, 후에 《리더스 다이제스트)지가 중요한 부분을 간추려 발표하였다.

이 글은 한 순간의 성실한 감정에 의하여 씌어진 것이지만, 읽는 사람의 마음을 깊이 감동시키는 수작으로, 지금은 불후의 문장이 되어 커다란 반향을 일으키고 있다.

아가야, 잘 들어다오. 너는 지금 작은 손에 턱을 얹고, 땀이 밴 이마에 금발의 고수머리를 헝클어뜨린 채 편안히 잠들고 있구나. 아버지는 혼자서 너의 방으로 살짝 들어왔단다.

아버지는 이제까지 서재에서 책을 읽고 있었으나, 갑자기 숨이 막히는 듯한 뉘우침의 생각이 엄습해 왔단다. 그래서 죄인과 같은 기분이 되어서 너의 곁으로 와 본 것이란다.

지금까지 아버지는 너에게 너무 심하게 대한 것 같구나. 네가 학교에 갈 채비를 하고 있을 때, 물수건으로 건성건성 얼굴을 닦았다고 했고, 그리고 네가 가진 물건을 함부로 방바닥에 내던졌다고 고함을 질렀지.

아침 식사를 할 때도 잔소리를 했었지. 음식물을 너무 자주 흘린다, 마구 삼켜 버린다, 팔꿈치를 테이블에 짚는다, 빵에 버터를 너무 바른다고 꾸짖었다. 그리고 너는 놀러 나가고, 아버지는 정거장으로 가기 위해 함께 집을 나왔는데, 헤어질 때 너는 뒤돌아보면서,

"아버지, 잘 다녀오세요!"

라고 말하였지. 그러자 아버지는 얼굴을 찌푸리며,

"가슴을 펴라!"

하고 나무라기만 했다. 이와 똑같은 일이 내가 집에

이혼 문제 연구의 세계적 권위자인 드로시 딕스는 대부분의 결혼 생활이 실패로 끝나는 원인 중 한 가지는 부부가 서로 허물을 찾는 데 있다고 한다.

돌아오고 난 뒤, 다시 저녁에도 되풀이되었지. 내가 돌아와보니 너는 땅 위에 무릎을 꿇고 땅빼앗기 장난을 하고 있었지. 너의 긴 양말의 무릎은 구멍투성이가 되어 있었지.

아버지는 강제로 너를 집으로 들이밀면서 친구들이 보는 앞에서 창피를 주었단다.

"양말은 비싸다. 네가 직접 돈을 벌어서 사서 신도록 한다면, 좀더 귀중하게 여길 테지!"

아버지는 정말 할 말이 없을 정도로 미안하구나.

그리고 또 이런 일이 있었지. 서재에서 아버지가 신문을 읽고 있을 때 너는 슬픈 얼굴로 풀이 죽어서 방으로 들어왔었지. 내가 귀찮다는 듯이 눈을 흘기자 너는 입구 쪽에서 망설이고 있는데,

"무슨 일이야?"

하고 내가 버럭 소리를 지르자, 너는 아무 말도 하지 않고 나의 곁으로 다가와서는 두 손으로 나의 목을 감싸고 내게 키스를 하였지. 너의 그 작은 두 팔에는 하느님이 너에게 내려주신 애정이, 결코 마르지 않는 애정이 담겨 있었단다. 이윽고 너는 타박타박 발걸음 소리를 내며 이층 너의 방으로 사라져 버렸지.

그런데 아가야, 바로 그 직후에 아버지는 갑자기 뭐라고 형용할 수 없는 불안에 사로잡혀 손에 쥐고 있던 신문을 나도 모르게 떨어뜨렸단다. 아버지는 왜 그렇게 몹쓸 습관에 사로잡혀 있었을까! 항상 꾸지람만 하는 습관 말이야.

아직 어리기만 한 너에게 아버지는 정말 못 할 일만 해 온 것 같구나. 그러나 결코 너를 사랑하지 않는 것

은 아니란다. 아버지는 아직 철도 들지 않은 너에게 무리한 일을 너무 기대하고 있었던 것 같구나. 너를 어른과 같이 생각하고 있었던 셈이지. 너의 마음 속에는 선량하고 훌륭한, 그리고 진실한 것이 가득 들어 있다. 너의 부드러운 심정은 마치 저 산너머에서 번져 오는 새벽의 빛을 보는 것 같단다. 네가 이 아버지를 얼싸안고 굿나잇 키스를 했을 때, 아버지는 분명히 알 수가 있었단다. 그래서 이 아버지는 너에게 빌고 싶어서 이렇게 너의 곁에서 무릎을 꿇고 있단다.

이것이 아버지로서는 너에 대한 뒤늦은 보상이란다. 지금 너에게 이러한 얘기를 하여도 들리지 않을 것이다. 그러나 반드시 내일부터는 좋은 아버지가 되어 보겠다. 너와 정다운 친구가 되어, 너와 더불어 기뻐하고 즐거워하겠다. 만약 또 잔소리가 나오려면 내 혀를 물 것이다.

그리고 네가 아직 아이라는 것을 항상 잊지 않도록 노력하련다.

아버지는 너를 어른으로 생각하고 있었던 것 같구나. 이렇게 천진난만한 너의 잠자는 얼굴을 보고 있노라면 역시 너는 어린 아가로구나. 어제도 너는 어머니에게 안겨서 놀고 어깨에 매달려 있지 않았니?

그럼 잘 자거라, 내 귀여운 아가야.

너의 아빠로부터

가정을 행복하고 올바르게 이끄는 셋째 기술은 가능한 한 가족의 허물을 캐지 않는 일이다. 이혼 문제 연구의 세계의 권위자인 도로시 딕스는 대부분의 결혼 생활이 실패로 끝나는 원인 중 한 가지는 부부가 서로 허물을 찾는 데 있다고 했다.

넷째 기술

# 아내에게 서슴없이 칭찬을 하라

로스앤젤레스에서 가정 연구소 소장으로 일했던 폴 포피노 박사는 다음과 같이 말했다.

남성이 아내를 택할 경우, 대개 부드러운 성격의 여성을 원한다. 너무 잘난 여성은 멀리한다. 유능한 고급 여사원은 점심 식사에 초대를 받았을 때, 대학에서 배운 현대 철학에 대한 내용을 화제에 올리거나, 자기가 먹은 것은 자기가 계산하겠다고 고집 피우며 말을 듣지 않는 경우가 많다. 이와 반대로 대학을 나오지 않은 타이피스트가 점심 식사에 초대받으면, 상대 남자에게 호감에 찬 눈짓을 보내고,

"당신의 얘기를 좀더 들려주세요."

라고 졸라댄다. 그러면 그는 동료에게 말한다.

"별로 미인이라고 말할 수는 없으나, 매우 분위기를 잘 맞추는 여성이다."

남성들은 자기를 아름답게 보이려는 여성의 노력을 칭찬해야 한다. 여성은 복장에 놀라울 만큼 관심을 가지고 있다. 이것에 대해서 모든 남성들 너무나 무관심하다. 이를테면 한 쌍의 남녀가 길 모퉁이에서 다른 한 쌍과 마주쳤다고 하자, 여성의 경우는 좀처럼 남성을 보지 않는다. 하지만 상대 여성의 옷차림에 먼저 눈이 간다.

나의 할머니는 98세로 돌아가셨다. 돌아가시기 직전에 30년 전에 찍은 자신의 사진을 보여드리자 희미해진 눈으로,

"나는 어떤 옷을 입고 있느냐?"

라고 물으셨다. 100세가 다 된 할머니께서 임종 직전에 30년 전 당신의 복장에 신경을 쓰고 있는 것이다. 나는 그 때 깊은 감명을 받았다.

남성은 5년 전에 자기가 입고 있었던 속옷을 생각해 낼 수가 없으며, 또 생각해 내려고 하지도 않는다. 그러나 여성은 그렇지가 않다. 남성은 이 점을 이해해야 한다. 프랑스 상류 사회에서는 남성은 부인의 복장에 대해서 하룻밤에도 몇 번씩 칭찬을 하도록 어릴 적부터 가르치고 있다. 이 교육은 참으로 현명한 일이다. 여기 재미있는 이야기 한 가지를 소개하겠다.

어떤 농가의 주부가 들에서 돌아온 남자들의 저녁 식탁 위에 마른 풀을 산더미처럼 쌓아올렸다. 이에 남자들이 화를 내자 그녀는 태연하게 이렇게 대답했다.

"아니, 당신들도 깨달았어요? 나는 당신들을 위해서 20년 동안이나 요리를 해 왔지만, 당신들이 마른 풀을 먹고 있지 않다는 사실을 깨달은 눈치는 한 번도 내게

보여준 적이 없었어요."

이 말은 이 주부의 요리에 대한 칭찬을 가족들이 한 번도 하지 않았다는 뜻이다.

제정 러시아 시대의 귀족들은 이 점에 있어서 상당히 깊은 이해를 하고 있었다. 그 날의 요리가 마음에 들었을 때 식사가 끝난 후, 요리사들을 일부러 불러서 칭찬하는 것이 습관이었다.

세상 남편들은 아내가 만든 요리가 맛있게 되었을 경우에는 그 사실을 인정하고 칭찬해야 한다. 마른 풀을 먹고 있지 않다는 것을 시늉이라도 하여야 한다. 그리고 덧붙여서 당신 덕분에 참으로 행복하다고 서슴없이 분명히 말해야 한다. 디즈레일리와 같은 일국의 재상도 공공연하게 그렇게 말하지 않았는가.

에디 칸터는 어떤 잡지에서 다음과 같이 말하였다.

"오늘날의 내가 있게 된 것은 오로지 아내의 덕분이다. 우리들은 어릴 적 소꿉친구로서, 그녀는 내가 옆길로 빠지지 않도록 항상 신경을 써주었다. 결혼 후에도 열심히 저축하고 요령 있게 투자를 하여 나에게 재산을 만들어 주었다. 귀여운 다섯 아이들의 재롱과 그녀의 사랑으로 집안에는 언제나 평화가 넘친다. 앞으로도 내가 무슨 일로 성공을 거둔다면 그것은 모두 그녀 덕분이다."

헐리우드에서의 결혼은 일종의 도박에 가깝다. 그 위험률에는 보험 설계사도 뒤로 주춤 물러선다. 하지만 그 가운데 워너 박스터의 결혼만은 드물게 성공을 거두고 있다. 그 부인은 여배우였던 위니프렛 브라이슨이었는데, 그녀는 화려했던 무대 생활과 작별을 고하고

남성은 5년 전에 자기가 입고 있었던 속옷을 생각해 낼 수가 없으며, 또 생각해 내려고 하지도 않는다. 그러나 여성은 그렇지가 않다.

그와 결혼을 했다. 그녀의 희생은 매우 큰 것이었다. 그렇지만 그 희생은 충분히 보상을 받았다. 다음과 같이 박스터는 말하였다.

"그녀는 무대에서 갈채를 받았다. 여성이 남편에 의하여 행복이 주어진다고 한다면, 그 행복은 남편의 칭찬과 애정에 의한 것이다. 그리고 그 칭찬과 애정이 진실한 것이라면 그로 인하여 남편의 행복도 틀림없이 보장을 받는다."

가정을 행복하고 올바르게 이끄는 넷째 기술은 아내에게 서슴없이 칭찬을 하는 일이다. 세상 남편들은 아내가 만든 요리가 맛있게 되었을 경우에는 그 사실을 인정하고 칭찬해야 한다. 마른 풀을 먹고 있지 않다는 것을 시늉이라도 하여야 한다. 그리고 덧붙여서 당신 덕분에 참으로 행복하다고 서슴없이 분명히 말해야 한다.

다섯째 기술

# 애정에 너무 인색하지 말라

꽃은 아득한 옛날부터 사랑의 상징으로 생각되어 왔
다. 그리고 꽃은 어디에서나 쉽게 구할 수 있다. 그러나
세상의 남편들은 한 다발의 수선화도 집으로 가져가지
않는다. 그들은 꽃을 난처럼 값비싼 것이라고 생각하거
나, 또는 알프스의 높은 고지대에서 피는 에델바이스와
같이 쉽사리 손에 넣을 수 없는 것이라고 생각하는 것
같다.

아내에게 기껏해야 몇 송이 꽃을 선물하는 데 그녀가
입원할 때까지 기다릴 것은 없지 않은가. 내일은 집으
로 가는 길에 아내에게 장미 두세 송이를 사들고 가보
라.

브로드웨이의 스타인 조지 M. 코안은 어머니가 돌아
가실 때까지 하루에 두 번씩 매일 어머니에게 전화를
걸었다고 한다. 독자들은 그토록 재미있는 이야깃거리
가 많았나 의아하게 생각할 수도 있으나, 별로 대단한

얘기를 한 것은 아니다. 요컨대 어머니에게 아들의 마음을 알려주려 했을 뿐이다.

대부분 여성들은 생일이나 기념일을 중요시한다. 그러나 남성들은 알지 못한다. 보통 남자들은 기념일을 기억하지 않아도 결코 살아가는 데 지장이 없다고 여긴다. 그러나 잊어서는 안 될 날도 있다.

이를테면 아내의 생일과 결혼 기념일이다. 이 두 가지는 절대로 잊어서는 안 된다. 4만 건의 이혼 소송을 취급해서 2천 쌍을 화해시킨 시카고의 조세프 서비즈 판사는 이렇게 말하고 있다.

"가정 불화의 대부분의 원인은 극히 사소한 일 때문이다. 남편이 출근할 때 아내가 손을 흔들고 배웅을 하면 이혼을 피할 수 있는 경우가 얼마든지 있다."

영국의 시인 로버트 브라우닝과 엘리자베스 바레트 브라우닝의 결혼 생활에는 목가적인 아름다움이 있었다고 한다. 그들은 늘 서로 칭찬하며 끊임없는 애정을 쏟았다. 몸이 약한 브라우닝의 아내가 그녀의 언니에게 보낸 편지에 다음과 같은 내용이 씌어 있다.

"나는 최근 남편이 말하듯이 정말 천사가 된 것 같은 생각이 들기 시작했어요. 정말로 기뻐요."

아내에 대한 사사로운 선심의 가치를 가볍게 보고 있는 남성이 세상에는 의외로 많다. 가정 생활의 행복은 사사로운 감정의 집착에 의하여 얻어진다. 이러한 사실을 깨닫지 못하는 부부는 대개 불행한 생활을 하게 된다.

유명한 리노 시의 이혼 법정은 1주일에 6일 동안 개정하여, 여기에서 인정된 이혼의 비율은 미국 부부의 1

할에 달한다. 그 중에 절대로 이혼해야 된다고 생각되는 부부는 극소수에 불과하며, 대개는 사사로운 애정을 너무 인색하게 다룬 것이 그 주요 원인임이 밝혀졌다.

다음과 같은 말을 잘 음미해 보자.

"이 길을 나는 오직 한 번밖에 지날 수 없다. 따라서 좋은 일, 남을 위해서 도움이 되는 일 같으면 무엇이든지 지금 곧 할 필요가 있다. 늦추거나 게을리해서는 안 된다. 이 길은 두 번 다시 지나지 않으므로."

가정을 행복하고 올바르게 이끄는 다섯째 기술은 애정에 너무 인색하지 말아야 하는 일이다. 가정 생활의 행복은 사사로운 감정의 집착에 의하여 얻어진다. 이러한 사실을 깨닫지 못하는 부부는 대개 불행한 생활을 하게 된다.

아내에 대한 사사로운 선심의 가치를 가볍게 보고 있는 남성이 세상에는 의외로 많다. 가정 생활의 행복은 사사로운 감정의 집착에 의하여 얻어진다.

여섯째 기술

# 가족 서로간에 예의를 지켜라

월터 담로치는 대통령 선거에 출마한 일이 있었던 웅변가로서 제임스 G. 블렌의 딸과 결혼을 했다. 두 사람은 오래 전에 스코틀랜드의 앤드류 카네기의 집에서 알게 되어, 그 이후 수많은 사람들의 부러움을 사는 행복한 가정을 이루었다. 그는 주위 사람들에게 이렇게 말했다.

"물론 배우자의 선택도 중요하지만, 그 다음에 중요한 것은 결혼한 후의 예의라고 생각합니다. 젊은 아내는 모르는 사람에게 예의를 갖추듯이 남편에게도 예의를 지켜야 합니다. 심하게 바가지를 긁는 여자 옆에서는 어떤 남자라도 도망을 치고 말 것입니다."

무례한 행위는 애정을 파괴하는 암적 요소이다. 흔히 우리들은 집안 사람들에 대해서는 모르는 사람을 대하는 경우보다 예의바르지 못하게 행동한다. 이것은 가정을 파괴할 수 있는 매우 위험한 일이다.

"아이고, 또 그 얘기인가?"

우리들은 다른 사람에게 이러한 얘기는 하지 않을 것이다. 친구의 편지를 아무 말도 없이 뜯어 보거나, 비밀을 파헤치는 일도 하지 않을 것이다.

그런데 가깝고도 가장 중요한 가족에 대해서는 무례한 짓을 예사로 해 버린다. 이 점을 드로시 딕스 여사는 이렇게 말하고 있다.

"우리들에게 독설을 퍼붓는 사람이 가족 중의 한 사람이라는 것은 정말 놀라운 사실이다."

예의는 한마디로 말하면 결혼 생활의 윤활유와 같다. 《아침 식탁의 독재자》의 저자 올리버 웬델 홈스는 가정에서는 결코 독재자가 아니었다. 아무리 불쾌한 기분이 생겨도 가족에게 신경질을 내지 않았다. 불쾌한 기분은 자기 혼자 끌어안는 것으로 족하다. 다른 사람까지 불쾌하게 만들 필요는 없다.

그런데 우리들은 어떤가. 회사에서 일이 잘 안 되었다든가, 윗사람으로부터 꾸중을 들었다든가 하는 등의 불쾌한 일이 있으면, 집으로 돌아가서 가족에게 화풀이를 한다.

네덜란드에서는 집에 들어가기 전에 입구에서 미리 구두를 벗는 습관이 있다. 그것은 그 날 있었던 일의 괴로움을 집으로 들어가기 전에 벗어던진다는 의미이다.

윌리엄 제임스의 논문 〈인간성의 맹목성에 대해서〉 중에 다음과 같은 내용이 씌어져 있다.

여기에서 지적하는 인간의 맹목성은 자기 이외의 동물이나 인간의 감정에 대해서 무감각한 것을 말하며,

흔히 우리들은 집안 사람들에 대해서는 모르는 사람을 대하는 경우보다 예의바르지 못하게 행동한다. 이것은 가정을 파괴할 수 있는 매우 위험한 일이다.

우리들은 모두가 이러한 경향을 가지고 있다.

그런데 일상 접하는 고객이나 동료에게 결코 난폭한 말을 쓰지 않는 남자도 아내를 예사로 몰아세운다. 그러나 참다운 행복을 얻기 위해서는 일보다는 결혼 생활을 보다 더 중요시할 필요가 있다는 점을 잊어서는 안 된다.

설령 평범하더라도 행복한 가정 생활을 이루고 있는 사람이 그렇지 못한 독신의 천재보다 훨씬 행복한 것을 깨달아야 한다.

러시아의 문호 이반 투르게네프는 다음과 같이 말하였다.

"나를 위하여 저녁 준비를 하고 기다리고 있는 여성이 어디엔가 있다면, 나는 모든 재능을 내던져도 아깝지가 않다."

오늘날, 원만한 가정이 전체 가정의 몇 퍼센트나 차지할까? 드로시 딕스 여사는 결혼의 50퍼센트 이상은 실패한 것이라고 말하고 있으나, 폴포피노 박사의 주장은 그것과 다르다. 박사는 다음과 같이 주장하고 있다.

"사업이 성공하는 비율은 결혼에 성공하는 비율보다 낮다, 사업에서는 70퍼센트가 성공한다."

딕스 여사는 결혼에 대해서 다음과 같은 결론을 내리고 있다.

"결혼을 사건에 비하면 출생은 단순한 에피소드에 지나지 않으며, 죽음도 역시 문제로 다룰 것이 못 된다."

그런데도 남자들은 일에 쏟는 그만큼의 열성을 왜 가정에 쏟지 못하는가. 백만금의 재산을 모으는 것보다 사랑스러운 아내와 평화롭게 행복한 가정을 이루는 것이 남자에게는 훨씬 더 소중한 일인데도, 가정이 원만하기 위해서 올바른 노력을 기울이는 사람은 거의 없다.

더욱이 인생에 있어서 가장 중대한 사건을 돌아가는 대로 운세에 맡기고 있다. 그리고 참으로 한심한 것은 아내에게는 친절하게 대해 주기보다 강압적인 태도로 억누르려 하는 점이다.

남편들은 아내를 마음 내키는 대로 다루는 기술을 모두 알고 있을 것이다. 이를테면 조금만 칭찬하여 주면 모든 아내가 만족해하는 것을 말이다. 낡은 옷이 썩 어울린다고 한마디만 해 주면, 아내는 최신 유행 옷을 탐내지 않는다는 것도 알고 있다. 아내의 눈에 키스를 해 주면 그녀는 장님과 같이 순종하게 되며, 입술에 키스를 해 주면 바보처럼 따른다는 것을 세상의 남편들은 대부분 알고 있다.

또한 남편이 그 정도는 알고 있을 것이라고 세상의 아내는 대부분 생각하고 있다. 그녀는 자기를 기쁘게 하는 방법을 남편에게 가르쳐 주고 있을 것이다. 그런데도 남편은 그 방법을 사용하려고 하지 않고, 그녀와 다투어서 큰 손해를 입는 것이 아첨을 하는 것보다 더 낫다고 생각하고 있는 것 같다. 그런 남편에게 아내가 화를 내는 것은 당연하지 않겠는가. 아니, 당연한 일이다.

가정을 행복하고 올바르게 이끄는 여섯째 기술은 가족 서로간에 예의를 지키는 일이다. 무례한 행위는 애정을 파괴하는 암적 요소이다. 흔히 우리들은 집안 사

"우리들에게 독설을 퍼붓는 사람이 가족 중의 한 사람이라는 것은 정말 놀라운 사실이다."

람들에 대해서는 모르는 사람을 대하는 경우보다 예의 바르지 못하게 행동한다. 이것은 가정을 파괴할 수 있는 매우 위험한 일이다.

일곱째 기술

# 올바른 성지식을 가져라

미국의 사회위생국장인 캐서린 B. 디비스 여사는 천명의 기혼녀를 대상으로 결혼 생활에 대한 앙케이트를 조사한 적이 있었다. 그 결과 성생활에 불만을 가진 사람이 의외로 많다는 것을 알았다.

그녀는 이 조사에 입각해서 미국 사람들의 이혼의 큰 원인 중의 하나가 성생활의 부조화라고 발표하였다. 또한 G. V. 해밀튼 박사의 조사도 이것을 입증하고 있다. 박사는 남녀 각 100명의 결혼 생활에 대해서 4년간 연구를 계속하였다. 박사는 이 사람들과 개별적으로 면접하고, 약 400백 개의 항목에 걸쳐 질문하면서 그들의 결혼 생활을 철저히 검토하였다.

이 조사는 사회학적으로 중요한 의의를 가지고 있기 때문에, 유력한 자선가의 경제적 원조를 받았다. G. V. 해밀튼 박사와 케네스 매가우언 박사의 공동 저서인 《결혼에 있어서의 장해》가 바로 그 조사의 결과이다.

이혼 문제의 권위자들은 입을 모아 성생활의 균형을 유지하는 것은 결혼 생활에 절대로 필요하다고 말한다.

해밀튼 박사는 결혼에 있어서의 장해에 대해서 다음과 같이 말하고 있다.

"성적 부조화는 가정 불화의 주요한 원인이 되지 않는다고 일부 정신 의학자들이 주장하고 있으나, 결코 그렇지 않았다. 성생활만 순조로우면 대개의 경우 다른 사소한 마찰은 문제도 되지 않는다."

가정 생활에 관한 권위자인 폴 포피노 박사 또한 결혼 실패의 원인은 아래의 네 가지 때문이라고 주장한다.

1. 성생활의 부조화
2. 여가 생활에 대한 의견의 불이치
3. 경제적 곤란
4. 심신의 이상

여기서 성의 문제가 가장 우선이라는 것에 유의하기 바란다. 금전 문제는 세 번째라는 것이 생각보다 무척 의외라는 느낌이 든다.

이혼 문제의 권위자들은 입을 모아 성생활의 균형을 유지하는 것은 결혼 생활에 절대로 필요하다고 말한다. 신시내티 가정 재판소의 호프만 판사는 수천 건의 이혼 소송을 처리해 왔는데, 이혼의 원인은 대개 성적 불만에 있다고 분석하고 있다.

심리학자로 유명한 존 B. 와트슨도 이렇게 말했다.

"섹스가 인생의 가장 중요한 문제라는 것은 명백하다. 섹스는 인생의 행복을 좌우한다."

나의 강습회에 참가한 수많은 의사들도 이와 의견을

같이한다. 교육 문화가 진보된 20세기에, 자연의 본능에 대한 무지에 의하여 결혼 생활이 파괴되고 인생 항로에서 좌절하는 사람이 속출하는 것은, 무언가 맞지 않는 느낌을 준다.

올리버 M. 버터필드 목사는 18년 목사 생활을 청산한 뒤 뉴욕의 가정 상담소 소장이 되었다. 수많은 결혼식에 입회한 경험이 있는 그는 이렇게 말하고 있다.

"성생활의 균형은 결혼에 있어서 매우 중요한 문제임에도 불구하고, 대개의 경우 되는 대로 맡겨두고 있다. 그러면서도 이 나라의 이혼율이 16퍼센트에 머무르고 있는 것은 놀라운 사실이다. 많은 부부가 참다운 결혼 생활을 보내고 있는 것이 아니라, 단순히 이혼하지 않고 있음에 지나지 않는다. 이것은 지옥과 연결되고 있는 것과 마찬가지이다. 되는 대로 맡겨 두어서는 행복한 결혼 생활은 도저히 이룰 수 없다. 그것은 현명하고 신중하게 계획되어야 비로소 구축할 수가 있다."

버터필드 목사의 참관하에서 결혼식을 올리는 신랑 신부는 그와 이 문제에 대해 솔직하게 얘기를 주고받아야 하게 되어 있다. 그 결과, 성적으로 무지한 사람이 너무나 많다는 것이 판명되었다고 한다. 그는 다음과 같이 말한다.

"결혼 생활을 행복하게 하는 요소는 여러 가지가 있으며, 성의 문제는 그 한 가지에 지나지 않는다. 하지만 성의 균형이 깨어지면 다른 요소는 모두 필요가 없게 된다."

그렇다면 올바른 성지식을 얻기 위해서 어떻게 하면 좋을까? 그는 또 다음과 같이 말한다.

많은 부부가 참다운 결혼 생활을 보내고 있는 것이 아니라, 단순히 이혼하지 않고 있음에 지나지 않는다

"결혼 생활에 있어서 부부가 서로 허심 탄회한 대화를 나누는 것이 중요하다. 가장 좋은 방법 중의 하나는 성지식을 올바르게 가르치는 적당한 책을 읽는 일이다."

가정을 행복하고 올바르게 이끄는 일곱째 기술은 올바른 성지식을 가지는 일이다. "성적 부조화는 가정 불화의 주요한 원인이 되지 않는다고 일부 정신 의학자들이 주장하고 있으나, 결코 그렇지 않았다. 성생활만 순조로우면 대개의 경우 다른 사소한 마찰은 문제도 되지 않는다"라고 G. V. 해밀튼 박사는 그의 조사에서 밝히고 있다.

# 사람을 움직이는 처세술

2003년 3월 10일 1판 1쇄 인쇄
2003년 3월 15일 1판 1쇄 발행
2006년 7월 20일 2판 1쇄 발행
2011년 1월 25일 3판 1쇄 발행
2013년 6월 10일 4판 1쇄 발행
2016년 8월 31일 5판 1쇄 발행
2019년 5월 10일 6판 1쇄 발행
2020년 3월 20일 7판 1쇄 발행
2022년 6월 20일 8판 1쇄 발행

지은이 | 데일 카네기, 진형욱 평설
펴낸이 | 김 용 성
펴낸곳 | **지성문화사**
등  록 | 제5-14호(1976.10.21)
주  소 | 서울 동대문구 신설동 117-8 예일빌딩
전  화 | 02)2236-0654
팩  스 | 02)2236-0655, 2236-2952


정  가   15,000원